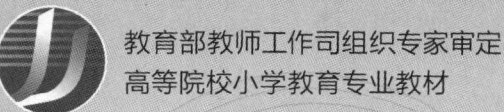

教育部教师工作司组织专家审定

高等院校小学教育专业教材

U0771623

书写教程

（第2版）

主　编　王问靖

编写者　王问靖　李明清

　　　　余巳帆　金春郊

　　　　郭农声　邹方程

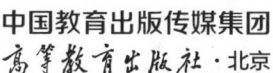

中国教育出版传媒集团

高等教育出版社·北京

内容提要

　　本书是教育部教师工作司组织专家审定的高等院校小学教育专业教材。全书分为八章，由汉字书写基本知识、三笔字的书写技法及典型字训练、书法创作与欣赏、书法发展史略、小学写字教学等组成，文字简明，图文并茂，在结构安排上充分考虑了不同层次学习者的需求，以写字实践为主，兼顾书法欣赏、创作、教学，具有的明显专业特色。

　　本书可作高等院校小学教育专业教材，也可作小学教师继续教育教材。

图书在版编目（CIP）数据

书写教程／王问靖主编. -- 2版. -- 北京：高等
教育出版社，2023.8
　ISBN 978-7-04-058312-0

　I.①书… Ⅱ.①王… Ⅲ.①书法课−教学法−小学
−师资培训−教材　Ⅳ.①G623.752

　　中国版本图书馆CIP数据核字（2022）第035251号

Shuxie Jiaocheng

策划编辑	肖冬民	责任编辑	张舒萍	封面设计	姜　磊	版式设计	徐艳妮
责任绘图	杨伟露	责任校对	刘娟娟	责任印制	田　甜		

出版发行	高等教育出版社	网　　址	http://www.hep.edu.cn
社　　址	北京市西城区德外大街4号		http://www.hep.com.cn
邮政编码	100120	网上订购	http://www.hepmall.com.cn
印　　刷	人卫印务（北京）有限公司		http://www.hepmall.com
开　　本	787mm×1092mm　1/16		http://www.hepmall.cn
印　　张	14.75	版　　次	2004年5月第1版
字　　数	280千字		2023年8月第2版
购书热线	010-58581118	印　　次	2023年8月第1次印刷
咨询电话	400-810-0598	定　　价	35.00元

高等院校小学教育专业教材总序

我国已进入全面建设社会主义现代化国家的新的历史阶段。在这样一个历史阶段，教育越来越成为促进社会全面发展、推动科技迅猛进步，进而不断增强综合国力的重要力量，成为我国从人口大国逐步走向人力资源强国的关键因素。我国的教师教育正面临着前所未有的机遇和挑战。教师教育的改革与发展直接关系到千百万教师的成长，关系到素质教育的全面推进，关系到一代新人思想道德、创新精神和实践能力的培养和提高，最终关系到推动科学发展、促进社会和谐、全面建成社会主义现代化强国目标的实现。

培养具有较高学历的小学教师是适应基础教育课程改革与发展的迫切需要，也是我国教师教育课程改革与发展的必然趋势。为了适应基础教育课程改革与发展的需要，我国对培养较高学历小学教师工作进行了长时间的积极探索，取得了较大成绩，并积累了许多宝贵经验。党的二十大报告指出，要全面贯彻党的教育方针，落实立德树人根本任务；加强师德师风建设，培养高素质教师队伍。中共中央、国务院《关于全面深化新时代教师队伍建设改革的意见》提出："全面提高中小学教师质量，建设一支高素质专业化的教师队伍。""根据基础教育改革发展需要，以实践为导向优化教师教育课程体系。"为此，要结合教师专业标准等的要求，依据《教师教育课程标准（试行）》，优化教师教育课程结构，改革课程教学内容，开发优质课程资源等。

开展小学教师培养工作，课程与教材建设是关键。当务之急是组织教育科研机构、高等师范院校的专家学者和教师联合编写出一套高水平的、规范化的专为培养较高学历小学教师的教材。

编写高等院校小学教育专业教材，应该遵循以下原则：

一、时代性与前瞻性。教材要面向现代化、面向世界、面向未来，反映当代社会经济、文化和科技发展的趋势，贴近国际教育改革和我国基础教育课程改革的前沿，体现新的教育理念。

二、基础性与专业性。教材要体现高等教育的基础性，同时要紧密结合当今小学教育课程改革的趋势和实施素质教育的要求，针对小学教育专业的特征和小学教师的职业特点，力求构建科学的教材体系，提高小学教师的专业化水平。

三、综合性与学有专长。教材要根据现代科技发展和基础教育课程改革综合化的趋势，强化综合素质教育，加强文理渗透，注重科学素养，体现人文精神，加强学科间的相互融合以及信息技术与各学科的整合；同时，根据小学教育的需要，综合性教育与单科性教育相结合，使学生文理兼通，学有专长，一专多能。

四、理论与实践相结合。教材要根据小学教师职前教育的要求，既要科学地安排文化知识课和教育理论课，又要加强实践环节，注重教育实践和科学实验，重视对师范生教师职业能力的培养。

五、充分体现教材的权威性、专业性、通用性和创新性。教材应以教育部制定的《教师教育课程标准（试行）》为编写依据，以教师培养、培训沟通为目的，在体系框架、内容、呈现方式等方面开拓创新，加大改革力度，充分体现以学生为本的教育理念，使教材从能用、好用提升到教师、学生喜欢用。

高等教育出版社根据以上原则组织编写了有关教材，这些教材经过专家审定，请有关单位和学校酌情选用。

第 2 版前言

我国的书写教育有着悠久的历史。除了在民间流行的师徒相传的书写教育外，官办的高等教育中也有着书写教育的内容。据《周礼·地官·保氏》记载，"六艺"的教育内容中就包括书写教育。后来，汉代的"鸿都门学"、唐代的"弘文馆"等，都是包括书写教育在内的文化机构。特别是唐代设六学，其中就包括以书写教育为主的书学；选拔人才还有"以书取士"的制度。那些书学博士，即官办学校的书写教师，就是从书写优秀的人才中选拔出来的。可见中国古代的书写教育，既重视培养学生实用的技能和多方修养，也重视对书写教师的培养和选拔。时至今日，书写教育作为一门正规课程被引进高等师范院校，它对于提高广大师生素质，传承中华优秀传统文化，繁荣书法艺术，都会产生深远的影响。

书写，本是一个广义的概念，一切提笔写字的行为都可称为书写。古人把书写作为日常之事，唐代韦续《墨薮》开宗明义："自三皇以前，结绳为政，至太昊文字生焉，所以依类象形谓之文，形声相益谓之字，著于竹帛谓之书。书者，以代结绳之政也。"日常书写是中国人安身立命之道。书写有法则为书法，书写是书法的原初表现，书法是书写的审美旨归。在今天，教育部《中小学书法教育指导纲要》以"书法教育"概括，含括了书写与书法的概念，指出："中小学书法教育以语文课程中识字和写字教学为基本内容，以提高汉字书写能力为基本目标，以书写实践为基本途径，适度融入书法审美和书法文化教育。"具体到小学生，参照《义务教育语文课程标准（2022 年版）》的要求，其书写与书法学习的基本内容主要是写字教学，基本目标是提高书写能力，基本路径是书写实践。小学生书写与书法学习低年级主要是硬笔，到了中、高年级则硬笔、软笔兼学。

本书就是一本面向高等院校小学教育专业的书写教材，强调书写的技法学习，将书写与书法融通，以提高高等院校小学教育专业学生和广大教师的书写能力和写字教学能力为编写宗旨。因此，本书介绍了毛笔、钢笔与粉笔书写，并对小学写字教学进行了专门的阐述。本教材 2004 年由高等教育出版社出版，当时有幸被纳入教育部师范教育司组织专家审定的高等院校小学教育专业教材系列。出版十几年来，本教材发行了 10 多万册，说明它受到广大师生的欢迎。这些年我们一直跟踪本教材的使用情况，倾听使用者的反馈，持续关注教育教学改革动态，广泛听取有关意见和建议，以期修订完善本教材。

本次修订我们坚持编写初心不改，框架基本不动，编写体例不变；修订中我们直面问题，精准施策，进行"微创"处理，包括优化表达，清除瑕疵，避免遗憾，并且注重应用，强化实践，凸显特色。此次修订侧重以下几个方面：

（1）还原书法本质，强化书写实践，探讨文化认知与艺术追求的有机结合。在文化属性与艺术特质之间探寻教材的定位，是我们修订思考的起点，精益求精是我们一贯的态度，独具特色是我们的追求。

（2）贴近新时代要求，确立培养高素质专业化教师的目标。教育部先后颁布了《中小学书法教育指导纲要》（2013 年）、《义务教育语文课程标准（2022 年版）》，对照这些文件，结合新时代高素质专业化教师培养目标，我们对有关内容进行了较多修改，如"小学写作教学"一章中，修改了有关小学写字教学目标的阐述，提出了提升书写教师专业素养的命题。

（3）强化职业技能训练，增设"典型字训练"一章。小学生书写与书法教学需要解决的问题很多，我们不求大包大揽，面面俱到，重要的是言传书道，身教书法。此次修订，"典型字训练"这章，即在读帖的基础上，根据初学者的特点，选择既有书体个性，又有代表性的典型字，引导学生训练整体感觉，调整书写状态，精写特征笔画。

（4）回归"书写"本位，预设发展空间。网络时代对师生的影响不可低估，网上的书法信息鱼目混珠，人们对书法的理解千差万别。如射墨喷墨被当成书法，能获得一片叫好声；用脚用口书写，也能赢得围观与赞叹；有人欣赏信手涂鸦，有人赞美笔墨表演。对此，我们必须纠偏，让师生真正认识到字是"写"出来的，应回归"书写"本位，入正门，走正道。

本教材编写、修订分工如下：郭农声（湖北工程学院副教授），绪论，第二、三章，附录一；金春郊（湖北工程学院副教授），第一章；王问靖（湖北工程学院教授），第四、七章，附录二；李明清（湖北工程学院教授），第五、六章；余巳帆（湖北工程学院讲师），第八章。全书由主编王问靖定稿并完成全部图片的制作，此次修订也是由王问靖组织的。需要特别说明的是，此次修订吸收了首都师范大学初等教育学院的邹方程副教授加入，他对全书各章进行了审读，替换了部分图片，并增补了现当代书法家介绍，根据新版课程标准完善了第八章的内容。

此次修订，我们与出版社编辑反复沟通，编写人员各负其责，完成了修订任务。我们希望通过此次修订，能彰显本教材特色，满足课程教学需要。为适应新的教学形势需要，便于学生拓展学习，此次修订还增加了二维码拓展资源，具体如下：（1）问靖大平编著的《双宫重心格名帖临习教程 颜体楷书》；（2）王问靖、李明清编著的《双宫重心格名帖临习教程 赵体行书》；（3）金春郊欧体《九成宫醴泉铭》书写训练视频；（4）参观书法展的视频。

本教材的编写和修订工作，均得到了高等教育出版社的大力支持，在此表示感谢。限于我们的学识水平，教材中应有不妥与疏忽之处，敬请专家和读者批评指正。

编写者

2023 年春节

目 录

绪 论

▶ 学习提示

　　书写作为教师的一项职业技能，为人们高度重视。把书写作为一门正规课程引进高等师范院校的课堂，将使书写训练走向更自觉、更科学的境地。这对于提高广大师生素质，繁荣传统的书法艺术，都会产生深远的影响。

一、师范生为什么要学好写字

教师是文明火炬的传递者，不论从自身、从教学的角度，还是从传承民族文化传统的角度，都应该学好写字。

师范生是未来的人民教师，从自身的角度来说，必须学好写字。因为写字既能反映一个人的书写水平，也能反映一个人学习、工作的态度，即大家常说的"字如其人"。当前，不少公司、单位在招聘人才时，常常要求应聘者手写一份简历或其他问卷，就是想通过字迹来了解应聘者的水平、性格、工作态度等方方面面的信息。字迹能够反映一个人素质的各个方面，书写练习的过程也能提高一个人各方面的素质。比如说一个学生在习字过程中养成了认真的习惯，那他在学习、生活的各个方面通常也会比较认真。

从教学的角度来说，作为一名教师，写好字则显得更为重要。因为作为为人师表的教师，他的书写也会对学生产生直接而深远的影响。

从传承中华优秀传统文化的角度来说，教师也必须学好写字。世界上很多国家都创造了文字，但是，只有中华民族使写字成为一门书法艺术，成为民族文化与民族精神的一种表现。

我国的书法能够成为一门艺术，是由书写对象与书写工具的独特性所造成的。中国书法的书写对象是汉字，汉字是在描摹客观事物的过程中诞生、发展起来的，具有很强的形象性，每个字都是音、形、义三者的结合。汉字丰富的点画形态及结构形态，是其他民族的文字不能比拟的。中国书法的书写工具是毛笔，毛笔的特点是软，软才能产生粗细、方圆、枯湿、流涩等变化，再加上我国特有的宣纸与墨汁，写出的字才能呈现"龙飞凤舞""满纸云烟"的艺术效果。我们应该为祖先的创造感到骄傲与自豪。同时，作为一名教师，也有责任为发扬光大传统艺术贡献自己的力量。

二、怎样练好字

练好字并不难，俗话说"字无百日功"，学习者通过一学期的书写课学习，书写方面完全能够有明显进步。在以后几十年的学习、工作、生活中，一出手就是一手漂亮的字迹，于人于己都能带来便利与快乐。

要想练好字，应该注意以下几个问题：

（一）要有正确的认识

汉字和以汉字为载体的中国书法是中华民族的文化瑰宝，是人类文明的宝贵财富。书法教育对于学生培养书写能力、审美能力和提高文化品位具有重要作用。大部分人都是愿意把字写好的，之所以没有下决心去练，是存在一些误解。如不少人认为，随着电脑的普及，已经进入"写字不用笔"的时代，这时还去练字，显得太落后了。事实并非如此，电脑的普及的确减少了写字的机会，但永远不可能完全取代用笔写字。这正如汽车、飞机可以大大减少走路的辛苦，却永远不能完全取代步行一样。所以，在相当长的时间里，尤其是在教学活动中，用笔写字依然是书写的主要形式。

再从书法的角度来论述，电脑的普及不仅不会使书法消亡，反而会使书法朝着纯艺术的方向进一步升华。近代照相机普遍使用时，也有人担心美术会因此而消亡。结果恰恰相反，它促进了美术向更深更宽的领域发展，美术创作出现了空前的繁荣。

（二）要有科学的方法

书写练习，从古至今已经积累了一整套行之有效的方法，其中三条对我们尤为重要：第一，练字最好从毛笔开始；第二，毛笔最好从正楷入手；第三，正楷要从临帖起步。

大家都知道，平时最适用的书体是行书，平常最常用的书写工具是硬笔，为什么练习写字不能直接从钢笔行书入手呢？其实道理很简单，毛笔楷书是写字的基本功，从它入手，是学习行书（包括钢笔行书）最稳最快的途径。古人曾说，楷书如立，行书如走，草书如奔，站都站不稳，就想走路甚至奔跑，当然非跌跤不可。

临帖，也是经过无数书写者证明了的最佳方式，后面的章节对此有详细介绍。

（三）要有认真的态度

一些学习者练字效果不明显，不一定是认识或方法的问题，常常与态度有关。练字时，态度要认真，要全神贯注，心无杂念，焦躁不安与漫不经心都会影响习字效果。临帖时，要一丝不苟，即写一个字时，从起笔到收笔，都要到位。

初学阶段，练字最好能天天坚持。每天不必花很长时间，练习半个小时就可以了。经过一个学期的努力，书写方面定能取得显著进步。

三、写字、书法与书学

写字是用文字记录人们的思维、进行信息交流的一项活动，其主要特点是实用性。书法是由写字升华而成的一种线条造型艺术，其主要特点是审美性。

写字与书法，既有同一性，也有明显的区别。最初，二者本是一体，都为实用而书写。包括王羲之、颜真卿这样的大书家（书法家），在书写《兰亭序》（亦称《兰亭集序》等）、《祭侄稿》等名篇时，也是从实用性出发的，是地地道道的写字活动。但是，由于他们在笔墨中寄寓了自己浓郁的感情，书写的字迹又能给人带来强烈的艺术震撼，令人产生审美愉悦，写字就升华成了书法艺术，书迹也就成了珍贵的艺术品。

后来，书家们在进行书法创作时，逐渐淡化写字的实用功能，强化书写的抒情性，追求笔墨的艺术效果，终于使写字步入了以审美为主旨的艺术殿堂。

随着书法艺术的发展，书学理论也应运而生，并逐步走向成熟。从整体上认识，书学理论可包括书法史、书学原理、书法技法及书法批评等几部分，每部分又包含若干小的分支，共同构建成一门博大精深、完整系统的书学体系，成为一门独立的学科。当前，我国一些艺术院校、师范院校或综合性大学，开设了书法本科专业及硕士点、博士点，正是为了培养这方面的专门人才。

梳理写字与书法、书学理论之间的关系，认识了它们之间的关系，可以帮助我们站在更高的角度，来认识书写这门课程。

书写课，是一门以实用为主要目的的技能课，课程目标是培养学生正确、规范、美观书写汉字的能力，同时掌握书写的一般常识，将来能胜任中小学的写字课教学。

在帮助学习者开展技法训练的同时，本教程也分层次地介绍了一些书法理论。这样既有助于广大学习者当前的技能训练，也能为有志于向书法领域发展的优秀学习者打下初步基础。

实践与探索

1. 为什么中国书法能够成为世界艺苑中的一朵奇葩？
2. 师生共同展开讨论：写字认真、美观与否，对学习、工作、生活有何影响？

第一章

汉字书写基本知识

▶ **学习提示**

　　汉字是世界上历史最悠久的文字之一。从字形来看，它有自己的结构系统，如笔画、偏旁、部位，也有自己的结构方式。认识它们，对把握汉字是有好处的。汉字的书写，要选择好书写工具，同时要掌握正确的执笔方法和书写姿势，以打下坚实的基础。

第一节　汉字的基本知识

　　汉字是记录汉民族语言的符号，是交流思想、传播科学文化知识的重要工具。书写者可借助汉字丰富的点画形态和结构造型，表达自己的思想情趣，书写出有一定观赏价值的艺术作品。我们有必要对汉字的基本知识做些介绍。

一、汉字的构造

　　关于汉字形体的构造，传统有"六书"的说法。其中以许慎《说文解字·叙》最为详尽，有名称、有定义，有例字："一曰指事。指事者，视而可识，察而见意，上下是也。二曰象形。象形者，画成其物，随体诘诎，日月是也。三曰形声。形声者，以事为名，取譬相成，江河是也。四曰会意。会意者，比类合谊，以见指㧑，武信是也。五曰转注。转注者，建类一首，同意相受，考老是也。六曰假借。假借者，本无其字，依声托事，令长是也。"

　　以下分别加以简要的解释：

（一）象形

　　象形就是对文字所要表达的客观实体加以描画，将其外形特征浓缩为图案化和抽象化的线条。象形是汉字构造的基础，它的取材来源是非常广泛的。如：

　　取自人体：有人、首、目、耳、口等；

　　取自天地：有日、云、雨、山、水等；

　　取自动物：有犬、马、鸟、羊、牛等；

　　取自植物：有草、木、禾、粟、竹等；

　　取自物件：有井、门、舟、册、刀等。

（二）指事

　　当文字所要表达的不是某个客观实体，而是一种抽象的概念时，象形便无法造字，这时只能用更为抽象的符号来示意，便称为指事。这类字虽然数量不如象形字多，但也是不可缺少的。如"上""下"等，我们很难说模拟的是一种什么具体实物，只能说是用符号表示一种概念；数字也属于这一类。

　　还有一类指事字，是利用象形字加上符号组成的。如"刃"，是在象形字"刀"上加一点，说明它所要表示的"刃"部。又如"本"和"末"，是在象形字"木"的根部加一点和在梢上加一点，以说明它们所要表示的两个概念。

（三）会意

会意是指用两个或两个以上象形字组合起来，形成一个有新的意义的字。以许慎所举的两个字例来看，"止戈为武"中的"止"，并不是停止的意思，而是脚趾的象形；"戈"则是一种武器的象形。二者组合起来，表示携带着兵器走路，就是动武的意思。"人言为信"，就是人说的话应是讲信用的。这种构字法能弥补象形、指事的不足。

（四）形声

在汉语中，需要表示的概念非常多，但能够用上述三种方法构造出来的字毕竟有限，于是就出现了用一种半音半意的结构方式造成的字，即形声字。形声字由意符和声符两部分组成。意符又称形旁，表示形声字本身所属的意义范畴；声符又称声旁，表示形声字的声音。如"江""河"，两个字的"三点水"表示这两个字的意义与水有关；"工"与"可"是声符，表示这两个字的读音（至于今天"江"与"工"，"河"与"可"读音不一致，是长期语音变迁的结果）。

形声字有很多构成形式，如最常见的左形右声："江""河"；右形左声："鹅""鸡"；上形下声："花""草"；下形上声："婆""娑"；外形内声："国（國）""固"；内形外声："闻""问"等。这些构成形式给汉字带来了丰富多彩的形体美。

（五）假借

古人说"六书"是造字之本，这是不全面的说法。因为用转注和假借之法并不能造出新字来。假借是把语音相同或相通的字借来当作一个新字用。如："令""长"二字。"令"本是"发号"的"令"，后来借用为"县令"的"令"；"长"本是"久远"的"长"，后来借用为"县长"的"长"。

古代虚字（虚词）在假借法中特别普遍，因为虚字本身没有实在意义，不表示一定的概念，所以，很难用象形、指事、会意等方法造字，只好求助于假借，如"而""焉"等字。

假借本身不造字，但却催生了新字，如"采"本表示"采集"，借为"文采""神采"等义后，"采集"之义加形旁"扌"，用"採"表示，简化字又合二为一；"莫"本义为"日暮"，借作不定代词"莫须有"之"莫"后，本义加形旁"日"，成了"暮"字。

（六）转注

关于转注的说法，两千年来众说纷纭，没有统一的意见。王力先生曾说："后代的说文家对于转注的解释，争论最多，……值得介绍的有三家：第一家是江声，他认为所谓'建类一首'是指《说文》(《说文解字》的简称，下同)部首，而《说文》在每一部首下都说凡某之属皆从某（如'凡木之属皆从木'），那就是'同意相受'。第二家是戴震，他认为转注就是互训（转相为注，互相为训），《说文》考字下说'老也'，老字下说'考也'，就是互训的例子。第三家是朱骏声，他在《说文通训定声》里说：'转注者，体不改造，引意相受，令长是也。'他不但修改了转注的定义，而且更换了转注的例字。"①

二、汉字的笔画

笔画是构成汉字的基本材料，唐朝孙过庭在《书谱》里说："积其点画，乃成其字。"汉字楷书的笔画一般分为八种最基本的形态，即：点、横、竖、撇、捺、钩、提、折。

（一）点画

点，是汉字基本笔画的根源，其他各种笔画无不始于一点，同时又是点的延伸。点，也是汉字笔画中形态最丰富的一种。一个点处在特定的结构位置，往往形成其不同的形体势态，因此，点画的变化也最多。按形体势态划分，点有方点、圆点、左点、右点、上点、下点、竖点、挑点、撇点；按神情意态划分，有相呼点和连呼点。

（二）横画

横，是从左向右运行的笔画。在汉字基本笔画中，横是主要笔画之一。由于用笔方法的变化，汉字形成了横的各种形态，有长横、短横、左尖横、右尖横、凹横、凸横等，姿态各异。

（三）竖画

竖，是从上往下驱毫走笔而成的纵向笔画，它也是汉字的主要笔画之一。竖画是字的骨干，起支柱的作用。竖在形态上可分为垂露竖和悬针竖，亦有介于垂露和悬针之间的竖画，还有上尖竖、弧竖、弯头竖和弯尾竖等。因所处的具体结构部位的不同，竖还有长短、轻重、左右弯弓的变化。

---

① 王力. 古代汉语：第一册［M］. 4版. 北京：中华书局，2018：160.

（四）撇画

撇，是从右上方起笔，向左下方行笔提收形成的笔画。处在不同的结构位置上，撇往往以不同的势态出现，如长撇、短撇、直撇、弧撇、兰叶撇、弯头撇和弯尾撇等。在特定位置上，其斜、竖的角度也很重要。

（五）捺画

捺，是从左（或左上方）起笔向右（或右下方）行笔而成的笔画。捺画有起有伏，呈波浪形状。在汉字的不同部位，捺呈现不同的形态，有斜捺、平捺、弧捺、短捺、反捺等。捺画还常与撇画相配合，成为字之两翼。

（六）钩画

钩，总是与其他笔画连在一起，笔道较短，是按某一方向行笔提收所形成的笔画。从出钩的方向看，钩有向左、向上、向下三种形式。常见的钩画有横钩、竖钩、弯钩、斜钩、卧钩、竖弯钩、横折钩等。

（七）提画

提，从左下发笔，向右上提收而形成，也称挑画。提为独立笔道，形态变化不多，只是倾斜度、粗细度略有变化。

（八）折画

折，是一个组合笔画，两个笔画交接拐角处就是折画。折也有不同的形态，有方折，也有圆转，各显姿色，故又有转折之名。折画一般有横折、竖折和撇折等。

下面将几种笔画归纳如表 1-1：

表 1-1　汉字笔画名称

笔　画	名　称	例　字	笔　画	名　称	例　字
、	点	六	㇂	斜钩	我
一	横	十	㇃	卧钩	心
丨	竖	中	ㄴ	竖弯	四
丿	撇	八	㇄	竖弯钩	儿
丶	捺	人	㇆	横折提	话
㇀	提	虫	㇟	横折弯	船
亅	竖钩	小	㇗	竖提	民
㇉	弯钩	子	㇕	横钩	农

续表

笔 画	名 称	例 字	笔 画	名 称	例 字
㇆	横折	口	㇗	竖折	山
㇆	横折钩	月	㇉	竖折折钩	马
㇇	横撇	水	㇋	横折折撇	边
㇜	撇折	去	㇌	横撇弯钩	那
㇛	撇点	好	㇡	横折折折钩	奶
㇈	横折弯钩	九	㇞	竖折撇	专

三、汉字的笔顺

笔顺是指字的点画书写的先后顺序。一个字的书写笔序，主要是根据有利于结构安排的原则确定的。掌握了这种书写笔序，对搭配点画、美化字形、提高书写的准确性和书写的速度，都极有好处。

汉字笔顺基本规则，归纳起来大致如表 1–2 所示：

表 1–2 汉字笔顺基本规则

规 则	例 字	笔 顺
先横后竖	十	一 十
	下	一 丅 下
先撇后捺	八	丿 八
	夭	𠂇 夭
从上到下	三	一 二 三
	尖	小 尖
从左到右	地	土 地
	你	亻 你
从外到内	月	冂 月
	向	门 向
先里头后封口	日	冂 日 日
	国	冂 国 国
先中间后两边	小	亅 小 小
	水	亅 水 水

绝大多数字的笔顺可以参照上述规则书写。但笔顺的规则不是一成不变的，如“上”字，先竖再短横后长横；“道”字先写内部的“首”，再写外部的走之底；又

如"女"字，是横画与撇画交叉的，但书写笔画不是先横后撇，而是最后一笔才写横。有些字，它们的点画以及形状相似，但书写笔顺不一样，如"占"字和"与"字。"占"字是先写上面的一竖，而"与"字是先写上面的一横。"水"字与"火"字很相似，但"火"字的笔顺不是先写当中的"人"，而是先写左右两点。还有的字比较特殊，因字数很少，它们的笔顺可采取强记的办法记住，如"凹""凸"字等。

四、汉字的偏旁

汉字分为独体字和合体字两大类。除了一小部分是独体字外，其余大部分是合体字。合体字占汉字总数的 90% 以上。

合体字是由两个或两个以上独立部分组合而成的字。独立部分有的原就是独立的字，有的不是独立的字，但也有固定的结构。人们习惯把其中某独立成分称为偏旁。合体字按照字体结构可基本分为左右部、上下部和包围部；偏旁则可细分为五大类：左偏旁、右偏旁、字头、字底和字框。

（一）左偏旁

左偏旁的合体字最多，笔画有多有少，字形大小长短变化很大。常见的左偏旁如表 1-3 所示：

表 1-3 常见的左偏旁

名　称	偏旁形式	例　字	名　称	偏旁形式	例　字
单人旁	亻	作	木字旁	木	村
双人旁	彳	行	禾木旁	禾	秋
两点水	冫	冰	示字旁	礻	礼
三点水	氵	洋	衣字旁	衤	衫
言字旁	讠	访	金字旁	钅	钙
左耳刀	阝	陈	石字旁	石	矿
提土旁	土	地	工字旁	工	项
提手旁	扌	提	牛字旁	牛	特
绞丝旁	纟	纪	矢字旁	矢	短
反犬字	犭	犯	白字旁	白	皑
食字旁	饣	饰	巾字旁	巾	帽
竖心旁	忄	忆	女字旁	女	好
王字旁	王	玲	弓字旁	弓	弛

续表

名　称	偏旁形式	例　字	名　称	偏旁形式	例　字
子字旁	子	孔	方字旁	方	族
火字旁	火	灯	立字旁	立	站
山字旁	山	峭	车字旁	车	轮
马字旁	马	驰	耳字旁	耳	联
歹字旁	歹	殀	虫字旁	虫	虾
口字旁	口	吵	缶字旁	缶	罐
日字旁	日	曦	舟字旁	舟	船
月字旁	月	服	米字旁	米	粉
目字旁	目	盼	酉字旁	酉	配
贝字旁	贝	财	革字旁	革	鞋
片字旁	片	版			

（二）右偏旁

右偏旁是左右结构中右边的部分。常见的右偏旁如表 1-4 所示：

表 1-4　常见的右偏旁

名　称	偏旁形式	例　字	名　称	偏旁形式	例　字
立刀旁	刂	创	欠字旁	欠	欧
反文旁	攵	教	单耳旁	卩	印
右耳刀	阝	郊	斤字旁	斤	新
力字旁	力	勤	页字旁	页	额
彡字旁	彡	影	鸟字旁	鸟	鹅
口字旁	口	知	隹字旁	隹	雕

（三）字头

字头是上下结构中的上半部分。常见的字头如表 1-5 所示：

表 1-5　常见的字头

名　称	偏旁形式	例　字	名　称	偏旁形式	例　字
人字头	人	命	宝盖头	宀	室
曾字头	丷	曾	草字头	艹	范
秃宝盖	冖	军	竹字头	⺮	第

名　称	偏旁形式	例　字	名　称	偏旁形式	例　字
爪字头	爫	爱	四字头	罒	署
小字头	小	肖	西字头	覀	票
士字头	士	壳	羊字头	羊	善
穴字头	穴	穹	春字头	夫	泰
厂字头	厂	厘	雨字头	雨	露
广字头	广	度	羽字头	羽	翼
尸字头	尸	屋	尚字头	𭥦	赏
大字头	大	奇	户字头	户	扇
山字头	山	岗	病字头	疒	疾
白字头	白	泉	虎字头	虍	虐

（四）字底

字底如同器皿的底托，或宽或窄，都要托起上边的结构单位。常见的字底如表 1-6 所示：

表 1-6　常见的字底

名　称	偏旁形式	例　字	名　称	偏旁形式	例　字
八字底	八	其	女字底	女	婆
四点底	灬	照	心字底	心	恕
示字底	示	禁	衣字底	衣	裳
皿字底	皿	盘	米字底	米	粱
升字底	廾	弊	绞丝底	糸	紫
刀字底	刀	剪	豕字底	豕	豪
力字底	力	努	走之底	辶	道
大字底	大	契	建字底	廴	廷
寸字底	寸	导	走字底	走	越
木字底	木	架			

（五）字框

常见的字框如表 1-7 所示：

表 1-7 常见的字框

名 称	偏旁形式	例 字	名 称	偏旁形式	例 字
区字框	匚	匹	同字框	冂	同
山字框	山	幽	凤字框	几	凰
门字框	门	闻	国字框	囗	围

五、汉字的结构

结构，又称结体、结字，指的是笔画、偏旁的组合。

独体字是由一些基本笔画组成的字，笔画少，结构简单。

合体字是由两个或两个以上独立成分组合而成的字。关于合体字字形的结构形式，历来人们归纳出了很多种，表 1-8 是部分合体字的结构形式分类：

表 1-8 合体字的结构形式分类

结构形式		例 字
左右结构		放、提、颇、将、讲、铭、地、得、格、陈、结、观
左中右结构		街、辩、蜥、树、做、鸿、娜、倒、蜘、椰、缴、脚
上下结构		字、全、春、草、宗、音、官、盖、导、番、香、泉
上中下结构		等、翼、葬、寨、崇、蕙、慧、惹、恁、熹、藜、窦
半包围结构		远、建、厘、度、屋、房、疾、医、同、幽、闻、凰
全包围结构		围、圆、国、囝、囵、圈、图、固、囿、圃、团、困
多重结构	左右型	催、懿、臁、骑、稽、德、琨、揉、蹂、燥、燃、馒
	上下型	蘅、擎、磬、符、娶、渠、裂、烈、繁、范、窿、籍
	品字型	品、晶、磊

六、规范中求美

汉字的书写，首先要求正确、规范，其次才讲究美观。何谓"规范"？按照《现代汉语词典》（第 7 版）的解释，"规范"的含义是"约定俗成或明文规定的标准"。那么，对于汉字的书写，国家明文规定了哪些标准呢？国家语言文字工作委员会和新闻出版署在《关于发布〈现代汉语通用字表〉的联合通知》中明确指出："《现代汉语通用字表》依据《印刷通用汉字字形表》确定的字形标准，规定了汉字的字形结构、笔画数和笔顺。字表发布后，印刷通用汉字字形即以此为准。"根据有关规定，对书写汉字的规范要求主要有以下四点：第一，正确使用 1986 年 10 月重新发表的《简化字总表》中的 2 235 个标准简化字，除特殊情况外，不得使用繁体字；第二，正确使用 1955 年 12 月公布的《第一批异体字整理表》中的正体字，不得使用规定废止、淘汰的异体字；第三，停止使用 1977 年 12 月公布的《第二次汉字简化方案（草案）》中的简化字，不得乱造简化字；第四，不写错别字。

要想使汉字书写既规范又美观，必须注意以下几个方面：

（一）不能为了强调书写的艺术性而损伤其规范性

汉字书写首先要做到笔顺合理、笔画规范。历来有些书家为了追求汉字书写的艺术性，而随意调整汉字的笔画和结构，常见的有以下两种情况：

1. 随意增加或减少笔画

在很多古碑帖中，我们经常会看到有些字被随意地省去笔画，如欧阳询《九成宫醴泉铭》中的"流"字上面少写一点，"德"字中间少写一横；还有些字被随意地增加笔画，如《九成宫醴泉铭》中将"拒"字下面多写一点，"房"字上面多写一横，这些字显然不规范，我们在正式书写的过程中要注意分辨，遵循上述有关汉字规范书写的要求，维护汉字的规范性。

2. 随意移动偏旁位置

有些汉字本来是左右结构，可在书写时有人却将它写成上下结构，将左偏旁移到字头的位置，如将"柳"字的木字旁写在上面作为字头，将左右结构变成了上下结构。我们在正式书写时不要采用这种写法。

（二）注意手写体与印刷体的区别

为了汉字书写的美观，其印刷体和手写体在表现形态上可以有所区别，主要表现在个别笔画上，如"汉"字手写体可将最后一捺写成反捺。

（三）行草的规范

用行草书写汉字时，很多笔画没有完全按照印刷体的规范来写，好多都用连笔表示，如三点水"氵"写成一点一竖提或连带点。有的字中用横代替口字，如"说"字中间的"口"写成一横。这些表现形式都属行草的规范，是允许出现的。

（四）使用规范汉字

1986 年 5 月 25 日，国家语言文字工作委员会在《关于废止〈第二次汉字简化方案（草案）和纠正社会用字混乱现象的请示》中曾明确提出，"翻印和整理出版古籍，可以使用繁体字；姓氏用字可以使用被淘汰的异体字。除上述情况及某些特殊需要者外，其他方面应当严格遵循文字的规范，不能随便使用被简化了的繁体字和被淘汰的异体字，也不能使用不规范的简化字"，并且"提倡书家书写规范的简化字"。我国《通用语言文字法》第十条规定："学校及其他教育机构以普通话和规范汉字为基本的教育教学用语用字。法律另有规定的除外。"同时规定，有下列情形的可以保留或使用繁体字、异体字：第一，文物古迹；第二，姓氏中的异体字；第三，书法、篆刻等艺术作品；第四，题词和招牌的手写字；第五，出版、教学、研究中需要使用的；第六，经国务院有关部门批准的特殊情况。

总之，我们只要书写时笔顺合理、笔画规范、字形匀称、不歪歪扭扭、不蜷蜷曲曲、不上下左右离散，汉字字形自然就会美观。也就是说，汉字的规范性与艺术性达到统一才能称为美。

第二节　书写的基本知识

汉字的书写讲究书写工具，选择好书写工具与我们写好汉字有着直接的关系。同时要掌握好正确的笔法，笔法又包括执笔方法和用笔方法。

一、书写工具的演进

传统的书写工具是人们常说的"文房四宝"，即笔、墨、纸、砚。"文房四宝"与我们写好汉字有着直接的关系。当然硬笔又有自己的书写工具。

（一）文房四宝

1. 毛笔

毛笔是汉字书写最基本的工具，可以说没有毛笔就没有汉字的书法。

历代书家喜爱毛笔，昵称毛笔为"管城子""管城侯""毛锥子""毛颖君"。安徽宣城的"宣笔"、浙江湖州的"湖笔"都是久负盛名的毛笔。毛笔按其原料和性能来分，大体上有三类：

（1）硬毫。硬毫笔包括紫毫（野兔毛）笔、狼毫（黄鼠狼尾毛）笔和鼠毫（鼠须）笔。这类笔的特点是刚硬且富有弹性，写出的笔触比较刚劲挺拔，笔画锋芒易显露。

（2）软毫。软毫笔包括羊毫笔和鸡毫笔，是较柔软的一类。如"鸿云""鹤脚""大鹤颈"等，都被视为上品。这类毛笔的特点是毫端柔软，容易摄墨，笔毫便于展开。

（3）兼毫。兼毫是用硬毫和软毫混合制成的笔。如：五紫三羊（五分紫毫、三分羊毫），七紫三羊（七分紫毫、三分羊毫）等，都属兼毫笔。常见的兼毫笔还有"白云""乌龙水"等。兼毫介于软毫和硬毫之间，特点是软硬适中，刚柔相济。

2. 墨

墨的种类很多，常见的有三种：

（1）松烟墨。它用松树烧烟，加入轻胶和香料制成，色黑无光泽，入水易化。

（2）油烟墨。油烟墨主要采用桐油、菜油、麻油等烧烟，加入胶和香料等制成，它有光泽而不甚浓黑。

（3）油松墨。油松墨由松烟和油烟混合而制成。

书法作品以使用"油烟墨"或"油松墨"最为适宜。

鉴别墨的好坏，主要看它的墨色，以纸上试写后墨色黝黑而发紫光、香味浓郁者为佳。质量好的墨具有质细、胶轻、色黑、声清、味香等特点，很少有墨粒或渣滓，书写时流畅舒适，黝黑而发光。若用墨浓淡适宜，作品就会丰满生动。

安徽徽州产的"徽墨"是墨中精品，驰名中外，以之书写，历久而不褪色。现代生产的高级书画墨汁，如"中华墨汁""一得阁"墨汁，很受书画家的欢迎，可省去研磨墨汁的时间，使用方便。

如今练习书写，多用瓶装墨汁，使用时要轻摇均匀，随用随倒。墨汁过淡，用墨锭加浓；墨汁过浓，则加少量清水调匀。

3. 纸

纸是我国古代的四大发明之一，有近两千年的历史。殷商时代，用甲骨契刻文字；周、秦时代，用竹片或木片书写；到西汉时期已经有了赫蹏纸；东汉蔡伦在总结前人经验的基础上，用植物类纤维来作原料，造出了更好的纸。纸的发明，对传播文化和推动书法艺术的发展做出了重大贡献。

纸的种类和名称很多。宣纸是中国书画常用的纸张之一。它产于安徽泾县，泾县古属宣州，故名"宣纸"。宣纸以青檀、楮树皮等多种原料经揉制、蒸煮、制浆等精细工序而制成。其特点是纹理纯净，质地绵韧，颜色白雅，润墨性强，不蛀不腐，搓折无损，博得了"纸中之王""千年寿纸"的赞誉。早在唐代，宣纸就被作为朝廷的贡纸。

宣纸按其性能有生宣、熟宣、半熟宣之分。生宣纸吸水能力很强。熟宣纸是造纸时加明矾等原料加工而成的，吸水能力相对较弱。半熟宣纸，性能半生半熟，能够吸水，但不易渗化。各种宣纸按大小又有四尺宣、六尺宣、八尺宣之分。

常用的纸还有道林纸、油光纸、拷贝纸等，表面光滑，吸水性较差，只适宜练习硬笔书写。平时练习书写，不必用昂贵的宣纸，可用一般的毛边纸或废报纸，价廉物美，同样能练出笔力，领悟学书的妙趣。

4. 砚

我国制砚工艺具有优良的传统和悠久的历史。由于制作材料的不同，砚种类繁多，可分为玉砚、石砚、陶砚、瓷砚等。一般以石砚为最多，其中以广东肇庆东郊端溪庄的"端砚"、安徽歙县的"歙砚"、江西婺源龙尾山的"龙尾砚"、甘肃卓尼县洮砚乡的"洮砚"、山西绛州（今新绛县）的"澄泥砚"等为最著名，尤以"端砚"居群龙之首。

砚的作用，一是研磨、储墨；二是荡笔顺笔。磨墨须用清水，磨时墨块须平正。磨后墨块应及时取出，不可置于砚中，以免胶住，若已胶住，可用清水浸润松脱，切勿扳敲，以防损坏砚面。砚用过后要用清水洗净，忌用沸水，不要沾油污，不要在太阳下晒。砚池内储些清水，保持砚池湿润，这叫"养砚"。平常练习时，选用石质细润、砚心深平、易于发墨、贮量较多的普通砚就可以。

（二）硬笔书写工具

19 世纪，美国人沃特曼发明了自来水钢笔。到了 20 世纪初期，随着西方文化和科学技术对我国的影响，现代生活节奏相应加快，毛笔渐渐难以适应日常应用书写的要求，硬笔几乎占领了毛笔的书写领域，也大大推动了我国硬笔书法的发展。

1. 硬笔及其种类

硬笔是一个统称，指笔尖是硬性的笔。它包括铅笔、圆珠笔、钢笔、粉笔等。

（1）铅笔。铅笔始于 16 世纪中期，它靠笔芯的石墨在纸上擦划留下字迹。其最大的优点是字迹可以用橡皮擦掉，给书写者改正书写错误带来极大的方便；但随着石墨的消耗，要不断地削刮笔杆和笔芯，从而又给书写者带来不便。铅笔的软硬和深浅是由铅笔芯所含石墨与黏土的比例决定的。石墨比例越高则笔芯越软，书写颜色越黑；反之，黏土比例越高则笔芯越硬，书写颜色越淡。

（2）圆珠笔。圆珠笔始于 1880 年，后经不断地改进完善，直到 1940 年才大量问世。圆珠笔的笔尖处有一颗微小的金属圆珠，书写时圆珠滚动，油墨从圆珠边沿渗出留下笔迹。圆珠笔既有铅笔的书写流畅、不受方位限制的优点，又有携带方便、书写笔迹均匀的好处；而且免除了铅笔需不断削笔杆和钢笔需经常吸墨水的麻烦。因此，圆珠笔是目前较受欢迎的硬笔书写工具。现在的中性笔（签字笔）属于圆珠笔系列，墨水有较大改进。

（3）钢笔。常见的有自来水钢笔和蘸水钢笔两种，其笔尖都是用金属制成的，书写性能差别不大。只是自来水钢笔蓄墨水较多，并有笔套，携带方便。钢笔有金笔、铱金笔等种类。金笔笔尖不全是用黄金做的。因黄金太软，人们往里掺进了银和铜，使它变得坚硬一些。铱金笔尖是用不锈钢制成的，即使在墨水里浸久了，也不会生锈。好的钢笔具有书写流利、笔尖不刮纸、出水流畅均匀、字迹清晰美观等特点。

（4）粉笔。粉笔介于软笔和硬笔之间，属于"粉"笔。它的笔尖不那么坚硬，也不那么软，而是硬中有软；笔迹不那么均匀，时粗时细；笔身不那么固定，有长有短；笔体不那么坚固，容易折断。加上书写的对象是黑板，从而用粉笔书写形成了自己的特点。

2. 墨水

写钢笔字的墨水，以颜色分，主要有红墨水、纯蓝墨水、蓝黑墨水、碳素墨水等。不论使用何种墨水，用后都要及时盖紧瓶盖，以免蒸发、沉淀变质。

3. 纸张

写钢笔字一般用硬性纸，如胶版纸、道林纸、新闻纸、有光纸等。钢笔字对纸的要求不甚严格，只要吸水，不过分粗糙就行。

二、执笔的方法

（一）毛笔执笔方法

自古流传有多种执笔法，如两指执笔法，以大拇指和食指执笔；三指执笔法，以大拇指、食指和中指执笔；握拳执笔法，以拳执笔。此外还有回腕执笔法、吊臂执笔法等。下面介绍最常见的"五指执笔法"（图1-1）。

古人用"撅、押、钩、格、抵"五个字来说明"五指执笔法"中五个手指头的动作及相互间的关系。要想更好地发挥"五指执笔法"的作用，书写者还要掌握以下要领：指实、掌虚、腕平、锋正。

（1）指实。即执笔时，拇指撅，食指押，两指相对用力，将笔约束住，并起固定作用；中指由外向内钩，无名指格，即由内向外推挡，与中指的用力方向相反，这两指对笔的回环起转起作用；无名指力量小，小指抵住无名指助其用力。五指落实，各司其职，五指齐力，使笔又稳定又灵活。

（2）掌虚。即执笔时掌心要空虚，指掌间有一定的空间，用笔才能灵活。

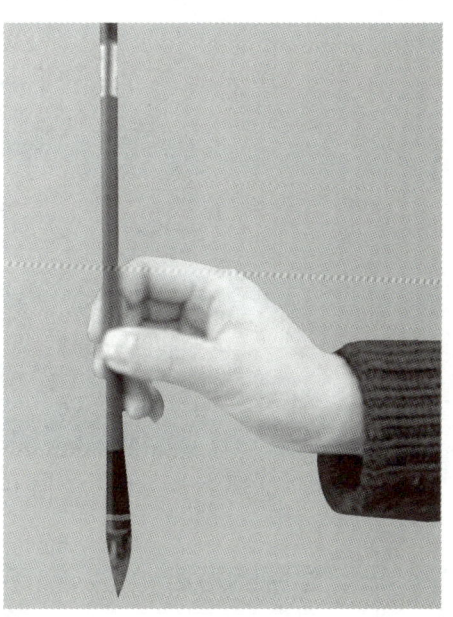

图1-1　五指执笔法

（3）腕平。指手腕平放案面，或手腕离开案面但腕仍持平。这里说的腕平是便于笔杆垂直，但它只适用于写较小的字。站立着写较大的字，腕是不会平的。

（4）锋正。即笔杆要垂直，笔杆垂直，笔锋自然就垂直于纸面了。

执笔的松紧程度也很重要。执得过紧，手指、手腕、手臂都会变得僵硬，不宜运转；执得过松，写出的笔画显得无力。因此，笔管要执得紧而不死。

总之，无论写小字还是写大字，坐着还是站着，枕腕还是悬腕，其执笔姿势都应该做到笔正而手灵，以笔在手中运转自如为原则。

（二）硬笔执笔方法

铅笔、圆珠笔、钢笔等硬笔的执笔方法相同，其具体方法是：按、压、顶、抵、靠五字诀。

（1）按。按是大拇指自然前伸，前端按在笔杆左侧，由内向外用力。

（2）压。压是食指前端压在笔杆右上方，向下施加压力。

（3）顶。顶是中指以指甲侧面从右下方顶住笔杆，向上用力。

（4）抵。抵是无名指和小指自然弯曲，紧靠在中指下面，抵住中指，起辅助作用。

（5）靠。靠是笔杆上端斜靠在虎口上。

硬笔的执笔方法（图1-2）要求指实、掌虚、运笔灵活、便于书写。同时写钢笔字只用指力就够了，手腕可以搁在桌面上。

粉笔的执笔方法比较特殊，本书第四章"粉笔书写技法"将对此作具体介绍。

图1-2　硬笔执笔方法

三、运腕的方法

用毛笔写字，需要正确地使用手指、手腕、手臂的力量，才能把大小不同的字写好。这里所说的"运腕",是指如何使用手腕的力量。

运腕一般有三种情况:

(一)着腕

写"蝇头小楷"时,只用"着腕"(也叫"卧腕")法即可。所谓"着腕",即把手腕贴在桌面上写字。因腕部紧贴桌面,只能用手指用力,所以运笔范围很小(图1-3)。

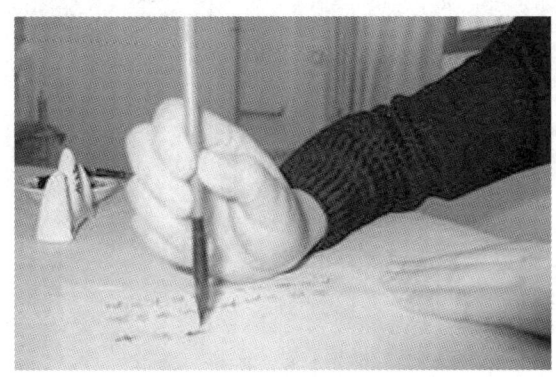

图1-3 着腕

(二)枕腕

写方寸左右的字时,可用"枕腕"法。所谓"枕腕",是将左手或其他物件垫在右手腕下写字(图1-4)。相传此种方法始于唐代中叶以后。虽然枕腕法比着腕法有所扩展,但运笔时还是难以使腕力得到充分的发挥,手指没有旋转的余地,活动的范围仍受到限制,也只能写较小的字。

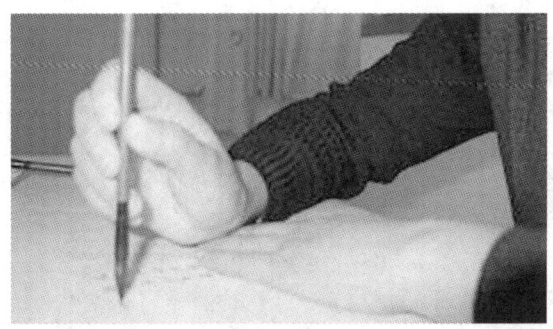

图1-4 枕腕

(三)悬腕

写两寸见方的字时,用枕腕法会觉得挥洒不开,这时可用悬腕法。所谓"悬腕"，是将腕部提起，而肘部仍然靠在桌面上，肘稍定而腕灵活（图1-5）。用这种方法，腕力可以到达指掌，运转灵活，笔锋回旋进退自如。但因肘部没有离开桌面，如果要写更大的字，仍然不能随心所欲。

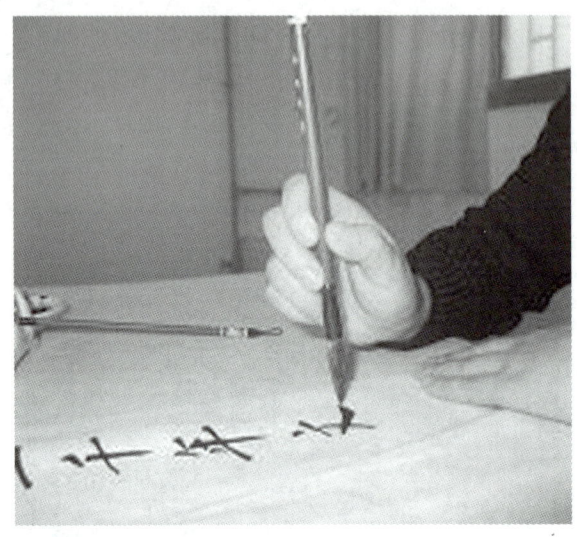

图1-5 悬腕

（四）悬肘

运腕脱离不了指、肘、臂、背、腰和整个身子的相互配合与支持。因此写大字时，可以用悬肘法。所谓"悬肘"，即手腕和手肘都离开桌面而悬在空中写字（图1-6）。这种方法，运转的幅度很大，能使臂、肘、腕、指的力量达到笔端，运笔再无阻碍，可天马行空，纵横驰骋。至于写特大的字，则需要整个身体随肘运转，需要充分发挥全身之力。

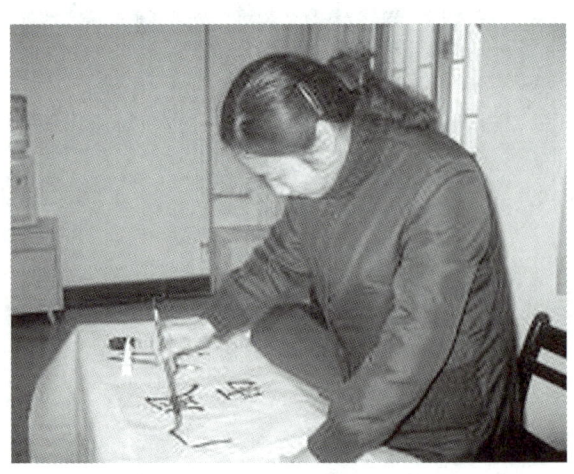

图1-6 悬肘

四、书写的姿势

书写要有一个正确的姿势，这不仅有益于人的身体健康，也有益于书法艺术的长进。下面重点介绍毛笔书写的姿势。

坐着书写，只能写较小的字，倘若写较大的字，坐着就不适宜了，一是视野难于展开，二是难于调动手腕、手臂，乃至全身的力量。如果是写特大的字，就非站着写不可。所以，书写的姿势就有坐势和立势的不同。

（一）坐势

凡是用着腕、枕腕、悬腕等腕法，写小字、小幅时，最好采取坐势。写字坐势有八个字的要求，即：头正、身直、臂开、足安（图1-7）。

图1-7 坐势

（1）头正。头面端正，稍微向前，勿左歪右斜，两眼视线集中。

（2）身直。腰脊、腰背正直，胸部舒展，不要靠桌，以免呼吸局促，这样才能气定神闲，居高临下，沉稳有力地写出字来。

（3）臂开。左手按纸，右手执笔，肩膀要松弛，两臂要张开，成均衡对称之势。

（4）足安。两脚平放在地上，无须用力紧踏，其距离与双肩相等，或可稍微远一些，但不宜分得太远，切忌双足直伸，或一条腿搁在另一条腿上。

（二）立势

凡是写大字、大幅时，最好采取立势。立势分两种情况：

1. 立势俯写

立势俯写是站在桌前，将纸平铺于桌上书写。其要领也有八字诀，即：足稳、头俯、身躬、臂悬（图 1-8 ）。

（1）足稳。两腿分开站立，拉开的距离与肩膀宽度相同，站得稳重，才有利于腰力的发挥。

（2）头俯。即头部略向前倾，俯视纸面，统揽全局。

（3）身躬。即身体略向前倾，左手既按纸，又支持上身，右手执笔，这样才能使身体安闲，姿势自然。

（4）臂悬。即肘、腕离开桌案，手臂悬空，这样才能收放自如，纵横挥洒，随心所欲。

掌握了立势八字诀，才能气满力足，胸中即有壮阔之感，高屋建瓴，把握全局，控制大字的格局和通篇的气势。

2. 立势书壁

立势书壁，是站立壁前，将纸悬挂壁上书写。其书写要领则为头正、身端、臂悬、足安。它比俯写难度要大一些，但却是一项基本功夫（图 1-9 ）。

初学书写的人，常犯偏头、弯腰、驼背、伏案的毛病，这些错误的书写姿势，容易造成身心紧张，手腕颤抖，坐立不稳，从而破坏书写效果，久而久之，还极易造成视力下降，肌骨损伤。所以，初学书写者，必须学会正确的书写姿势。

图 1-8　立势俯写

图 1-9　立势书壁

五、怎样用笔

汉字的点画形态虽然复杂多样，富于变化，但用笔却有一定的法度，也就是笔法。一般的用笔方法有以下几种。

（一）提笔和按笔

每写一画，下笔有轻有重，线条有细有粗，然而笔毫却没有离开纸面。这就是运笔提、按交递变化的结果。提笔，是将笔轻轻提起，但笔锋不离开纸面，边提边行，写出来的笔画轻细；按笔，是将笔毫按下，写出来的笔画粗重。

提、按是笔锋的上下运动。笔画的轻重、粗细都靠提、按的作用。灵活地运用提、按笔法，笔画才显得生动活泼，节奏鲜明，富有情感。

（二）逆锋和顺锋

逆锋，就是朝着与笔画行笔方向相反的方向起笔，所谓欲右先左、欲下先上的意思。顺锋，就是朝着与笔画行笔方向相同的方向起笔，也就是直接起笔。

（三）藏锋和露锋

藏锋、露锋是指行笔的起止，即如何处理笔画的锋芒。藏锋，是将笔锋内藏，起笔用逆锋，收笔用回锋，将锋芒裹藏而不外露，给人一种含蓄厚重的感觉。露锋，是将笔锋露在笔画的外面，顺锋起笔，顺锋收笔。如撇、捺、钩、提的收笔处，均为露锋；在字里行间左呼右应、承上启下，亦是露锋。露锋会给人一种神情显露、意气飞扬的感觉。

（四）中锋和侧锋

中锋，是书写的传统用笔方法，是笔锋的锋尖铺开行走在笔画的正中间的一种运笔方式。用中锋写出的笔画线条饱满圆浑，具有"如锥画沙"的效果。中锋运笔的关键是执笔要正。

侧锋，是指在行笔过程中，笔锋的锋尖偏向笔画的一侧而不是控制在笔画的中间。

中锋、侧锋是并存的两种笔法，无所谓哪种好哪种不好。在行草书中，常用侧锋求得笔势的飘逸多姿，但初学者应以中锋为主。

（五）方笔和圆笔

方笔，也叫"外拓笔"。在起笔、收笔和转折处，写出具有棱角的笔画线条，笔画显得方正强劲。圆笔，也叫"内撅笔"。在起笔、收笔或转折处，圆转运行写出没有方折棱角呈圆弧的笔画线条，笔画显得圆和柔润，骨力内含。

此外，还有其他用笔方法，如峻笔、涩笔、轻笔、重笔、迟笔、疾笔等，这里不详解，有兴趣的学习者可找相关资料了解。

六、怎样用墨

有墨处必有笔，有笔处亦有墨，用墨之法也是笔法的一种辅助手段。

古人用墨贵浓黑似漆，苏东坡用墨又黑又亮，有如小孩的瞳仁之说。到了明代，随着文人画的兴起，书家兼画家、画家必书家的情况极为普遍，于是，在书法领域逐渐融进了绘画的墨法，以增强书法作品的笔墨情趣。

书写用墨一般分浓墨、淡墨、枯墨、湿墨等几种。

（一）浓墨、淡墨

浓墨（图 1-10）是一种常见的墨法，古人多用此法。墨浓如漆，写在白纸上黑白分明，极其醒目，字迹清晰饱满，神采外耀。淡墨（图 1-11）是介于黑与白之间的一种中间色，呈灰色调，给人清远淡雅的美感。淡墨与用水的技巧密切相关。

图 1-10　浓墨

图 1-11　淡墨

（二）枯墨、湿墨

枯墨（图 1-12）指笔中所含水分大多失去后在纸上行笔的效果。

湿墨（图 1-13）指过量的墨汁在宣纸上溢出笔画之外的现象。湿墨之妙，在于保持线条基本形态的同时又有朦胧的墨趣，使线、面交融。

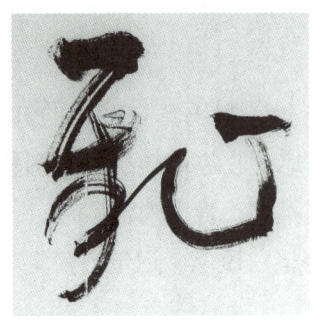

图 1-12　枯墨

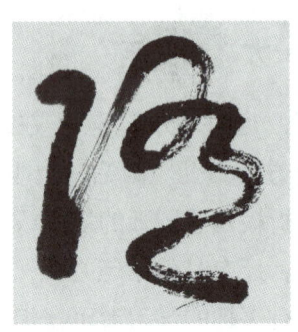

图 1-13　湿墨

在一幅书写作品中同时出现浓、淡、枯、湿的变化，可以增强作品的韵律美，这是技法纯熟的表现，但不能为了变化而变化，更不能硬性追求某种墨色效果，否则会显得做作俗气。

实践与探索

1. 什么是"六书"？
2. 汉字有哪几种基本笔画？
3. 运腕有哪几种方法？
4. 在教学中最常用的执笔方法是什么？
5. 将表1-9中的例字按笔顺填写在空格中。

表 1-9　笔顺练习

书写笔顺	例字	笔顺
从上到下	兰	、ノ一一一
	豆	
	意	
从左到右	格	
	河	
	微	
先横后竖	十	
	井	
	卉	
先撇后捺	人	
	金	
	矢	
先内后外	函	
	画	
	道	
先外后里再封口	日	
	因	
	国	
先中间后两边	水	
	爽	
	承	

6. 请选用适当的笔法、墨法，临写以下碑帖（图 1-14 至图 1-17），体会笔墨的妙处。

图 1-14　甲骨文（局部）

图 1-15　石鼓文（局部）

图 1-16　曹全碑（局部）

图 1-17　张猛龙碑（局部）

第二章 毛笔楷书技法

▶ 学习提示

　　不论是从打基础的角度，还是从继承、发扬传统艺术的角度，学习书写都应从练习毛笔字开始，而练习毛笔字，又应从楷书入手。

　　历代书家创作了大量不同风格的楷书作品，这些作品异彩纷呈，各有千秋。无数实践已经证明，只要选择的是名家法帖，任何一种都能引导我们步入书法艺术的殿堂。但在学习时，一般只宜选择其中的一种体式，反复临习。我们在本章中列举了三种楷书碑帖的临习方法，每人选取其中一种临习即可。即使选取这三种以外的名帖临习，也可以取得好的效果。

　　此外，学习楷书，临习碑帖是一件需要长期坚持的事，开始后就不要中断，不要因教学内容的进展而不断改换临习内容。

第一节　楷书概述

楷书，又叫真书、正书，是汉字最终定型的一种书体，至今仍被广泛运用。学习书写一般都从楷书入手。

一、楷书的形成与稳定

我国现存最古老的可识的文字，是三千多年前商代的甲骨文与金文。秦统一中国后，小篆成为正式的官方文字，而民间对篆书的快速、简化书写，孕育出隶书与楷书。到了汉代，隶书取代篆书登上书坛的正统地位，楷书还在艰难地发展。直到汉末、魏、晋期间，楷书才发展成熟并大放异彩。

我国现存最早的楷书作品是三国时魏国钟繇的《宣示表》（图2-1）、《贺捷表》、《荐季直表》等。目前所见的这些作品都不是真迹，而是后世的刻本。但其横、竖、撇、捺的楷书写法已十分明显，其艺术成就受到历代书家的高度评价。

东晋王羲之、王献之父子（称"二王"），在钟繇的基础上，把楷书写得更为妍美流便，创作了一批楷书名篇。如王羲之的《乐毅论》、《黄庭经》（图2-2）、《曹娥碑》，王献之的《洛神赋十三行》等。钟繇、"二王"开创的书风，在南朝得以继承流传，而北朝的楷书却以一种雄浑、粗犷的风貌光耀千古。尤其是北魏的碑刻，美不胜收，留下了《郑文公碑》《张猛龙碑》《泰山金刚经》《始平公造像记》《石门铭》等一大批精品。

楷书到了唐代，发展到顶峰。初唐的欧阳询、虞世南、褚遂良、薛稷都是楷书名家。尤其是欧阳询，创造了险劲瘦硬、法度森严的欧体，影响极为深远。

唐代楷书中最富有时代精神的，应是颜真卿的楷书。颜真卿学习过"二王"的书法，又摆脱了"二王"的影响，创造出一种气势磅礴、雄伟端庄的新楷书，世称"颜体"。可以说，颜体楷书是盛唐精神在书坛的集中表现。人们普遍认为，他60岁时书写的《颜勤礼碑》（图2-3）标志着"颜体"的确立。以后书写的《麻姑仙坛记》《颜家庙碑》《自书告身》等，都达到了炉火纯青的境界。颜真卿之后的柳公权，在"颜体"基础上进行变革，创造了"柳体"，其笔画因变肥厚为瘦硬，被后人称为"颜筋柳骨"，如《玄秘塔碑》（图2-4）。

楷书发展到唐代已经成熟稳定。在其后宋、元、明、清漫长的岁月中，楷书没有多大的变化与发展。较有影响的是元代的赵孟頫，他的楷书圆润、流畅、妩媚，被人们称为"赵体"。代表作有《玄妙观重修三门记》、《湖州妙严寺记》（图2-5）、《胆巴碑》等。

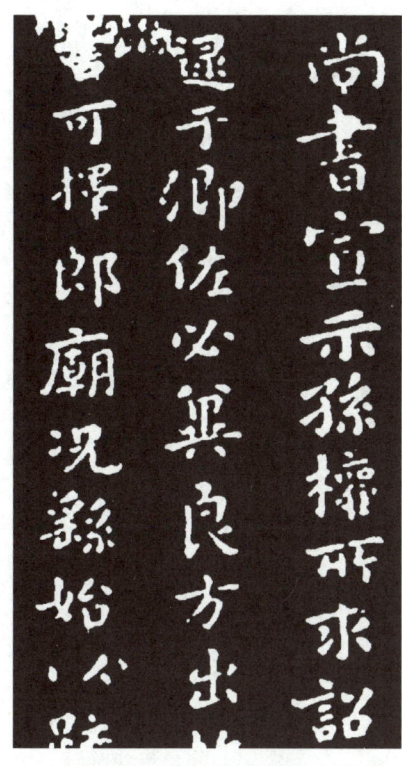

图 2-1 宣示表（局部）

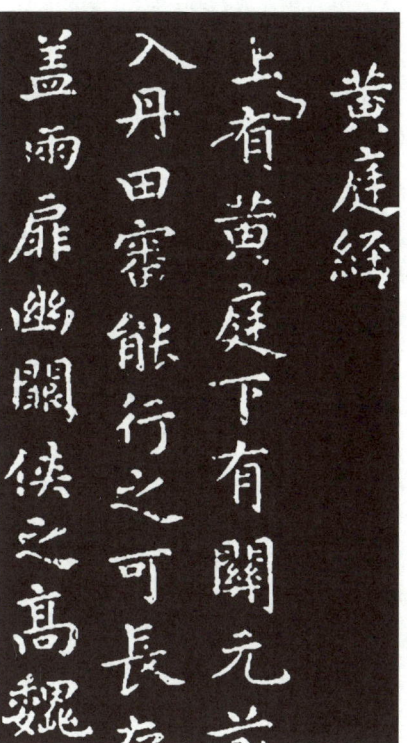

图 2-2 黄庭经（局部）

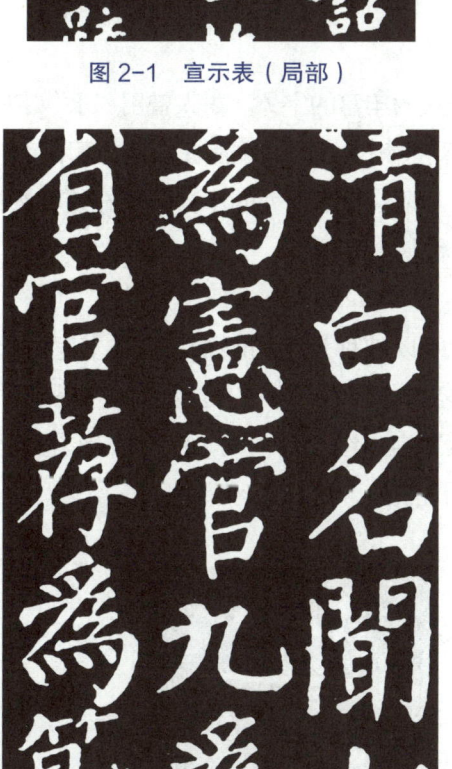

图 2-3 颜勤礼碑（局部）

图 2-4 玄秘塔碑（局部）

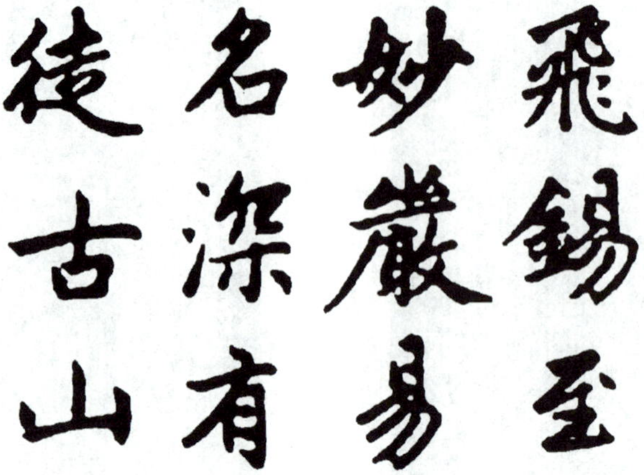

徒 名 妙 飛
古 深 嚴 錫
山 有 易 至

图 2-5　湖州妙严寺记

二、楷书的特点

楷书的特点具体表现在笔画与结构两个方面，现分述如下：

（一）楷书的笔画

相对于篆书、隶书而言，楷书是笔画形态最为丰富的字体。古人曾用"永"字的8种笔画——侧、勒、努、趯（tì）、策、掠、啄、磔（zhè）来概括楷书的点画用笔，称为"永字八法"（图 2-6）。实际上，"掠"与"啄"的笔画大同小异，现在统称为撇，后来人们又补上"折"的笔画，组成楷书的8种基本笔画。

1. 点

点的形体虽小，但能传达出字的精神，所以被称为字的眼睛。点在书写时，也有起笔、运笔、收笔的过程，只是动作稍轻微。点在不同的位置，往往呈现不同的形态，我们需细致分辨。如欧体中的"萦"字（图 2-7）共 10 个点，形态各异，很有精神。点在书写时，可以看作各种笔画的浓缩，这样较容易把握。

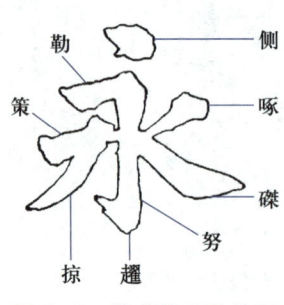

图 2-6　楷书的 8 种笔画

图 2-7　点

2. 横

横与竖常常是一个字的主要笔画。横的书写不是水平的，大都微微向右上倾斜。横因起笔、收笔的不同，产生方笔与圆笔的区别。另外，一个字中有几笔横画时，形态也应变化。如柳体中的"寺"字（图2-8）横画在长短、粗细、俯仰等方面变化明显。

3. 竖

竖画在字中常常起到支撑作用，必须挺拔有力。竖在书写时，不宜一概垂直，有时可略带弧形，更显出笔画的弹性与力度。竖的收笔有垂露与悬针的区别，起笔也有一些变化，都应细心体会。如颜体中的"同"字（图2-9），两笔长竖向内略带弧形，挺拔而有张力；两笔短竖的形态也各不相同。

图2-8 横　　　　　　　　　图2-9 竖

4. 撇

撇是从右上向左下行笔的一种笔画，一般起笔重而收笔尖细，但也有收笔较重的回锋撇，以及起笔较轻的兰叶撇。如欧体中的"度"字（图2-10），两撇的形态变化明显。

5. 捺

捺是楷书中装饰性较强的一种笔画，尤其是长捺，笔势先由下向上，再由上向下，最后再出下向上，称为一波三折。这样写既气势恢宏，又生动活泼。如《郑文公碑》中的"道"字（图2-11），长捺舒展，如载人之舟，破浪前行。

图2-10 撇　　　　　　　　　图2-11 捺

6. 提

提又称为挑，是楷书笔画中较简单的一种。其起笔如横，顿后向右上运笔，边运边收，然后出锋。如颜体中的"之"字（图2-12），第二笔即为提。

7. 钩

钩画在篆、隶中尚未成形，在楷书中却有了很大的发展，出现了直钩、弯钩、平钩、卧钩、斜钩等各种形态，再加上不同书家的不同书写风格，使钩画异彩纷呈。如《郑文公碑》中的"地"字（图2-13），斜戈钩用笔夸张，似有千钧之力。

图2-12　提

图2-13　钩

8. 折

折是两种笔画的交接与过渡，一般分为横折、竖折、撇折几种。如柳体中的"背"字（图2-14），既有横折，也有竖折。

（二）楷书的结构

结构，也称间架，指的是笔画的组合。

楷书的结构有一定的规律，古人曾总结出"结字

图2-14　折

三十六法""大字结构八十四法"等基本规律，至今仍值得我们借鉴。

楷书结构的具体法则虽然不少，但总的法则不外乎两条：一是平正，二是变化。

对初学者来说，首先要把字写平正，即写稳。俗话说"字怕上墙"，意思是字怕挂起来看。因为字挂起来后，写得稳不稳一目了然。开始习字，就应该把字写得平稳工整，给人一种和谐稳定的美感。

字要写得平正，首先要注意写好横与竖两种笔画。横平竖直是结构的基本原则，因为横、竖在一个字中常常起到支撑作用。如颜体中的"东"字（图2-15），横平竖直，撇捺开张，端端正正，稳稳当当。

这里，我们要特别强调说明，横平竖直是书家的感觉，而且是一种美学感觉，

不能用几何上的平直来衡量。如楷书中的横一般应左低右高，微微上翘。这从几何的角度讲不算平直，但从书法美学的角度上看，微微上翘的横才算平。

同样的道理，楷书的工整，也是美学上的工整，而不是几何上的工整。如一个很简单的"工"字（图 2-16），由两横一竖组成。大部分书家在书写时，故意把中间的一竖写歪。而我们在看这个字时，依然觉得它很工整，而且很活泼。所以美学上的工整内容更丰富，更灵活，更有创造性。相反，如果把"工"字写得绝对平直，那就成了美术字。所以，不要误把几何上的平正、工整当成美学上的平正与工整。

图 2-15　东

图 2-16　工

结构平正还有一个要注意的问题，就是把握字的重心。一般来说，楷书有条垂直的重心线，有的重心线是有形的，有的重心线是隐形的。像"王""中"等字（图 2-17），中竖就是重心线。重心在重心线上。但是，这些字的重心不在重心线的中点上，而是在中点的偏上方。例如"中"字，重心就在两横的中部。因此，历代书家书写"中"字一竖穿过方框时，上面会短一些，下面会长一些，形成上紧下松的态势。重心犹如人的腰身，腰身稍高，人体就匀称挺拔。重心稍高，字体也匀称、挺拔。另需注意的是，传统的习字格只有几何中心，没有美学重心，我们使用时要注意。还有一种双宫重心格，明确地标出了重心区（图 2-18），对于初学者迅速、准确地把握字的重心及结构将起到积极的作用。

楷书结构的变化法则，包括疏密的对比、偏旁的错落、穿插避让的协调、造险与平衡的统一，等等，我们在学习具体书体时会深入接触。

图 2-17　王、十、重、木、中

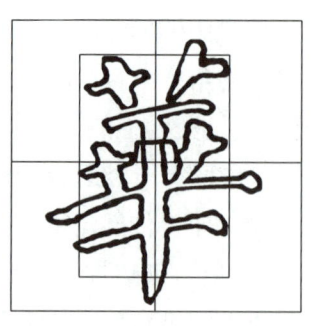

图 2-18　双宫重心格示例

第二节　怎样临帖

　　千百年的实践已经证明，临帖是学习书法的最佳入门途径和有效方法。入门，从临帖开始；深造，也要以临帖为阶梯。可以说，学习书写的整个过程，都是与临帖息息相关的。一些著名的书家，在认真临帖方面，也给我们作出了表率。如林则徐临《九成宫醴泉铭》（图 2-19、图 2-20）、赵之谦临《郑文公碑》（图 2-21、图 2-22）。

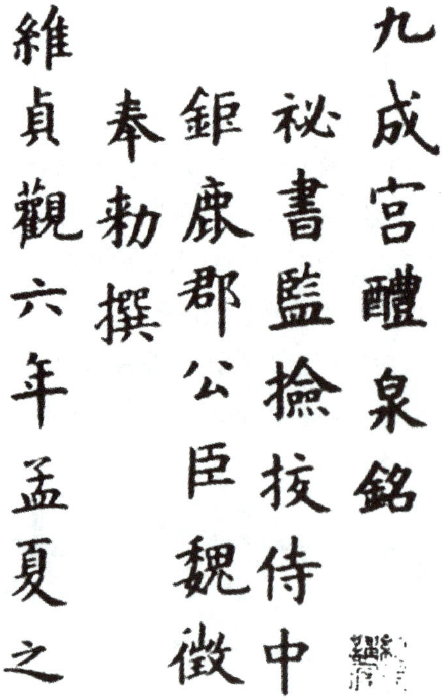

維貞觀六年孟夏之

奉勅撰

鉅鹿郡公臣魏徵

祕書監撿挍侍中

九成宫醴泉銘

图 2-19　九成宫醴泉铭（林则徐临）（局部）

图 2-20 九成宫醴泉铭（碑帖）（局部）

棄三靈之洲氣癮五百之
和載誕文明冠世萬信樂
依仁壽弟端雅寫言愍行

图 2-21 郑文公碑（赵之谦临）（局部）

图 2-22   郑文公碑（局部）

一、选帖的原则

古人留下来的法帖浩如烟海，而对我们大多数人来说，往往终身只会临写其中的一种或数种，因此，第一次选帖，就带有为今后定向的作用，应十分慎重。

对于初学者来说，我们应该怎样选帖呢？

（一）从客观上看，要选取法度鲜明的字帖

所有的艺术作品都是抒情达意的载体，书法也不例外。但不同艺术形式抒情达意的手段不同。书法的手段是笔画、结构、章法，而临帖的目的，就是要借助前人的优秀作品，来帮助我们认识并掌握书法的笔画、结构、章法的规律。这个规律，被称为法度。我们选帖时，要注重选择那些法度森严的作品。楷书从流派上划分，可分为唐楷、魏碑与晋楷。一般学习楷书，先从唐楷入手，因为唐楷的法度更为鲜明与森严，而魏碑与晋楷的抒情意味更浓。所以先学唐楷，能迅速而准确地掌握楷书的书写规律。

（二）从主观上看，要选取兴趣浓厚的字帖

历代书家的艺术个性千差万别，留下的法帖也反映了书家鲜明的个性。临习者

的艺术个性也各不相同，面对同一幅作品，不同人的感受与喜爱程度往往很不一致。兴趣浓厚，喜爱程度高，说明自己与古代书家个性和艺术追求相接近，具有共同的内在的性格基础，临写起来容易得心应手，效果显著。

当然，目前各类学校的书写课，由于是一名书法老师教一个班甚至好几个班的学生，往往只能选教一种字帖，照顾不了每个学生的不同兴趣，这属于正常现象。只要是名家名帖，都具有极高的艺术价值和审美价值。临好其中任何一种，都可以掌握楷书的书写规律，为步入书法艺术殿堂打下坚实的基础。如果书法老师选教的字帖不是自己喜爱的风格，也应调整心态，在临写的过程中逐步加深认识，培养感情，照样也能学好楷书。

二、临帖的方法

临帖的方法包括摹与临两种，具体操作如下：

（一）双钩

双钩是将半透明的纸蒙在字帖上，用毛笔或硬笔沿着字的点画边沿，将其轮廓勾画出来，形成一种只有笔画外表的空心字（图 2-23）。

双钩的临帖方法比较烦琐，但事半功倍，效果显著。初学书法者，有可能缺乏对艺术的敏感，对字的点画及结构精微之处，常常不易觉察。而双钩的临帖方法可以让我们的眼与手遍及字的每个位置，准确而细致地把握住字的笔画与结构。所以，双钩是临帖的最佳起步方法。

采用双钩的方法临帖时，不必钩完字帖上所有的字，或多或少，灵活处理。钩完的空心字，可以用毛笔依样填

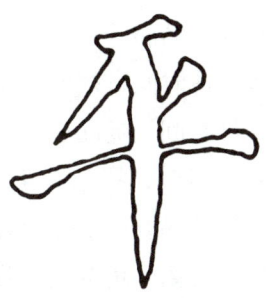

图 2-23 双钩

写。写的过程要坚持一笔到位，不论这一笔是没有填满还是填走了形，都不要再重复填描。另外，填写时可先用淡墨写一次，干后再用浓墨写，使双钩的字发挥更大的效益。

（二）单钩

单钩是将半透明的纸蒙在字帖上，用毛笔或硬笔沿着字的点画中线，将其轮廓骨架写出来（图 2-24）。采用单钩的临帖方法便于我们进一步体会字的间架结构，体会字的笔画走向、弯曲度、倾斜度、长短等。单钩的临帖方法是写字不是画字，它要求写中线、写到位、善用笔（包括起收、快慢、轻重等）。

图 2-24　单钩

（三）对临

对临是指边看字帖边临写的临帖方法，也是最常用的临帖方法。对临时，为了准确掌握字的间架结构，我们可以借助习字格来临写。

我们借助习字格临写一段时间，大体熟悉了字的笔画、间架，培养出较敏锐的眼光后，就可以直接在白纸上对临了。

（四）背临

如果说对临类似读书，那背临就类似背书。背临是指在读帖、对临的基础上，不看字帖而凭记忆写出帖上的一个个字。背临比对临要难得多，所以收益也会大得多。在时间宽裕的情况下，我们可以在书桌前成段地背临。平时，我们也可以利用零星时间，灵活进行，先默想帖上的一个或几个字，然后用毛笔或硬笔写出，再与原帖对照，找出差距，不断提高；有时有零星时间而手边没有纸笔，那就可采用"书空"的形式——默想帖上的一个或几个字，用手指在空中书写。这样见缝插针，日积月累，也会大有收获。

（五）意临

意临是一种突出主观色彩的临帖方法，较适用于抒情意味浓郁的书体与作品，所以意临行草及隶书作品的比较多。临写时，不必追求字的笔画、结构与原帖丝丝入扣，只是抓住原帖中的神韵或某一特点，用自己的笔意写出来，因此，不同的书家意临同一幅作品，写出的作品意蕴区别明显。意临是一种高级的训练方式，必须有一定的书写基础，并要对原帖融会贯通后，才能有效地进行。如何绍基临写的《西狭颂》对比（图 2-25、图 2-26）、黄易临写的《西狭颂》对

图 2-25　西狭颂（何绍基临）（局部）

比（图 2-27、图 2-28 ）。

图 2-26　西狭颂（局部）

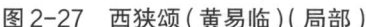

图 2-27　西狭颂（黄易临）（局部）　　　　　图 2-28　西狭颂（局部）

三、临帖的要求

临帖要想取得显著效果，一要认真，二要坚持。具体临写时，还要注意以下两点：

（一）形似入手，以形传神

临帖首先要求形似，即从字的点、横、撇、捺到结构、章法，临得惟妙惟肖。如沈尹默临写的《倪宽赞》（图 2-29、图 2-30）。有些人临帖时借口追求神似，不注意字迹的细枝末节之处，这是不对的。我们所临的法帖，大都是经过上千年筛选的精品，其笔墨特点、风格气韵等均达到炉火纯青的地步。从字的笔画到间架，看似不经意，实际上是书家几十年功力的结晶，接近至善至美的境界。姚孟起在《字学臆参》中道："一画有一画步位，一字有一字步位。一画走作为一字累，一字走作为通篇累。"所以，任何一处小小的失误，都会影响一个字或一篇字的成败，我们应该在形似逼真中领会法帖的精微之处。

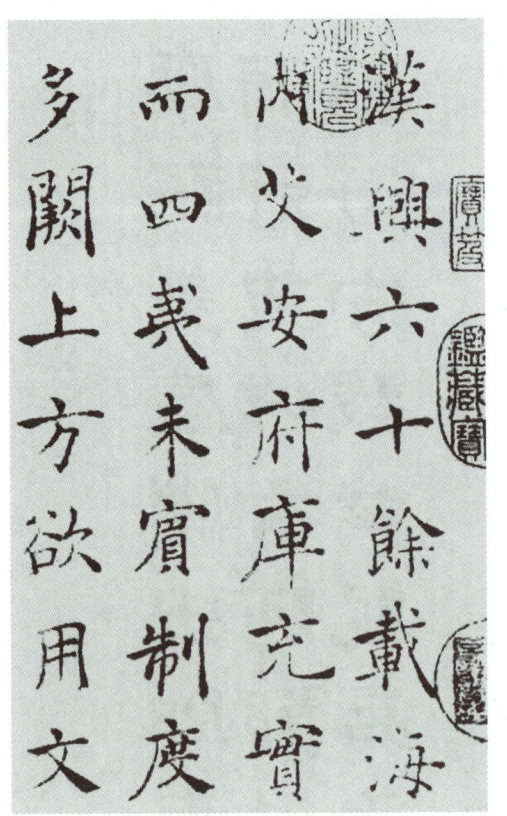

图 2-29　倪宽赞（沈尹默临）（局部）　　　　图 2-30　倪宽赞（局部）

字的形指的是字的笔画、结构的外形，字的神指的是字的特点与韵味。我们临帖时要先从形似入手，同时要在不断的临习中把握住字的特点与韵味，从而进入形神兼备的境地。

（二）心到为主，心摹手追

表面看起来，临帖是用眼先看，再用手写，所以要眼到、手到。实际上，眼与手都是受心指挥的，心到才是关键。临帖可以练眼，提高眼光的艺术敏感。临帖可以练手，让手指、手腕、手臂挥洒自如。临帖更可以练心，提高我们的审美能力，这才是学习书写活动中最根本的一环。

图 2-31　瑞（欧体）

古代流传下来的法帖，包含了无数美的创造。可是一个个的字静静地立在我们面前，我们却不能详尽地言说它们的美。因此，我们临帖时要会之于心，拟之于手，调动感情，发现每个字蕴藏的美与创造。如欧体中的"瑞"字（图 2-31），右上部的"山"故意写歪了。这是因为"瑞"字的横画、竖画太多，排在一起很容易呆板，书家把"山"部一倾，整个字顿时活泼了起来，这就是创造！这就是美！再继而一想，山倾了会不会影响整个字的稳定呢？不会，因为"山"下面的"而"很平稳，能支撑上面倾斜的"山"，这就体现了局部打破平衡而整体保持平衡的规律。

所以我们临习字帖时，要用眼、用手、用心，不断提高自己的审美能力，加深对书法艺术规律的认识；同时提高眼力，心摹手追，自然达到临帖的目的。

第三节　名帖选临

在众多可临写的楷书名帖中，欧体包含着森严的法度，颜体辉耀着盛唐的气势，《郑文公碑》展示了魏碑的风貌。下面，我们以三种碑帖为代表，来具体阐述楷书的临写。

一、怎样临写《九成宫醴泉铭》

欧阳询的《九成宫醴泉铭》，魏徵撰文，欧阳询书写，碑文楷书 24 行，每行 50 字。碑铭为欧阳询晚年所书，用笔沉实稳健，峻利含蓄，结体精确端庄，雍容婉丽，是欧体楷书风格的代表性作品，被历代推崇为楷书经典之作，有多种翻刻本流传，现存原石拓本最早的为宋拓本。

（一）《九成宫醴泉铭》的笔画

《九成宫醴泉铭》（图2-32）的笔画有两个显著特点，一是以方笔为主，二是轻重匀称。所谓方笔、圆笔，区别在于起笔与收笔呈棱角状还是圆弧状。各体楷书在用笔时都是方圆兼备的，欧体笔画中也既有方笔，又有圆笔，总体上方笔用得较多。但欧体的方笔较为含蓄，即起笔、收笔处的棱角方中有圆。因此，我们在临写时，不要故意把棱角写成刀削一般。

各体楷书在笔画的轻重上都有变化，欧体也不例外，同样体现出横细直粗的特点。但欧体与其他楷体相比，变化比较细微，整体上不强调轻重的对比，而在于突出笔画的匀称与和谐。

图2-32 九成宫醴泉铭（局部）

欧体楷书的笔画具体写法如下：

1. 横

横有长横、短横、左尖横几种（图2-33）。长横起笔、收笔分明，中间运笔稍轻稍快，显出弹性。短横粗细变化不明显，但有俯仰的变化。左尖横的笔画关键在起笔，露锋入纸，不顿，由轻渐重地向右运笔。

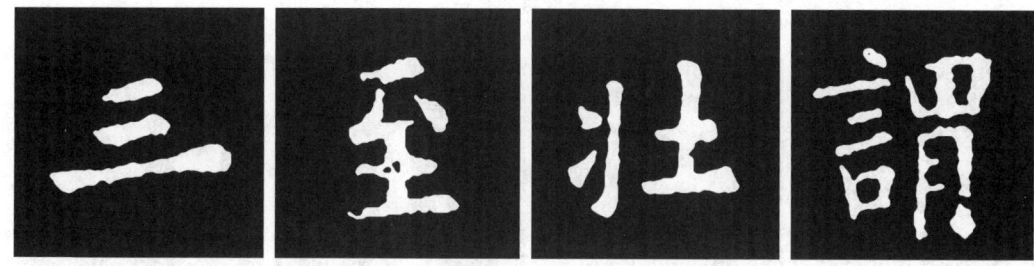

图2-33　横

2. 竖

竖有悬针竖、垂露竖、腰粗竖等变化（图2-34）。悬针竖、垂露竖都是藏锋起笔，顿后提锋向下运行。悬针竖不顿笔，竖的末端呈针尖状。垂露竖收笔时要顿一下，然后回锋收笔，竖的末端像一滴欲坠的露珠。腰粗竖起笔、收笔尖细，中间较粗，好像一弯新月。

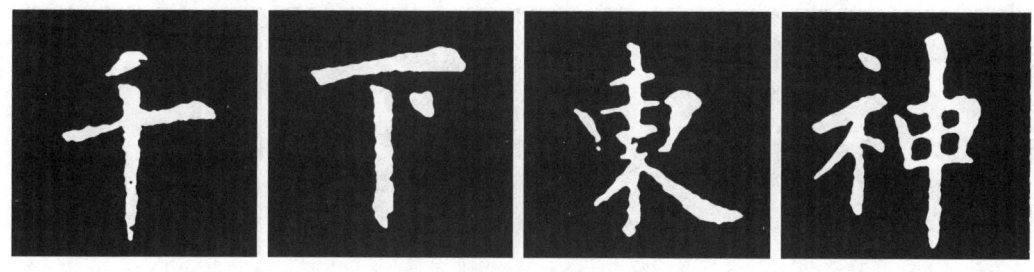

图2-34　竖

3. 点

点的形态变化较多，但总的说来，点可以看成各种笔画的浓缩。如上点，是悬针竖的浓缩；挑点，是挑画的浓缩；撇点，是撇画的浓缩等。欧体的点一般呈三角形，三角形的边向外略呈弧形，显得饱满、精神（图2-35）。

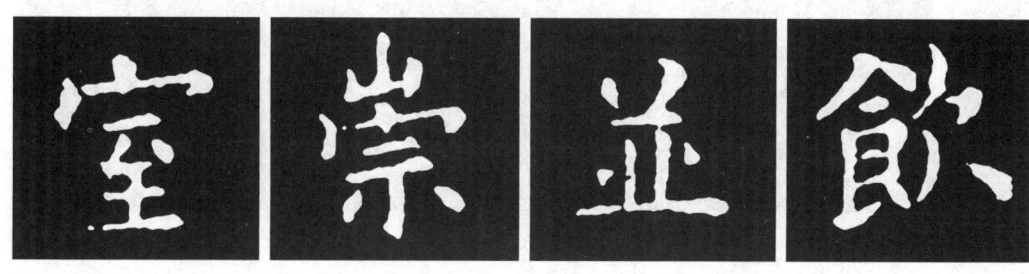

图2-35　点

4. 提

提又称为挑，是楷书中最简单的一种笔画，起笔如横，运笔时边行边收，把笔力送到提的尖端（图 2-36）。

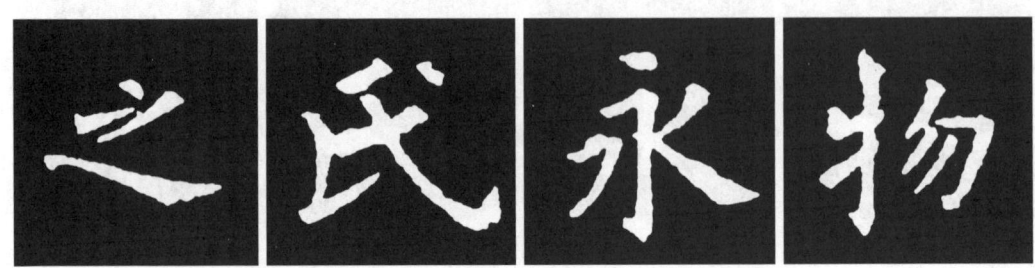

图 2-36　提

5. 撇

撇有斜撇、竖撇、兰叶撇、回锋撇等几种形态（图 2-37）。竖撇是先写竖然后圆转向左下撇出。兰叶撇露锋入纸，起笔、收笔都为尖角。回锋撇的收笔不呈尖角，而近似钩的形状，但收笔时不要出钩，而要顿后回锋向上收笔。

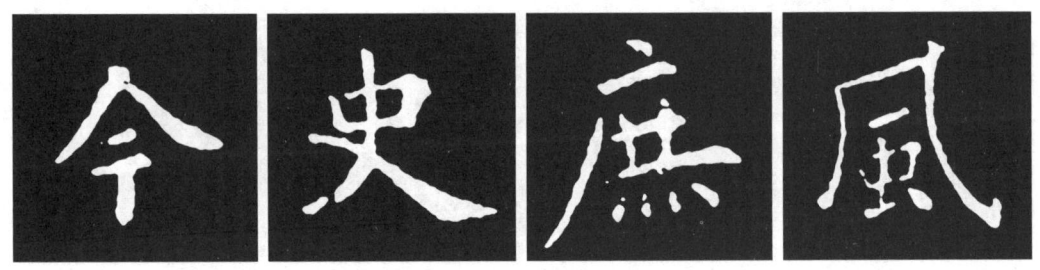

图 2-37　撇

6. 捺

捺是楷书中装饰性较强的一种笔画。其起笔可方可圆，运笔一波三折，收笔如刀（图 2-38）。

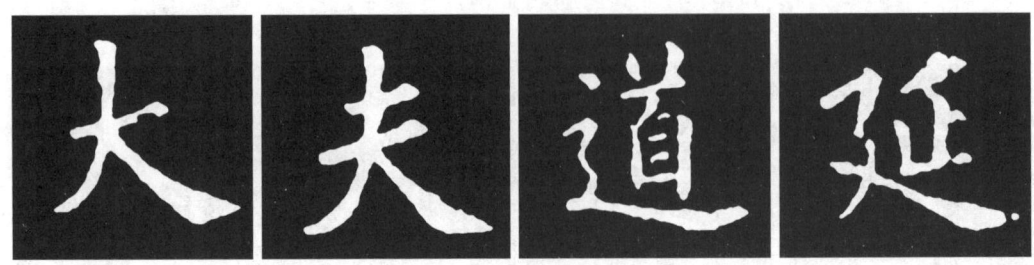

图 2-38　捺

7. 钩

钩的形态变化也比较丰富，包括直钩、平钩、卧钩、斜钩等（图 2-39）。直钩较含蓄；平钩保留了隶书的意味，是欧体中别具一格的一种钩，出钩时要圆转向上；卧钩与斜钩都要写得有弹性。

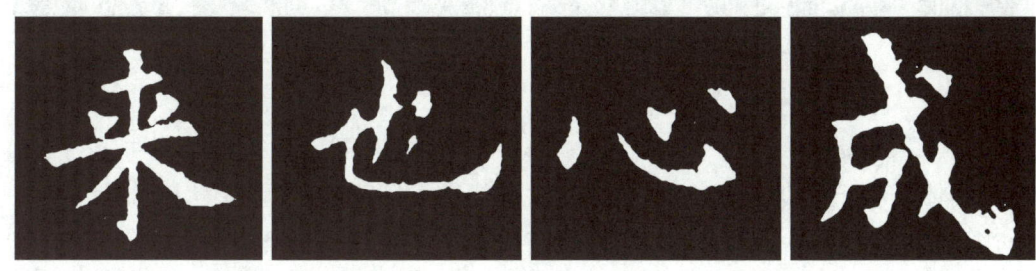

图 2-39　钩

8. 折

折有横折、竖折、撇折几种形式（图 2-40）。横折，是把横收笔处的顿笔，同时作为竖起笔的顿笔，然后向下写竖。竖折是把竖的收笔作为横的起笔来运笔。撇折是写完撇后就势一顿，作为横的起笔。

图 2-40　折

（二）《九成宫醴泉铭》的字体结构

《九成宫醴泉铭》的字体结构，体现了一般楷书的共通之处，如横平竖直、匀称均衡、参差错落、避让穿插等。它还有自己的独特之处，具体表现在以下几个方面。

1. 纵向取势

一般地说，篆书字体多为长方，隶书字体多为扁方，楷书字体多为正方。《九成宫醴泉铭》的字体结构却是纵向取势的，以长方为主，显出瘦硬的风格（图 2-41）。

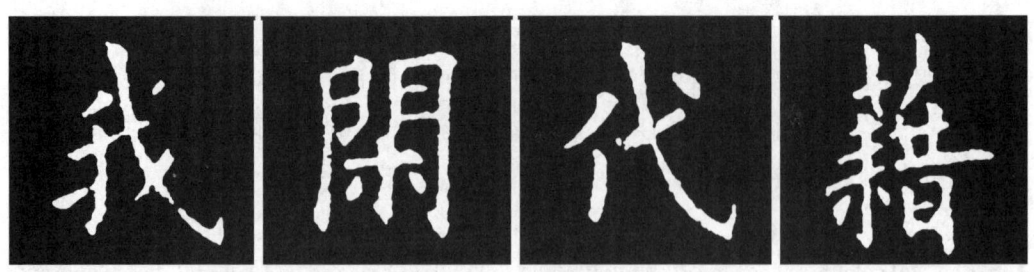

图 2-41　纵向取势

2. 上紧下松

字体结构上紧下松是各体书法的共通规律。因为字的重心偏上，所以字的上半部分笔画密集一些，下半部分笔画挺拔一些，这一特点在欧体中十分明显（图 2-42）。

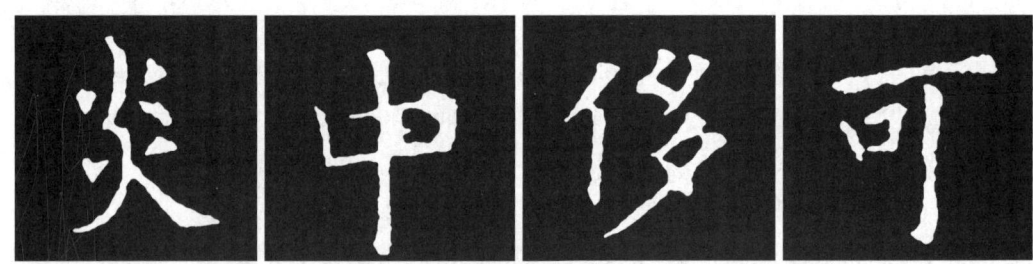

图 2-42　上紧下松

3. 左紧右松

左紧右松的字体结构是指字的左半部分笔画紧凑，右半部分笔画相对舒展一些，类似人稍侧的面部画像，透视变化使原本对称的五官出现疏密对比（图 2-43）。

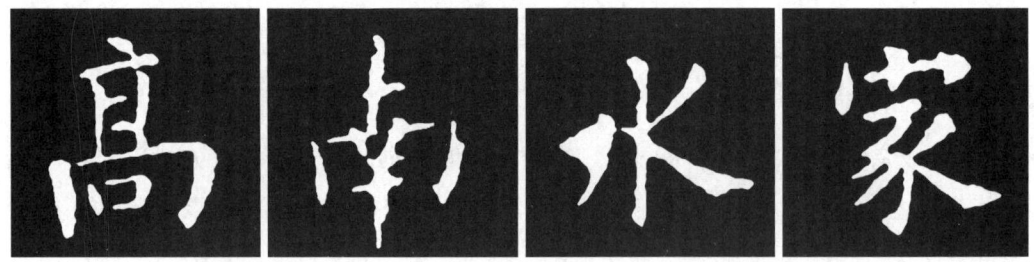

图 2-43　左紧右松

4. 内紧外松

内紧外松的字体结构是指字的中间部分笔画密集，四周笔画舒展，疏密对比较为强烈（图 2-44）。

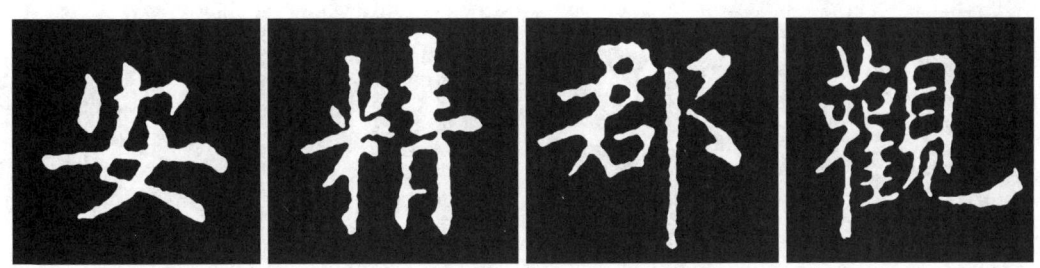

图2-44 内紧外松

5. 险中求稳

险中求稳是指字的局部打破平衡，造成险势，然后用其他笔画或部位补救，使整个字依然保持平衡的状态。这种新的平衡是美的平衡，体现出书家的审美能力和创新精神（图2-45）。

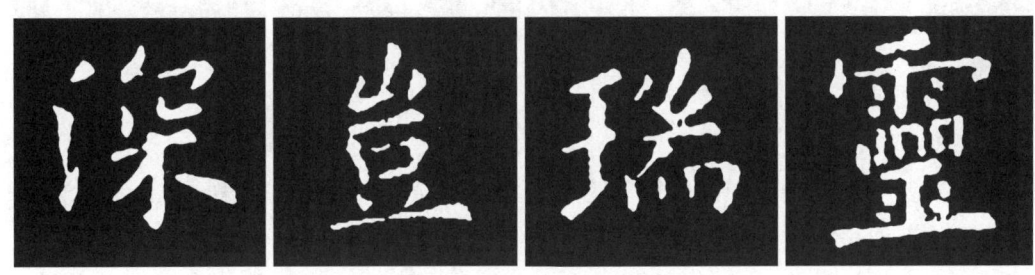

图2-45 险中求稳

二、怎样临写《颜勤礼碑》

《颜勤礼碑》是颜真卿为其曾祖父颜勤礼撰文并书写的神道碑，是颜真卿晚年成熟风格的楷书代表作之一。

（一）《颜勤礼碑》的笔画

颜体起笔、落笔强调藏头护尾，方圆并用，浑厚饱满；在点、钩、折等处顿挫分明，突出笔画的装饰美；横细竖粗，对比强烈；点画遒健爽洁。各种笔画的具体写法如下：

1. 横

横要藏锋起笔，或方或圆。长横多向上微微拱起。收笔回锋，时轻时重，重时收笔处会出现一个明显顿点。短横较随意（图2-46）。

2. 竖

竖一般写得较饱满，有悬针竖、垂露竖的明显区别，也有些竖的起笔、收笔较随意。左右两边的竖常向外略呈弧形，显得端庄威严（图2-47）。

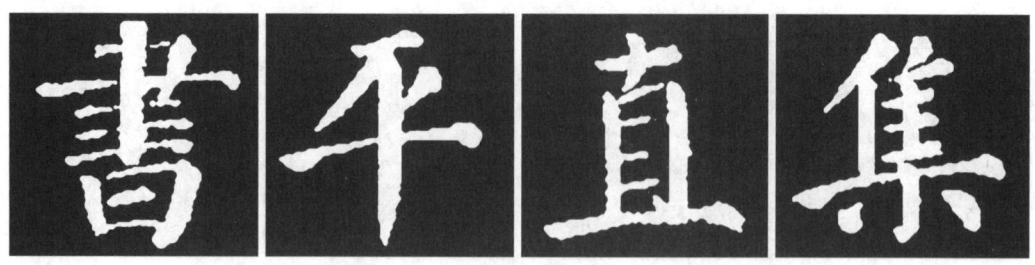

图 2-46　横

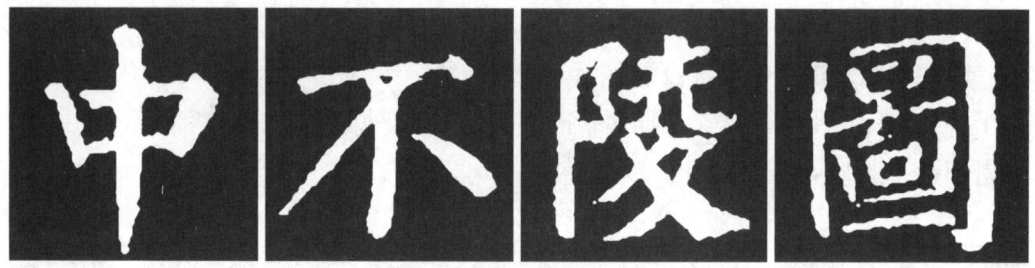

图 2-47　竖

3. 撇

长撇要写得舒展，中锋行笔，笔力一直送到撇尖。竖撇、弧撇、兰叶撇、回锋撇等写法近似长撇，只是起笔、收笔、运笔有些变化。短撇迅疾有力（图 2-48）。

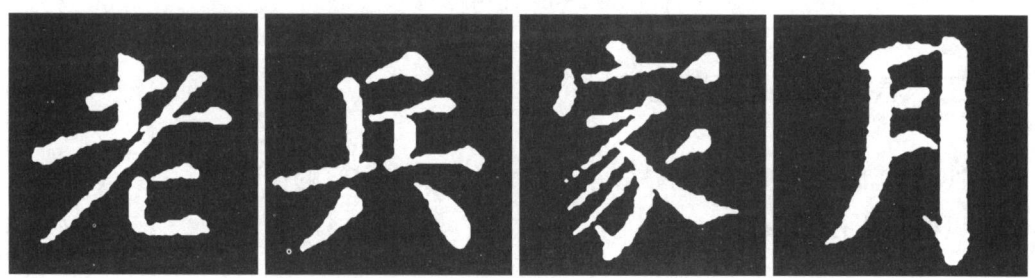

图 2-48　撇

4. 捺

颜体的捺有两个特点，即"一波三折"与"蚕头雁尾"。"一波三折"指捺画的笔势有起、伏、起的变化。"蚕头雁尾"指捺画的起笔、收笔的形状，起笔时回峰隆起，形如蚕头；收笔时，顿笔斜提，形如雁尾（图 2-49）。写时意到即可，不必过分强调。

5. 点

颜体的点浑厚有力，如"高山坠石"。书写时起笔、铺毫顿笔、回锋应一一到位。点可看成各种笔画的浓缩，像竖的为竖点，像提的为提点，像撇的为撇点。有的点写得较随意，就不用硬给它归类（图 2-50）。

图 2-49 捺

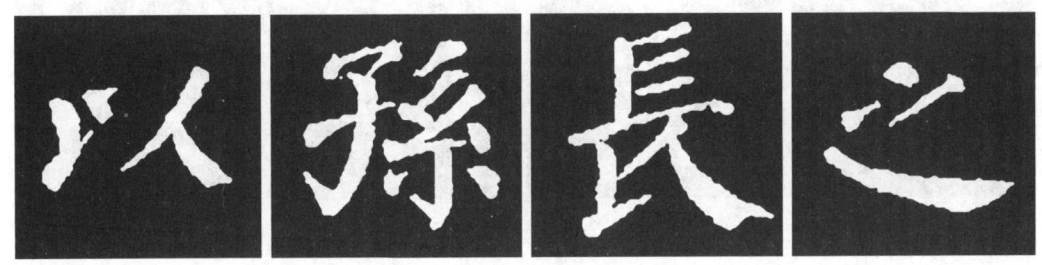

图 2-50 点

6. 提

起笔如横，向右上运笔、出锋。不同用笔方式的提，要注意长短、粗细、平斜等变化（图 2-51）。

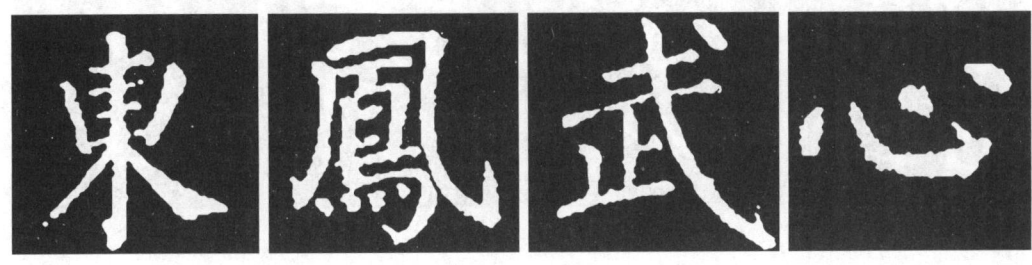

图 2-51 提

7. 钩

钩是附在别的笔画末端的一种笔画，有竖钩、平钩、卧钩、斜钩等形态。所有的钩，出钩前应顿笔蓄势，然后奋力出钩（图 2-52）。

图 2-52 钩

8. 折

折有圆转和方折两种用笔方式。圆转是转折处呈弧状，方折是转折处呈棱角。折还有横折、竖折、撇折几种类型（图 2-53）。

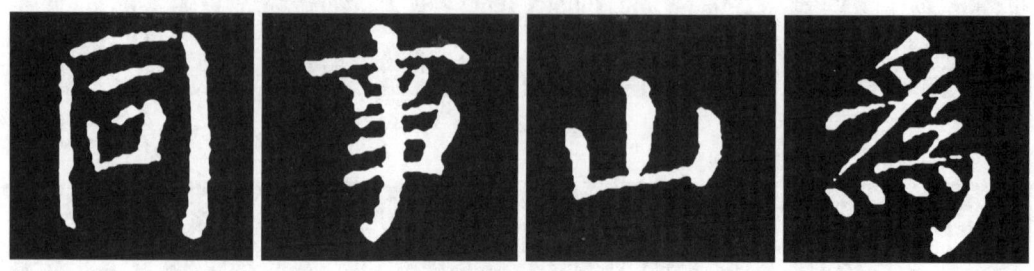

图 2-53　折

（二）《颜勤礼碑》的字体结构

《颜勤礼碑》的字体结构特点如下：

1. 端庄方正

晋、唐以来流行以侧取妍的意趣。颜体的字体结构直接借鉴篆、隶的对称平稳特点，正面对人，端庄方正（图 2-54）。

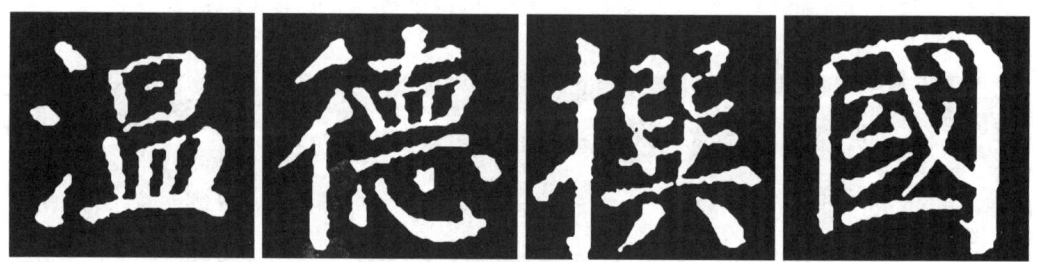

图 2-54　端庄方正

2. 外紧内松

在颜体字中，有些可以伸展的撇、捺等笔画，却写得收敛，使字的四周显得紧缩，而字的中间部分化密为疏，使字显得疏朗大度（图 2-55）。

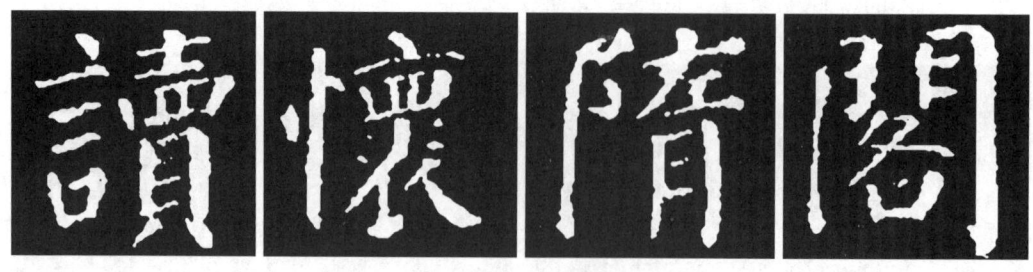

图 2-55　外紧内松

3. 轻重适宜

横轻竖重，在颜体字中表现得较明显。由于字的笔画轻重对比鲜明，搭配得体，颜体字的结构令人产生一种厚重感。俗称的"颜筋柳骨"，是指颜体字写得既有骨，又有肉，恰到好处（图 2-56）。

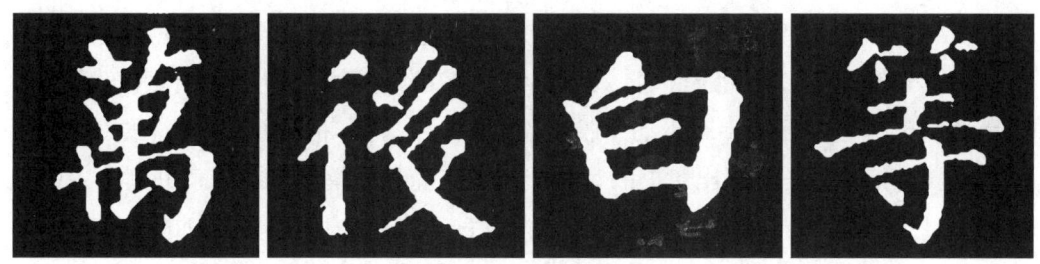

图 2-56　轻重适宜

三、怎样临写《张猛龙碑》

《张猛龙碑》立于北魏正光三年（522），全称《魏鲁郡太守张府君清颂之碑》（图 2-57）。碑现存于山东曲阜孔庙。碑文记载了张猛龙的兴学事迹，故其碑被列入孔林。

怎样临写
《郑文公碑》

图 2-57　张猛龙碑（局部）

碑文第十行的"冬温夏清"四字被认为是鉴别《张猛龙碑》古拓、今拓、原拓、翻拓的重要依据。中国历史博物馆收藏有明拓本的《张猛龙碑》，纸墨俱佳，考据也全，"冬温夏清"四字未损，这是明拓依据。此碑还有文物出版社影印本、商务印书馆影印王瓘跋本、有正书局影印本和石印本。以商务印书馆藏本为最，后有清王瓘跋，也有重刻本，拙劣易辨。

（一）《张猛龙碑》的笔画

《张猛龙碑》的笔画主要有四个特点：一是方笔为主，主要表现在起笔处的方折和转折处顿折；二是曲线行笔，笔画中段大多都是曲线，有各种方向和弯度的弧线和S线，行笔中要用手臂带动手腕自然控制；三是笔带隶意，笔画末尾、横画、捺画、转折处不时就会露出隶书的写法或影子，而且运笔中多加些隶书笔法，更符合那个时代的气息，无形中就会增添古雅之气；四是笔力雄厚，石刻的硬度，风化的沧桑，六朝北方的质朴等，都要求笔画朴厚雄强，这些要靠水墨的调和、纸笔的摩擦、中锋的用笔来保证，更重要的是靠长期功力的积累。

《张猛龙碑》的笔画具体写法如下：

1. 横

此碑横画起笔有顿笔方折、藏锋圆转、顺锋尖起等变化，收笔有顿收、上出锋、中出锋、下出锋等变化。行笔粗细有中细、中粗、渐粗、渐细和复合变化等，行笔路线主要呈曲线状，弯曲有弧线和S线的变化（图2-58）。

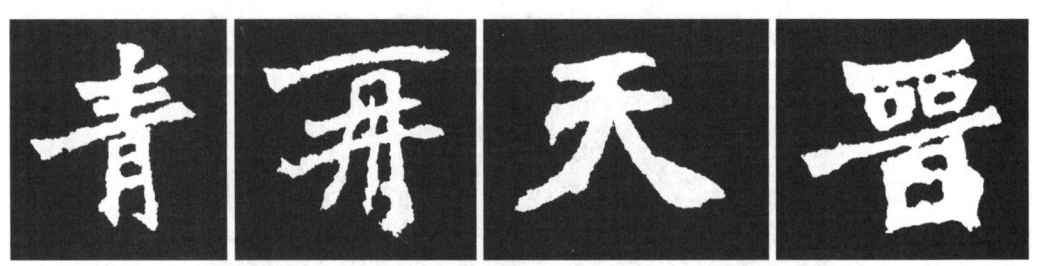

图2-58　横

2. 竖

此碑竖画起笔有藏锋方头、藏锋圆头、藏锋平头、露锋小头等变化，收笔有顿收、上出锋、中出锋、下出锋等变化。行笔粗细有整体偏粗、**整体偏细**、中粗、渐粗、渐细等变化，行笔时注意用手腕控制行笔的弯曲方向和弯度大小，手臂控制保持直线（图2-59）。

3. 点

此碑点画有横、竖、撇、捺方向的变化，都是横画、竖画、撇画、捺画的微缩，笔画虽小，要注意起收处方、圆、尖的变化，行笔路程虽短，也要注意笔画粗细、曲直、弧度的变化（图2-60）。

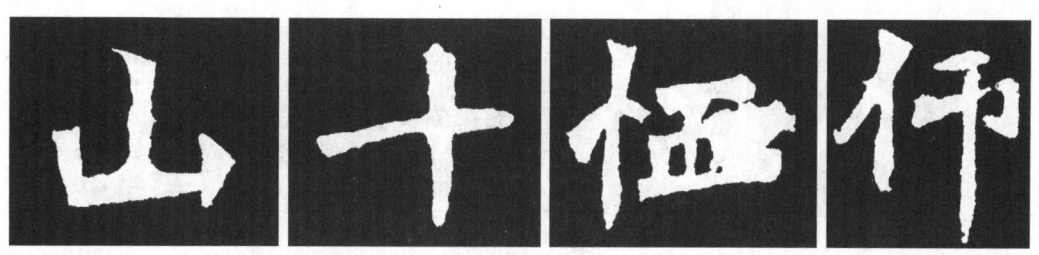

图 2-59　竖

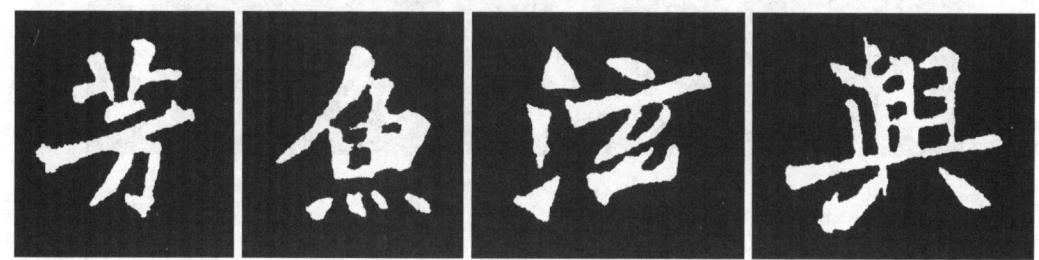

图 2-60　点

4. 撇

此碑撇画有短撇、长撇、长撇、后粗撇等的丰富变化。书写时注意起笔要有藏锋与露锋、方折与圆转的变化，行笔注意方向、长度、粗细等细节，收笔要以力送笔尖，形态以钝尖为佳，尽量避免出现细长的锋颖（图 2-61 ）。

图 2-61　撇

5. 捺

此碑捺画有斜捺、平捺、反捺三种类型。既要注意"一波三折"的曲线变化，准确把握转折点的位置，以及中段的弯曲方向和粗细变化，还要注意捺脚的长短、粗细，以及转折处的方圆（图 2-62 ）。捺脚出锋的方向和形状有丰富变化，切忌千篇一律。

6. 提

提又称挑，起笔与横画相同，富有变化，行笔渐细，方向一般比横画斜度大，大多向上弯曲而呈仰势，收笔以力送笔尖，以钝尖为佳（图 2-63 ）。

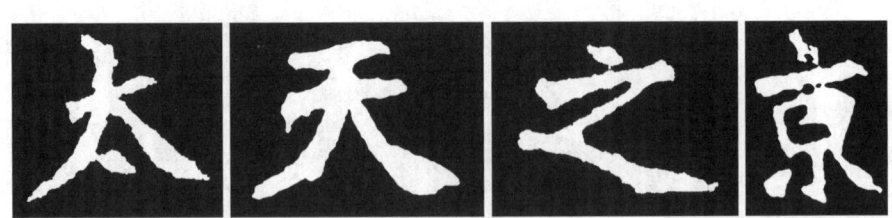

图 2-62　捺

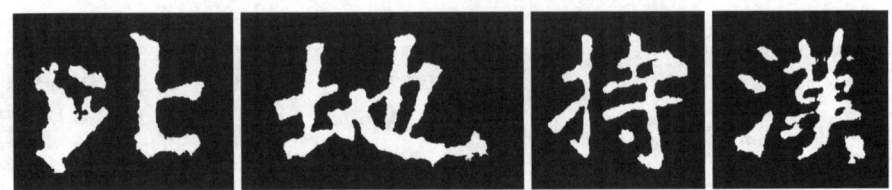

图 2-63　提

7. 钩

此碑钩画有横钩、竖钩、斜钩、卧钩、竖弯钩、背抛钩等多种类型。竖钩的写法为钩的基本写法，其主体有粗细、弯曲的变化，结合部的内角、外角有方圆的变化，出钩有长短、粗细、角度的变化（图 2-64）。其他钩的出钩前后写法类似，只是出钩方向与主体形态有变化，唯独横钩的结合部多了耸肩、平肩的变化。

图 2-64　钩

8. 折

此碑折画有横折、竖折、撇折、横折撇、竖折提等多种类型。折的关键点在于结合部的造型，横折为基本写法，结合部有耸肩、平肩、垂肩、圆肩的变化，内角、外角有方圆及夹角大小的变化，结合部前后线条有长短、曲直、粗细等变化（图 2-65）。其他折与横折类似，只是结合部前后的笔画不同而已，唯独撇折点的结合方式是尖对尖，有断与连的变化。

图 2-65 折

（二）《张猛龙碑》的字体结构

《张猛龙碑》在字体结构上有以下几个特点：

1. 匀称平稳

匀称平稳主要表现为两个方面：一是横向、竖向、斜向线条基本平行等距，如"曜"字右边所有的横，"海"字所有的撇向线和横向线，都平行等距；二是字内不规则的空间切割匀称，重量感相同，以达到整体的匀称与平稳，如"渊""巍"等字（图 2-66）。

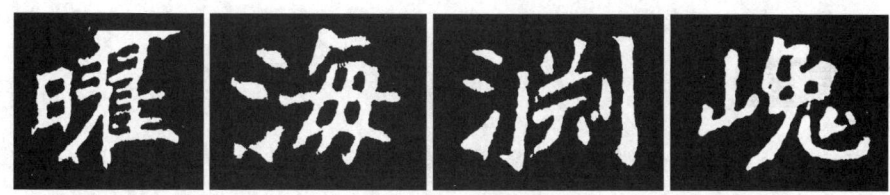

图 2-66 匀称平稳

2. 夸张险绝

夸张险绝主要表现为三个方面：一是主笔放左敛右，"孝"字之撇，"春"字之撇捺，都极尽夸张左边、收敛右边之能事，创造险绝之势；二是部首避让弄险，"岩"字上大而重，如泰山压顶；三是部首移位造险，"裂"下右错，有铁塔已倾而未倒之势（图 2-67）。

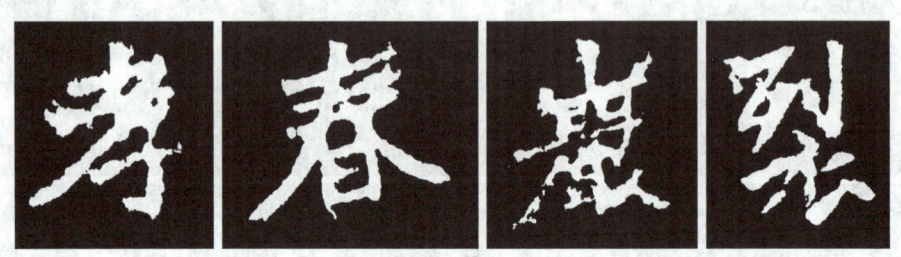

图 2-67   夸张险绝

3. 字随其形

字的大小、高扁、方圆、斜正等，一任自然，不受"大字令展，小字令缩"整齐划一的禁锢，如"皇"之长，"渊"字宽，"牍"字之大，"沂"字之小，"留"字之正，"勿"字之斜，"国"字之收，"之"字之放（图 2-68）。

图 2-68   字随其形

🔍 **实践与探索**

1. 举出五个字例，说明书法字体结构的工整是美学上的工整，而不是几何上的工整。

2. 在《九成宫醴泉铭》《颜勤礼碑》《张猛龙碑》中任选一碑，通临 3 遍，选取最满意的一遍，装裱成长卷或册页，与同学或老师交换收藏。

3. 以小组为单位，举行一次背临比赛。只需背临帖中的一句话（10 字以内），然后师生一起总结评比。

4. 下面是《九成宫醴泉铭》（图 2-69）、《颜勤礼碑》（图 2-70）、《张猛龙碑》（图 2-71）的几件集字作品，供同学们临习。

图 2-69　《九成宫醴泉铭》集字作品

图 2-70　《颜勤礼碑》集字作品　　　　图 2-71　《张猛龙碑》集字作品

第三章

钢笔行书技法

▶ **学习提示**

  行书是日常运用得最为广泛的一种书体，钢笔行书是最实用的一种书体。

  练好钢笔行书，应该从借鉴古代毛笔行书入手，因为毛笔行书在笔画、结构、章法等方面已经十分成熟，凝聚了无数书家长期探索的心血，能帮助我们迅速入门及提高。

  刚开始练习钢笔行书，也应以临习一种字帖为基础。本章介绍了古代行书中具有典型意义的《兰亭序》，同学们只要认真坚持，定能练成一手流畅、美观的钢笔行书。

第一节　行书概述

　　行书是介于楷书和草书之间的一种字体，在篆、隶、楷、行、草五种书体中出现最晚，但到东晋时，它已经成熟了。一千多年来，出现了很多行书大家和典型的作品。作为一种书体，行书在笔画与结构上自有其规律，形成了人们公认的一些特点。

一、行书的形成与发展

　　行书是日常运用得最为广泛的一种书体。在篆、隶、楷、行、草五种书体中，行书成熟得最晚。大约在汉代，行书的雏形与萌芽出现了，且有刘德升创行书之说。唐张怀瓘《书断》曰："行书者，后汉颍川刘德升所作也……务从简易，相间流行，故谓之行书。"又说："刘德升，字君嗣，颍川人。桓、灵之时，以造行书擅名，虽以草创，亦丰妍美，风流婉约，独步当时。"可惜他的行书未能流传下来。到了东晋，行书已经成熟，代表书家有王羲之、王献之父子。

　　王羲之的代表作《兰亭序》（图 3-1），被后人誉为"天下第一行书"。王羲之的《兰亭序》，用笔细腻而精致，起笔、运笔、收笔都非常讲究；结构严谨而多变，形成精致秀美的艺术风格。陈振濂先生中肯地指出："王羲之的贡献就在于他把隶书和章、草书、小草书这一类书法加以糅合，形成了一种新的书体，即我们今天所看到的'行书'，并把它在艺术上发挥到一个淋漓尽致的境界。"①

　　王献之是王羲之的第七子，以行书及草书闻名，传世作品有《鸭头丸帖》（图 3-2）、《地黄汤帖》、《东山帖》等，有很高的艺术成就，在书法史上与王羲之并称"二王"。

　　在唐代书坛上，楷书大放异彩，名家辈出，行书也得到长足的发展。尤其是颜真卿，在行书上开创了端庄雄浑的新书风，与他的楷书交相辉映，呈现出大唐盛世的精神风貌，影响极为深远。颜真卿的行书代表作有《祭侄文稿》、《争座位帖》（图 3-3）、《刘中使帖》等。《祭侄文稿》是颜真卿追悼亡侄祭文的草稿，作者在极度悲愤的情绪下书写，不顾笔墨之工拙，写出的字随着书家的情绪而起伏，整篇作品气势磅礴、纵笔豪放。

---

① 陈振濂. 书法史学教程［M］. 修订版. 杭州：中国美术学院出版社，1997：45.

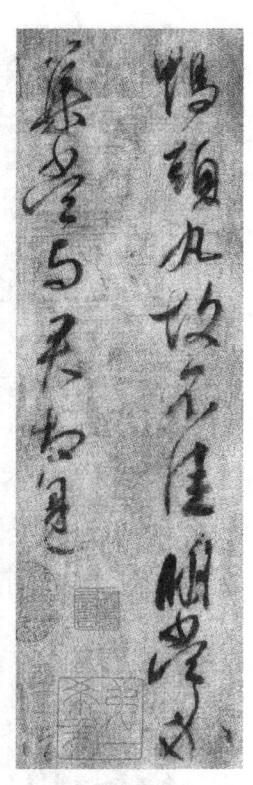

图3-1 兰亭序（局部）　　　　　　图3-2 鸭头丸贴（局部）

　　杨凝式是唐末五代的行书大家，他最著名的行书代表作是《韭花帖》，此帖在章法上疏秀松朗，在结体上险中见奇，用笔和缓，笔画气息更加质朴沉着，成为"二王"作品之后承上启下的名篇。

　　宋代书法在行书上成就斐然，书家们已经能自觉地将书法创作作为抒情达意的艺术手段，呈现出"尚意"的时代风尚。代表书家为苏轼、黄庭坚、米芾、蔡襄，合称"宋四家"。苏轼是北宋文学家、书家，字外功夫极深，他的代表作《黄州寒食诗帖》（图3-4），字形扁平、肥腴，笔画舒展。黄庭坚也是一位以诗文享誉文学史的通才，他的《松风阁诗》（图3-5）等，呈现出中宫紧缩、四周放纵的特点。

　　米芾是宋四家之一，他能诗文，擅书画，在书法上用功颇深，以行书成就最大，既能深入传统，又能跳出传统，形成用笔八面出锋、结体奔逸跌宕的个人风貌。《苕溪诗帖》、《蜀素帖》、《淡墨诗帖》（图3-6）为其代表作。蔡襄擅长正楷、行书，其行书作品大多为尺牍，书风自成一格，浑厚端庄，淳淡婉美。

　　宋代后期、元代初期在行书上最有成就的书家，首推赵孟頫。他聪慧过人，又异常勤奋，在楷书与行书上堪称一代宗师。赵孟頫于宋亡后曾到元朝任职，有人因此贬低他的书法水平，其实是不公允的。赵孟頫的行书玉润珠圆、流畅秀美、雅俗共赏。代表作有《洛神赋》（图3-7）、《与山巨源绝交书》等。

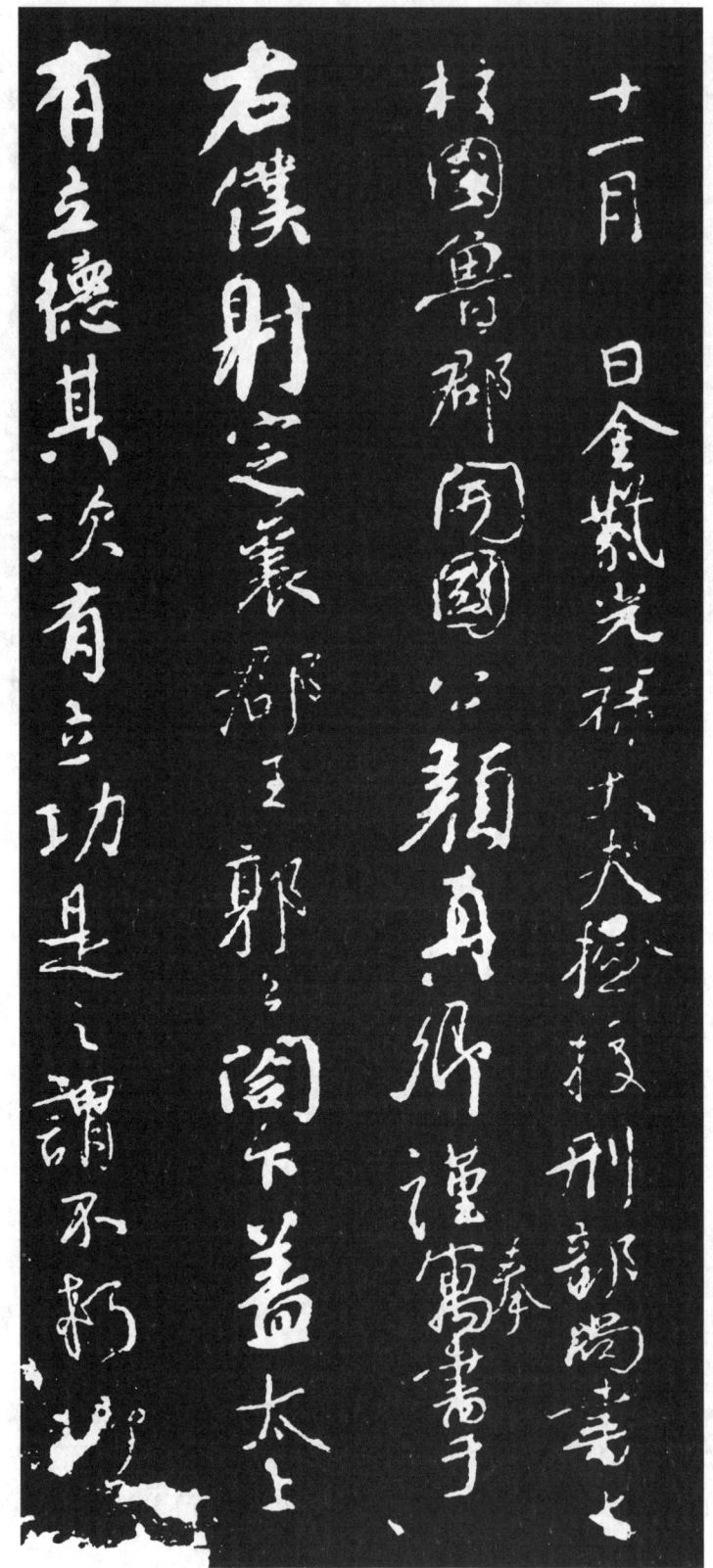

图3-3　争座位帖（局部）

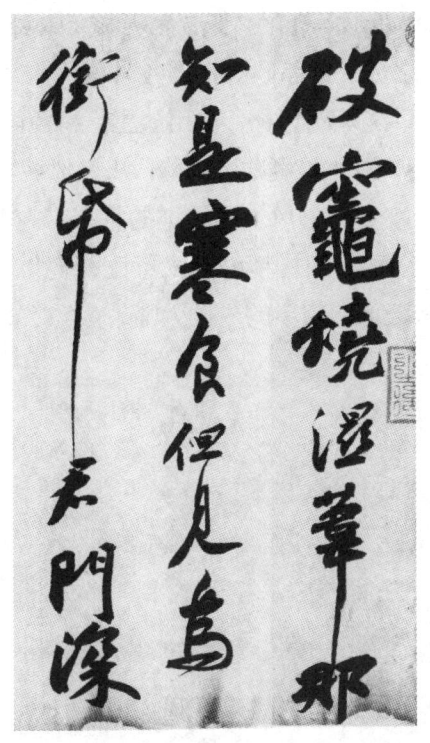

图 3-4 黄州寒食诗帖（局部）

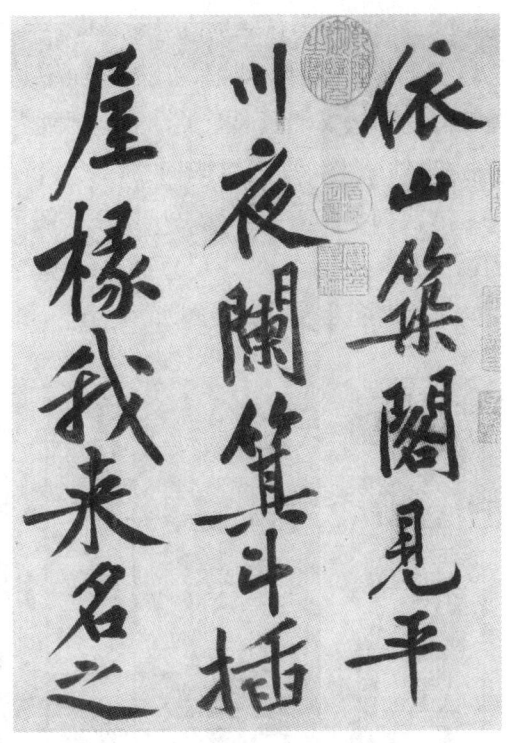

图 3-5 松风阁诗（局部）

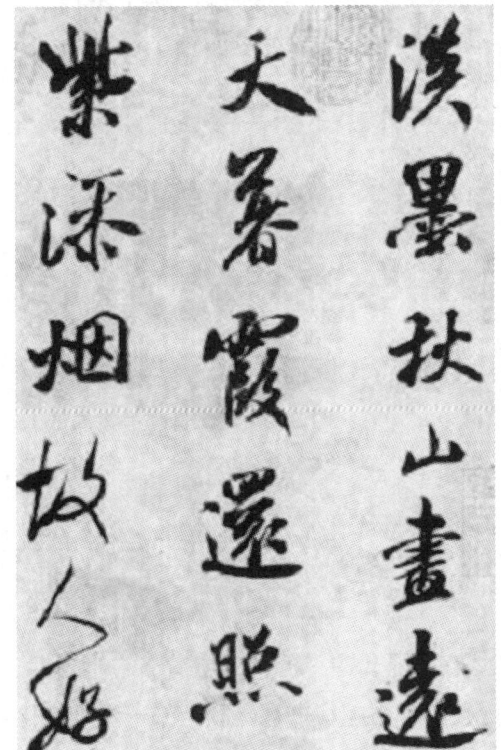

图 3-6 淡墨诗帖（局部）

图 3-7 洛神赋（局部）

明、清的行书在继承传统的前提下，风格更趋于多样化。像祝允明、文徵明、董其昌、王铎、傅山、刘墉、郑燮、何绍基、赵之谦、吴昌硕等，都各具特色。其中，董其昌的书法书风飘逸空灵，笔画圆劲秀逸，章法疏朗匀称，喜用淡墨，特色鲜明。《题蜀素帖》（图3-8）、《宋词书卷》、《行草书卷》及大量题跋，都能代表其风貌。

清代碑学的兴起，给书坛带来一股清新、刚劲的书风。赵之谦的行书带有明显的魏碑意味（图3-9）。吴昌硕是一位诗、书、画、印皆精的艺术巨匠，他以石鼓文的笔意写行书，雄浑酣畅，成为近、现代书坛承上启下的一位大师。

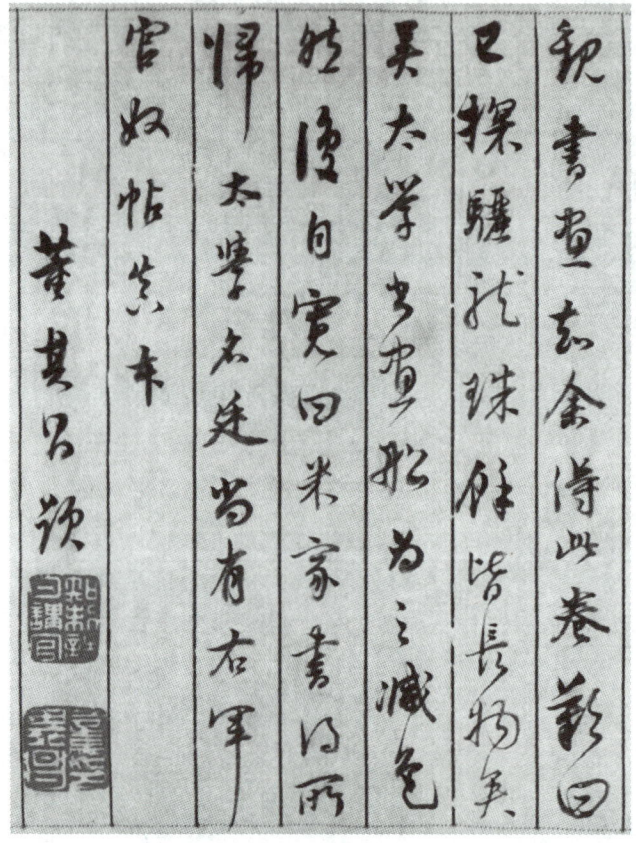

图 3-8　题蜀素帖（局部）

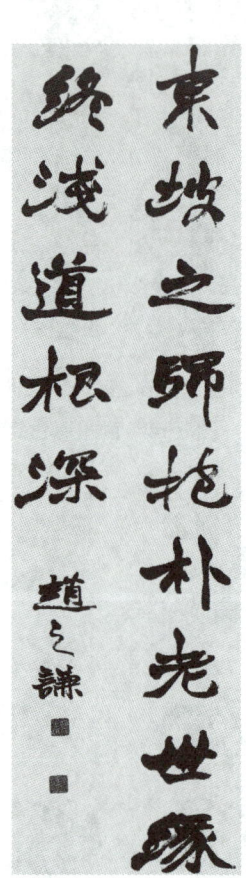

图 3-9　赵之谦作品（局部）

二、行书的笔画与结构

（一）行书的笔画

行书的基本笔画依然是横、竖、撇、捺、点、提、钩、折，这与楷书的笔画相一致。但是，由于行书在用笔时强调简便与快捷，由此引起行书在笔画上的一系列变化。

1. 露锋

楷书用笔讲究藏头护尾，起笔大多藏锋。行书起笔一般是露锋入纸，不必藏锋。

作为硬笔书法，更没有藏锋的必要。如楷书的"山"与行书的"山"（图 3-10），起笔的区别一目了然。行书在收笔时，有时也藏锋，但在大多数情况下还是露锋。

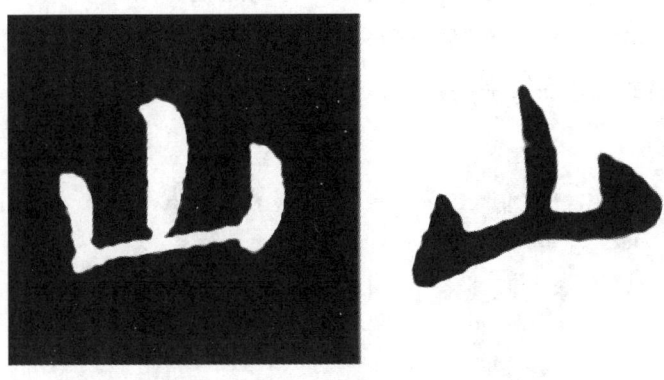

图 3-10 "山"字的楷书与行书书体对比

2. 附钩

附钩是本来没有钩的地方，顺手带出来的钩，可以附在各种笔画上。附钩是行书快写的产物，运用附钩能使书写快捷，加强笔画间的呼应。如"情"字（图 3-11）竖心旁的一竖，本来是没有钩的，但书写时常顺手带出一个钩来，使笔势连向右边的"青"字。有时，附钩也用于加强上下字之间的呼应。如"古人"两个字（图 3-12），"古"字最后一横本来是没有钩的，但书写时常顺手朝下带出一个钩来，使笔势指向下面的"人"字。

图 3-11 附钩

图 3-12 附钩

3. 牵丝

楷书笔画之间的呼应，大多是笔断意连的形式。而行书笔画之间的呼应与连贯，常常是笔不离纸，留下连贯的墨痕，人们称之为牵丝。牵丝既可用在一个字的笔画与笔画之间，也可用在一幅字的字与字之间（图 3-13），能加强笔势的贯穿。

但一幅字中的牵丝不宜多，多了反而失去了字幅的节奏。

4. 连笔

行书中有时一个字只用一笔或两笔写成，称为连笔（图 3-14）。书写时，多用牵丝，多用圆转，自然流畅。连笔字书写时，也应有轻重快慢，这样才能于流畅中显出力度。从整幅字看，连笔字不宜多，多了容易俗气。

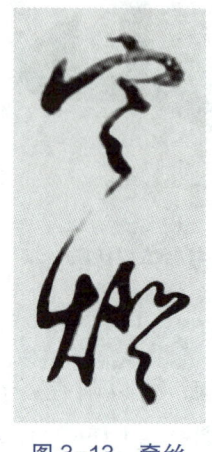

图 3-13　牵丝

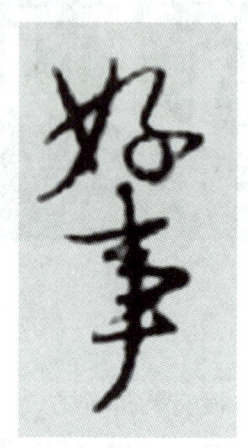

图 3-14　连笔

5. 圆转

在楷书书写中某些要用方折笔画的地方，在行书中却用一笔弧形线条转过来，称为圆转（图 3-15）。圆转要用笔流畅，方显精神。在一幅字中，不要一味地使用圆转，而应该既有圆转，也有方折，在流畅中避免浮滑。

6. 点的活用

在行书中，点可以用来代替各种笔画，使行书的书写更为简洁流畅（图 3-16）。在点的活用中，可用长点代替捺，尤其是在钢笔行书中，可以说大部分的捺都被长点所取代。

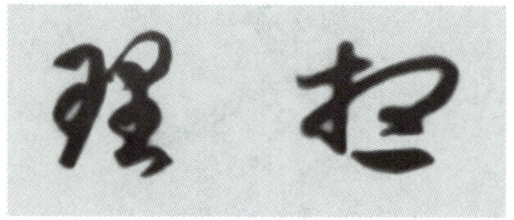

图 3-15　圆转

图 3-16　点的活用

（二）行书的结构

行书的结构在整体上与楷书一致，同样强调平正、变化，具体表现为平衡、和谐，并于对比中有变化，只是在对比与变化上显得更活泼一些。王羲之有段著名的论述："若平直相似，状如算子，上下方整，前后齐平，此不是书，但得其点画尔。"（朱长文《墨池编》）意思是：如果笔画平直相似，就像过去计数的一根根筹码一样，上下前后方方正正、整整齐齐，那就算不得书法，只是一些点画罢了。他强调了书法结构要打破几何意义上的平正，在参差变化中追求艺术美。这一点对于行书尤为重要。

行书结构的变化主要体现在以下几个方面：

1. 疏密

书写时，一个字的笔画结构一般不平均排列，而是强调各笔画间的疏密对比，所谓"疏能走马，密不透风"，就是一种把疏密推向极致的境界。

疏密的形式很多，如上紧下松、下紧上松、左紧右松、右紧左松、内紧外松、外紧内松等，使得行书在疏密对比上形态各异，美不胜收。

在疏密对比中，上紧下松是最基本最常用的书写规律。这是因为书法的结构重心不是在字的几何中心上，而是在几何中心的上方。这近似人体的结构，腰身偏上为美（图3-17）。

如果说上紧下松是常规，那么下紧上松就是故意打破常规，让人耳目一新，字例如图3-18所示。

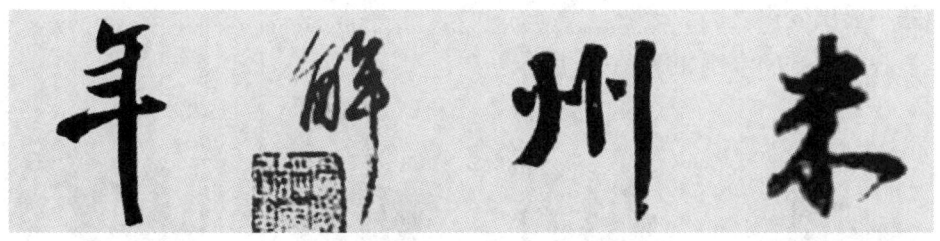

图 3-17　上紧下松的疏密结构安排

图 3-18　下紧上松的疏密结构安排

左紧右松与右紧左松，都是左、右间的疏密对比，只是疏密的方位不同，字例如图3-19所示。

内紧外松与外紧内松，指字的笔画内、外之间的疏密对比，也指疏密的方位不同，字例如图3-20所示。

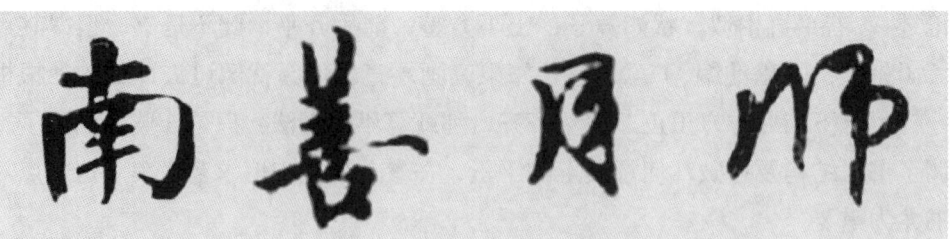

图 3-19　左紧右松、右紧左松的疏密结构安排

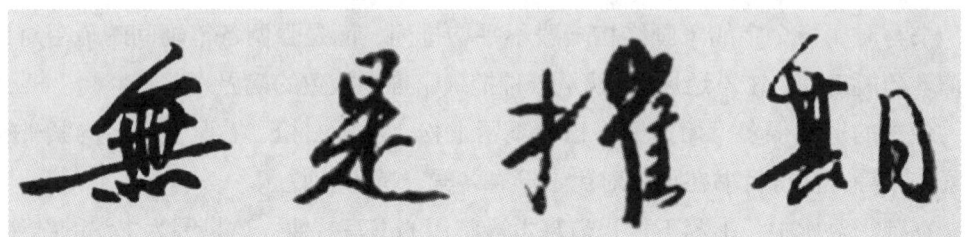

图 3-20　内紧外松、外紧内松的疏密结构安排

2. 参差

在汉字中，合体字占绝大多数，合体字中的左右结构又是使用最多的结构类型。书家一般都避免将这类字写得平头齐脚，而是有意让其左、右两边有高有低，于参差中显出变化之美、疏散之美。

上齐下不齐的字例如图 3-21 所示：

图 3-21　上齐下不齐的字例

下齐上不齐的字例如图 3-22 所示：

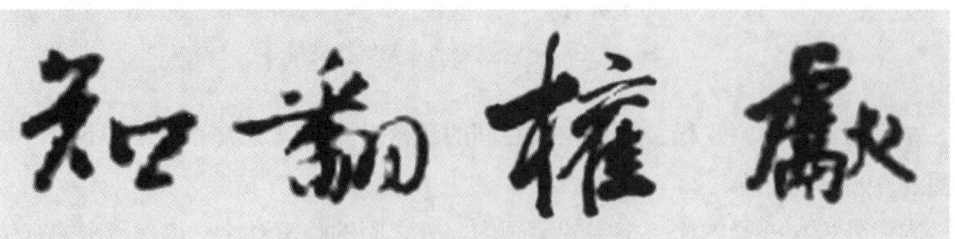

图 3-22　下齐上不齐的字例

左高右低的字例如图 3-23 所示:

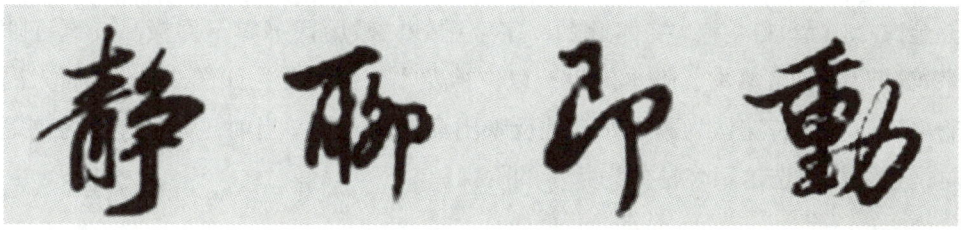

图 3-23 左高右低的字例

右高左低的字例如图 3-24 所示:

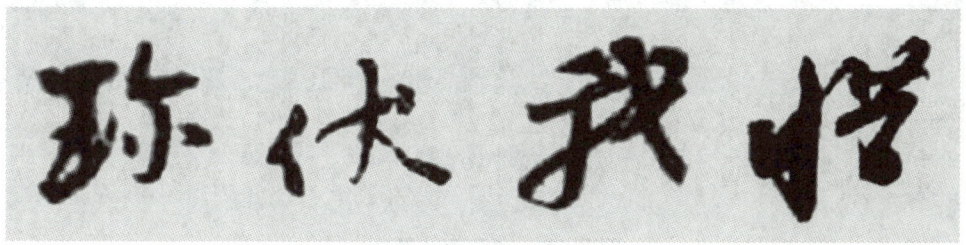

图 3-24 右高左低的字例

3. 欹正

平稳是书法结构的基本原则,但一味追求平稳容易流于呆板。于是书家寻找机会,先从局部打破平稳状态,造成欹侧之势;然后再在整体上设法补救,使整个字恢复平稳状态。字例如图 3-25 所示:

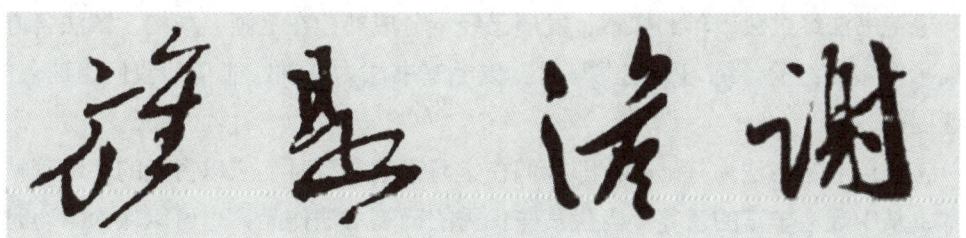

图 3-25 欹正的书写字例

<table>
<tr><td>第二节</td><td>怎样临写王羲之的《兰亭序》</td></tr>
</table>

王羲之的《兰亭序》是一篇序文的草稿。东晋永和九年(353)三月初三,王

羲之与谢安等 40 余人在会稽山阴的兰亭雅集，当时天气好，环境美，再加上"群贤毕至，少长咸集"，达到天时、地利、人和的高度统一，王羲之乘兴写了这篇名作。全文 28 行，324 字，字体遒劲，字字精妙，被历代书界奉为极品。真迹随唐太宗殉葬昭陵，有摹本、临本传世，以"神龙本"为最佳，如图 3-26 是唐人冯承素的摹本，人们普遍认为摹本如实地反映出真迹的面貌。当前，人们在练习钢笔行书时，也往往首选这篇名帖作为起步的阶梯。

图 3-26　兰亭序（摹本）

一、钢笔书写

硬笔书写古已有之，但直到当代，在钢笔出现后，它才得以蓬勃发展，与毛笔书法"并蒂而开"。

钢笔书写与毛笔书写有着千丝万缕的联系。学习钢笔书写应该以毛笔书法为基础。毛笔书法经过数千年的探索，发展已经十分成熟，在笔画、结构、章法各方面积累了丰富的经验。练习钢笔书写时，以毛笔书法为基础，能帮助我们迅速入门，迅速提高。

怎样以毛笔书法为基础呢？即我们在学习钢笔书写时，应以古代的毛笔碑帖为范本，从中吸取丰富的营养。当代某些优秀的钢笔书法作品，也可以作为学习时的参考，但绝不能代替古代毛笔碑帖的主导作用。

钢笔书写与毛笔书写也有明显的区别：一是在笔画上，钢笔的变化较小，毛笔的变化要丰富一些。二是幅式不同，钢笔幅式小，多是横写；毛笔幅式大，形式多样。

我们在练习钢笔书写时，应从实际出发，不必全盘模仿毛笔的起笔、运笔、收笔过程，点到为止即可，体现出钢笔字便利、简洁的特点。

二、《兰亭序》的笔画

（一）横

横画有长横、短横、左尖横等几种书写形式。其中长横往往略有起伏，呈波浪状；左尖横起笔要轻，下笔不顿（图 3-27 至图 3-29）。

图 3-27　长横

图 3-28　短横

图 3-29　左尖横

（二）竖

竖画有悬针竖、垂露竖、弯头竖、短竖等几种书写形式。悬针竖收笔一拖而起。垂露竖收笔时顿一下向上回锋。弯头竖的书写形式在《兰亭序》中运用得较多，起笔时先弯一下再写竖。短竖的写法形态各异（图 3-30 至图 3-33）。

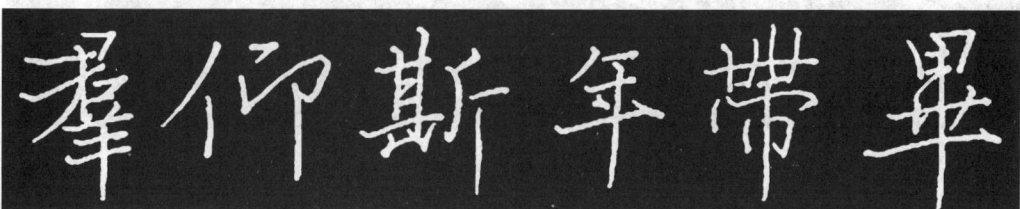

图 3-30　悬针竖

懷化随稽初作

图 3-31　垂露竖

古在惠此世畅

图 3-32　弯头竖

所端山竹棠(幽)

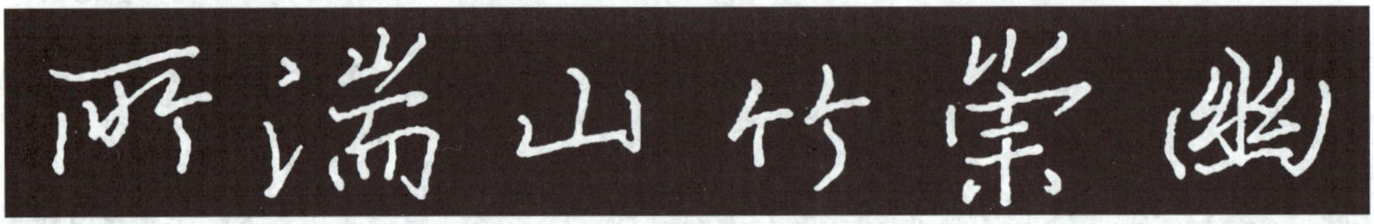

图 3-33　短竖

（三）撇

撇画主要有出锋撇与弯尾撇两种书写形式。出锋撇容易掌握，弯尾撇常常写成 S 形，很有特点，书写时要细心体会（图 3-34、图 3-35）。

人會少合春叙

图 3-34　出锋撇

茂風朗盛痛感

图 3-35　弯尾撇

（四）捺

捺画有顺捺与反捺两种书写形式。在《兰亭序》中，反捺的形式运用得较多（图3-36、图3-37）。

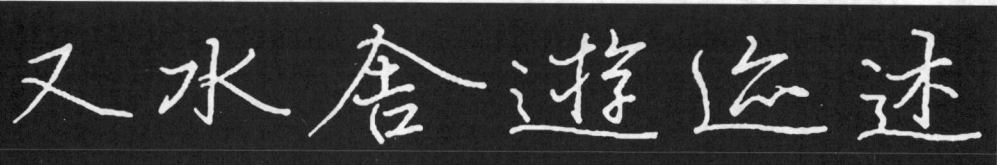

图3-36 顺捺

图3-37 反捺

（五）提

提又称挑，提画有提与撇折提两种书写形式。撇折提是先撇再提，不要误认为是单纯的撇或提（图3-38、图3-39）。

图3-38 提

图3-39 撇折提

（六）点

点画的形态很多，在《兰亭序》中分成散点、呼应点与连点几种书写形式。散点有平着点、竖着点、向左点、向右点，形态各异。呼应点的特点是呼应。连点要有起伏、有顿挫（图 3-40 至图 3-42 ）。

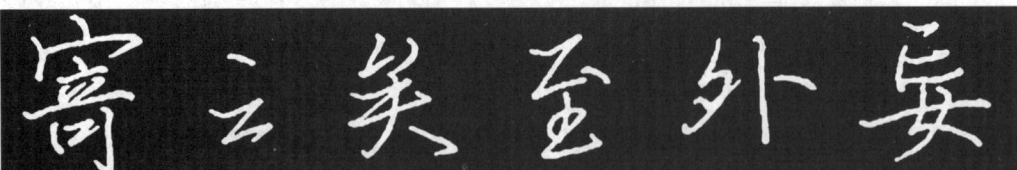

图 3-40　散点

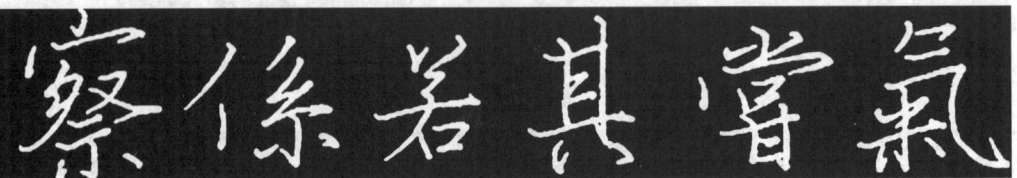

图 3-41　呼应点

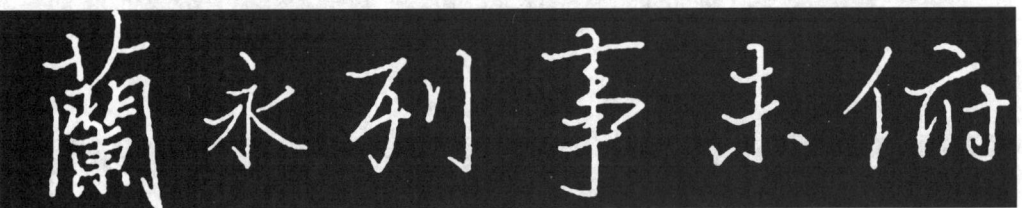

图 3-42　连点

（七）钩

钩画有直钩、平钩、斜钩、撇钩等几种书写形式。其中撇钩是行书的简便快捷写法，在竖画末端顺手撇出，生动活泼（图 3-43 至图 3-46 ）。

图 3-43　直钩

图 3-44　平钩

图 3-45　斜钩

图 3-46　撇钩

（八）折

楷书用折的地方，行书既可方折，也可圆转，圆转要流畅自然（图 3-47、图 3-48）。

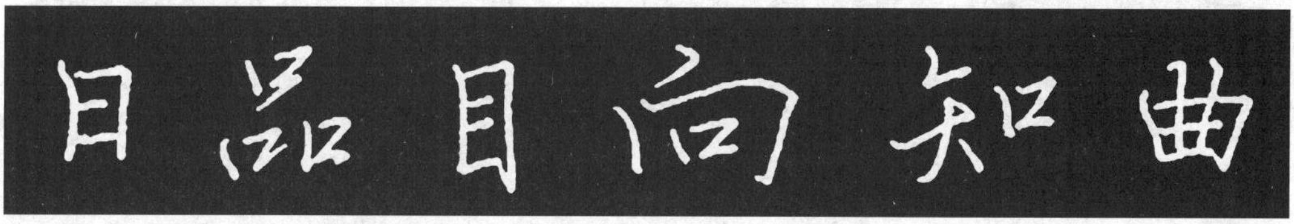

图 3-47　方折

图 3-48　圆转

三、《兰亭序》的字体结构

《兰亭序》在字体结构上，打破了书写四平八稳的状况，于参差变化中追求艺术之美。

（一）疏密对比

疏密对比的字体结构主要体现为上紧下松，另外，也有下紧上松、左紧右松、右紧左松、内紧外松、外紧内松等多种疏密关系（图3-49）。

图 3-49　疏密对比的字例

（二）参差错落

不论是左右结构的字，还是上下结构的字，书写时都应尽量避免写得"上下方整，前后齐平"。这样，方能在参差错落中显出字的美感，其中分寸需细心把握（图3-50）。

图 3-50　参差错落的字例

（三）收放结合

收是收拢，放是放开；收显得含蓄，放显得奔放。有时是一行字中，有的字收，有的字放；有时是一个字中，有的部位收，有的部位放；有时是同一个字，在不同的字境中，有时收，有时放（图3-51）。但总的来说，王羲之的行书字体结构以收为主。

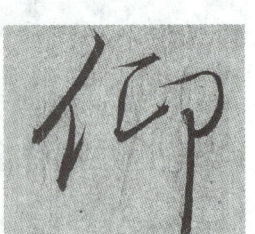

图 3-51　收放结合的字例

（四）前呼后应

前呼后应的字体结构指的是一个字中各部分之间的关联，或是笔画之间的关联。这种关联常常通过牵丝、附钩等形式来表现，体现出运笔时的流动美（图 3-52）。

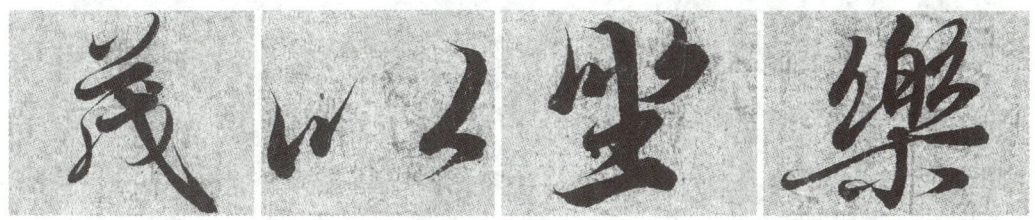

图 3-52　前呼后应的字例

（五）欹侧倾斜

欹侧倾斜的字体结构指的是一个字的某个局部或某个笔画，呈现倾斜状态，而其他部分相应调整，使整个字仍能保持平衡稳定（图 3-53）。

图 3-53　欹侧倾斜的字例

四、《兰亭序》的章法

章法指整幅字的排列。我们学习《兰亭序》的章法，要注意以下几点：

（一）有行无列

古人写字，多为竖着排列，竖看为行，横看为列。所谓有行无列，指书写时，竖着要大体对齐，横着却要故意错开，形成行书的错落美（图 3-54）。

（二）百字百态

一行字排列下来，字与字相比较，应在大小、长扁、形态等方面有变化，不要都写得方方正正，大小一致（图 3-55）。

（三）笔势连贯

书写一行字，通过呼应才能上下连贯，形成一个有机整体。当然，一行字也不必字字呼应，有连有断，才能在流畅中显出精神（图3-56）。

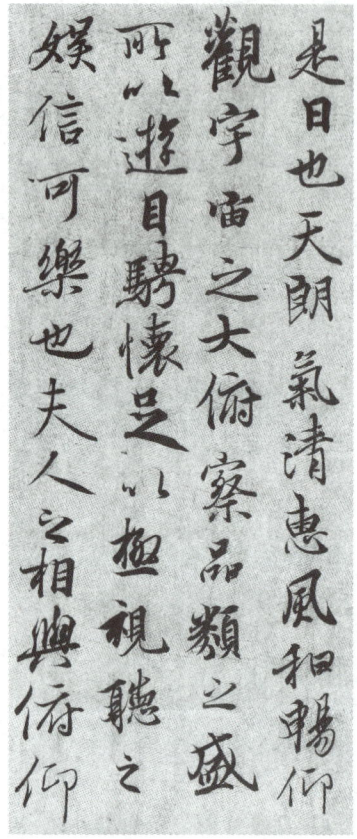

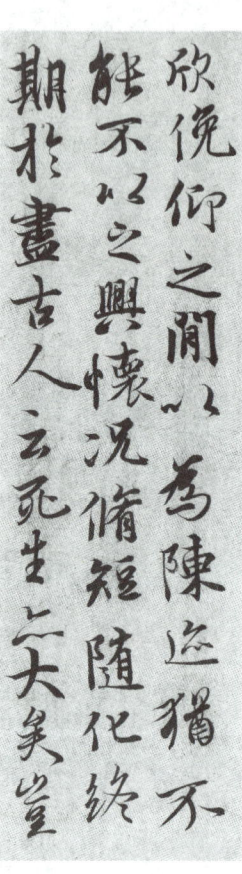

图 3-54　有行无列　　　　　　图 3-55　百字百态　　　　　图 3-56　笔势连贯

实践与探索

1. 练习硬笔行书，为什么要借鉴毛笔行书的碑帖？

2. 用钢笔临写《兰亭序》的片段，最好临写4～8行，认真体会其笔画、结构、章法上的特点。

3. 用钢笔通临神龙本《兰亭序》5遍，选最好的一遍装裱成长卷或册页，同学之间交换收藏。

4. 全班举行一次小型的硬笔书法比赛。选一个几十字的文章片段，大家在同一时间完成，然后选出一些有代表性的作品，供大家观摩、评析。

第四章

粉笔书写技法

　　教师们利用粉笔板书传播文化知识、培养学生长大成才。粉笔是教师必须掌握的专业书写工具。要当一名合格的教师，必须练好粉笔字。粉笔字书写和应用练习是教师进行教学基本功训练的重要内容之一。教师进行粉笔字练习，必须遵循书法练习规律。练习时应先从楷书练起，然后过渡到行书。

第一节 粉笔书写概述

　　粉笔的产生是在近代，然而它的前身却时间遥远。中、外考古工作者在一些人迹罕至的深山洞穴里、森林崖壁上，曾发现过许多文字符号或动物、人物的图画，那是上古人类用赤红色的铁矿石、灰黑色的石墨、黑色的木炭、白色的粉石留下的痕迹。我国古代的典籍中也记载了许多以固体有色原料书画的事。如郦道元注《水经》"洛水侧有石墨山"时曰："山石尽墨，可以书疏。"（郦道元《水经注》）又如宋人范镇在《东斋记事》（卷四）中记载：

　　　　李怀衮者，成都人，亦善山水，又能为水石、翎毛。其常所居及寝
　　　　处，皆置土笔。虽夜中酒醒、睡觉得意时，急起画于地或被上。迟明模写
　　　　之，则优于平居所为也。

这些都可以看作粉笔的前身。时至近代，出现了粉笔。1905 年，英国作家切斯特顿还发表了著名的散文《一支粉笔》，写得声情并茂。

　　粉笔的出现给人类生活带来很大的方便。它具有醒目、明快、书写便捷又便于擦抹的优势，被广泛地运用于教学和宣传之中。

一、粉笔的特点与讲坛三珍

　　粉笔的特点，一是"粉"，二是"有色"。白色粉笔是用石膏粉、石灰、水按一定的比例混合、压制、凝固、晒干制成的。有色粉笔的制作还要分别加入曙红、孔雀绿、群青、铬黄、铬橙、粉紫等颜色。

　　粉笔在书写时，轻轻地在黑板上摩擦便会留下痕迹。质地太软的粉笔，留下的痕迹粗而白粉厚，粉尘脱落也多，且不耐磨，易折断；质地太硬的粉笔，留下的痕迹细硬而不清晰，甚至会跳成虚线。因此，要选择软硬适中、颗粒细腻、书写流畅的粉笔；同时，还要注意粉笔的干湿程度，湿则晒一下，干则在潮湿处放一会儿。

　　当下还普遍使用无尘粉笔、净手粉笔等，这类粉笔在制作过程中添加了其他原料，主要目的是减少粉尘、防止污染，与书写没有太大的关系。

　　粉笔与黑板、板刷被称为讲坛三珍。

　　黑板能用木板、玻璃、金属等多种材料制成，有黑色的，也有墨绿色的。不管是哪种材料的黑板，均以板面平整，不反光为好。如有较强反光现象，可用细砂纸轻轻打磨，使其板面呈均匀细密的颗粒状。

　　板刷是用来擦拭黑板上的粉笔痕迹的，经常在室外轻轻敲去板刷上的白粉，可

将黑板擦得更干净。

二、粉笔书写的特点

毛笔为软笔，根据书写者提、按、使、转的不同，能书写出粗细悬殊的线条来，这种线条是点、线、面结合的产物。钢笔、铅笔、圆珠笔是硬笔，书写出来的字迹均呈现出"线"的特征，线条虽有粗细变化，但不显著。粉笔介于二者之间，属于"粉"笔。它书写出的线条可粗可细，不像硬笔书写只有线，也不像软笔书写粗细悬殊。因其线条粗细不同，着粉厚薄不一，还会出现颜色深浅的区别。影响粉笔书写线条粗细的变化有三种因素：一是粉笔质地的软硬干湿，软而湿则笔画粗而疲软，硬而干则笔画细而尖利；二是粉笔摩擦后，笔头逐渐变成扁斜状，与黑板的接触面越来越大，所以开始书写时细一些，如果不改变与黑板的接触面，继续书写会越来越粗；三是书写者用力的程度，轻按则细，重按则粗。

因粉笔书写的这些特点，故用它写出的线条比硬笔丰富；在一定程度上，能表现出软笔书法的某些特点来。

三、粉笔书写的姿势与执笔

（一）姿势

用粉笔在黑板上写字称为板书，因黑板是悬挂固定在墙壁上的，所以书写时的姿势只能是立势书壁，又称面壁书写（那种在平放的小黑板上写字，称为立势俯写）。面壁书写难度很大，容易臂酸手软，但却是粉笔板书的一项基本功，作为教师，必须要努力掌握。东晋卫夫人"下笔点画波撇屈曲，皆须尽一身之力而送之"（卫夫人《笔阵图》），说的是毛笔书写。粉笔板书的道理是一样的，一身之力，由身而臂，由臂而腕，由腕而指，由指而笔，腿、腰、肩、臂、肘、腕、指，相应部位力量贯通一气，还有眼到，才能把板书写好。板书的基本姿势要求是：头正身端，眼要平观，臂抬手悬，腿活足安，不踮不弓，不近不远。这样书写，做到无拘无束，全身自然，才能写出一手好字（图4-1）。

图4-1　板书的基本姿势

（1）头正身端。头要端正，上身也要端正，颈脖正直，脊椎挺拔，两肩平正，上身稳定，呼吸通畅。这样书写者，不仅能显得精神抖擞，也能使字迹书写端正。

（2）眼要平观。头部端正，保证两眼平视，避免视线歪曲导致写出的字迹变形、欹斜。横行板书最容易出现一行字写得左高右低，或左低右高的毛病，因此书写时应用视力来调节。头不要忽抬忽低，视线不要忽仰忽俯，写每一行时，视线始终保持在同一高度，随时让落笔点维持在与视线相同的水平上。当然要做到这样，需要经过长期的书写训练。

（3）臂抬手悬。板书时，手、腕、臂、肘要抬起，腋下保持空松，手腕也不要靠在黑板上，这样才能自由运动，挥洒自如。

（4）腿活足安。两足自然分开，平稳安放，保持身体稳定。如果向左或向右延伸写字，则要随时移动脚步，否则，站在原地不动，只是伸长手臂，则视角会发生变化，容易写得字歪行斜。

图4-2　不踮不弓

（5）不踮不弓。一般说来，在黑板上写字的最佳"写区"，是头部微仰、微俯时视力所及的夹角部分。黑板固定在墙壁上，书写太高或太低，都会导致视觉的误判，增加书写的难度。稍高处，要以手臂伸直为极限，不可双脚踮起；低处，最好不要弓腰，而是靠腿的灵活动作来采取"低姿态"，或马步，或弓步，但上身仍须保持端正（图4-2）。

（6）不远不近。不远不近指书写者与黑板的距离不能太远，亦不能太近。过远，手臂容易疲劳；过近，容易影响视线。应以手臂伸直后微弯便于书写为度。

（二）执笔

粉笔的执笔方法与毛笔、钢笔、铅笔、圆珠笔的执笔方法都不一样。粉笔基本的执笔方法是：用三指握住粉笔的前端，笔头露出约1厘米，笔头太长容易折断，太短又挡住视线且手指容易擦到黑板。拇指前端在粉笔的内侧，食指前端在粉笔的上面，中指前端的侧面靠在粉笔的外侧下部。也有人以两指或五指执笔，前者难以控制，后者又不灵活，初学者不宜采用。粉笔与钢笔执笔的区别在于，钢笔的尾部穿出虎口，而粉笔则斜置掌内，笔尾指向掌心（图4-3）。粉笔不长且越写越短，因此它始终被笼在掌内，最能达到指实掌虚这种要求。此外，粉笔书写还讲究不紧不松、执笔自然。执笔太紧，容易疲劳，字迹生硬；执笔太松，字迹轻、嫩，不易看清。

图 4-3　粉笔执笔法

四、粉笔书写的用笔

由于粉笔的构造特征、书写特点、书写方式不同于软笔和钢笔，其用笔的方法当然也不尽相同。比如，粉笔的书写没有毛笔中锋、偏锋的区别，没有浓、淡、枯、湿的用墨技巧等。要写好粉笔字，必须掌握粉笔的用笔方法。

（一）提、按

粉笔的提、按与用力的轻、重有很大的关系，书写的效果则有粗、细的变化。粉笔虽不如毛笔那样软，但它质地较松，即"粉"，用力重按，就能写出较粗的线条，轻轻提起，写出的便是较细的笔画。如果有提有按，当提则提，当按则按，提、按相间，写出来的笔画就有着轻重粗细的变化，甚至有着毛笔的韵味。如果没有提、按的变化，只是一味地平拖，写出的字笔画粗细、轻重一致，像小木棍搭在一起，给人缺乏美感的印象。粉笔的提、按轻重，贵在适度。提、按偏重，笔断粉落；提、按偏轻，字如轻烟，不易看清。

（二）快、慢

快笔、慢笔，说的是节奏问题。书写不是机械的匀速运动，粉笔书写也是这样。用笔有快有慢，有停顿有连续，不同速度写出来的笔画线条有着明显差别。快笔流畅，慢笔稳固。如果书写时无快慢之分，则线条必然板滞而毫无神气。但快笔、慢笔也要适度。运笔过快，则字迹飘浮且笔画的方向与位置不易掌握；运笔过慢，则字迹拖泥带水，显得无力。一般说来，撇比捺快，横较竖慢，起收宜慢，中途宜快。不同的书体写起来亦有快慢之分，如草书快于行书，行书快于楷书，楷书快于隶书，隶书快于篆书。

（三）转动

在用粉笔书写的过程中，在书写的间隙，要随时把手中的粉笔稍稍地、自然地转动一下，使粉笔不固定在某一点上持续摩擦而保持粉笔头呈圆弧状。因为粉笔的特点是"粉"，粉笔不断地摩擦，磨点的面积逐渐变大，笔画逐渐变粗，如果不注意调整，整幅文字将会出现笔画前细后粗的结果，丧失和谐与美感。书写时注意转动粉笔，笔画粗细浓淡的差别就不至于太大，整体看来，会更和谐均匀。当然，利用粉笔头摩擦出的斜面、棱角，还能写出特殊的、不同形状的笔画，书写出不同的书体来。

五、粉笔板书的章法

粉笔板书的章法是指在黑板上写整篇字时的排列。粉笔字的点画、结构，会在本章第二节"实用书体的书写"中详细讲述，这里只谈粉笔板书的章法。

（一）字的大小要适当

板书时，要注意字的大小。粉笔字的大小与两个因素有关：一是粉笔线条的粗细，当然最粗的线条也不会超过粉笔截面的直径（6～7毫米）。二是学生视力，字写得太大了，不仅字迹消瘦，在整面黑板上也写不了多少字；字写得太小了，后排的学生又看不清楚。每个字的大小控制在10厘米左右为宜。

（二）平直与疏密

粉笔板书既要讲究平直，又要讲究疏密。

现在的教学板书，一般从左至右横写。初学粉笔书写的人，最容易出现写着写着字行左高右低，越来越低，或左低右高，越来越高的现象。因此板书时要心平气和，注意从左至右把字写在一条水平线上，不要向上或向下倾斜，也不要写得弯弯曲曲如同蚯蚓。为了让学生看得清楚，书写时还要讲究疏密，行距大于字距。一般来说，行距约为字形的1/2，字距约为字形的1/4。太疏，显得空荡散漫；太密，显得急促拥挤。而且行距、字距，前后上下应该一致（图4-4）。

板书也有从上至下写成竖行的。书写时要从右边起行，从右至左竖行排列。这种章法布局的行距和字距可以均等，也可以行距稍大于字距，但竖行要注意写成一条直线，不要左右摇摆（图4-5）。

横向书写也好，纵向书写也好，都要行列有序、疏密得当、整齐匀称、泾渭分明，营造出整体和谐的美，切忌密密麻麻、杂乱无章，让人眼花缭乱。

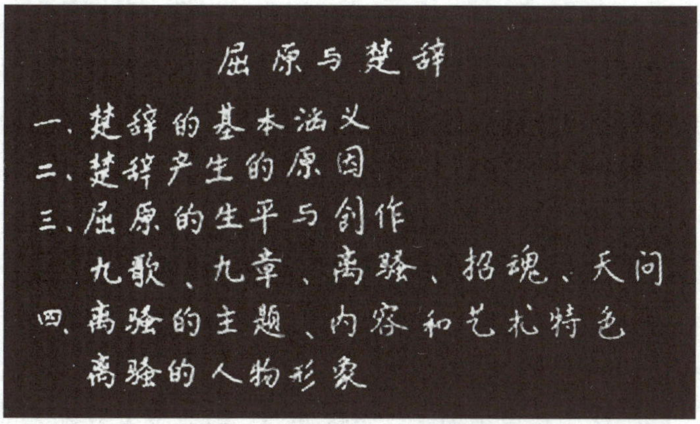

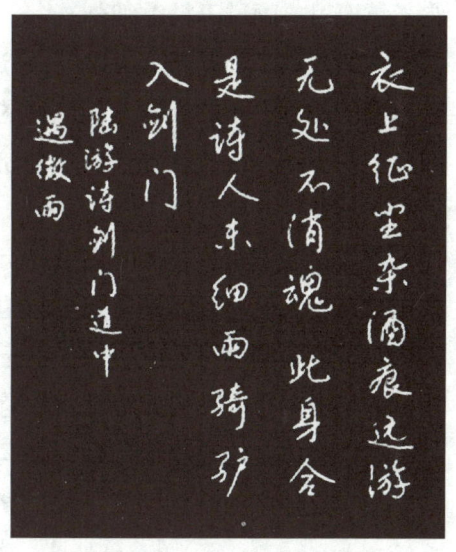

图 4-4 板书的行距、字距示例

（三）整体安排和空间分布

板书还要注意在黑板上的整体安排、空间分布。

黑板形状长而窄，书写时可以把它划分为两个或三个区域，这样书写的距离缩短了，要想把横列处理得平直，也就容易把握一些，同时也可以避免左、右过多地来回走动。

黑板的四边要留出适当的空间，书写时尽可能地不要"顶天立地"，不要把黑板塞得满满的。这样才能给人一种清新疏朗、整体和谐的美感。

图 4-5 竖行板书示例

第二节 实用书体的书写

学习毛笔字书写的名碑法帖很多，却没有粉笔字的碑帖。作为一种间接的范式，粉笔字也能从名家碑帖中取法。本节选用赵体楷、行碑帖来介绍粉笔楷书、行书笔画、结构的技法。

一、粉笔字适用的书体

唐太宗李世民曾说："取法于上，仅得其中；取法于中，不免为下。"（司马光

《资治通鉴》卷第一百九十八）他说的是为帝的问题，但不只是为帝，其他的事情也都要向最高的典范学习。书写也是这样，要学习经千百年大浪淘沙留下来的经典作品，提高自己的书写水平。可以作为毛笔字学习的名碑法帖很多，却没有粉笔字的碑帖。然而作为一种间接的范式，粉笔书写仍然可以也应该从名家的法帖中取法。

古代法帖极多，楷、草、隶、篆、行，五体齐备，但学习粉笔书写，以楷书、行书的法帖为主。楷书、行书的法帖非常多，楷书的如颜、柳、欧、赵，行书的如王、颜、米、赵等，如山花烂漫，如繁星布天。用粉笔书写楷书、行书时，选择好的碑帖学习，可以达到事半功倍的效果。

粉笔书写，除了运用在黑板报、告示等处外，主要应用于教学的板书之中，它要求有一定的速度，最讲究清楚、端正、规范、活泼。为了实用，为了方便快捷，它不需要对笔画过于精雕细刻。

按照这些原则，粉笔书写最好选用赵孟頫的楷书和行书法帖。但有的人喜欢欧、褚的法帖，有的人喜欢颜、柳的法帖，它们或法度森严、平中寓险，或典雅纤细、空明飞动，或雄强壮伟、气势磅礴，或瘦劲挺拔、雄劲清逸。大家可以依据自己的兴趣和爱好来选用。

这里主张选用赵孟頫的楷书、行书法帖，不仅因其是古代第一流的作品，七百余年来备受人们喜爱，还有如下原因：

（1）赵孟頫书写速度极快。据记载，赵孟頫下笔神速，日书万字，原因之一就是他的楷书书写娴熟自如，常常带有行书的笔意，极为流动活泼。

（2）赵体字的笔画很精到，圆润秀媚，粗细也比较匀称。

（3）赵体字的结构精工平稳、整饬规范、端正秀丽，章法也均衡整齐，绝无大起大落之笔和欹斜不正的字形，能示人以楷模，引人入门径，初学者可"不数过而欲乱真"。

（4）赵孟頫书法多从实用的角度出发，将书法艺术与实用价值融为一体，成为最实用的书体，雅俗共赏。

以上种种，特别是其端正、匀称、书写速度快的特点，与粉笔书写的特点最为接近，所以赵孟頫的楷书、行书是学习粉笔书写最适用的书体。以下"粉笔楷书的写法""粉笔行书的写法"两部分就是分别以赵孟頫的楷书《福神观记》（图4-6）以及行书《与山巨源绝交书》、《光福重建塔记》（图4-7）为标准字作参照的。本节列举了许多字例图示，其中灰底黑字是毛

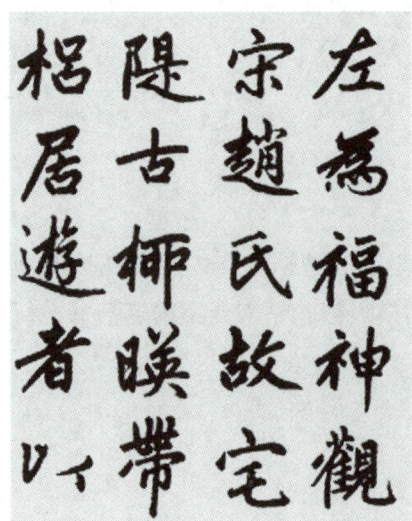

图4-6　福神观记（局部）

笔墨迹，黑底白字是粉笔临摹。

二、粉笔楷书的写法

前文第二章讲述了"毛笔楷书技法"，毛笔楷书技法可以作为粉笔书写的借鉴。虽然书写工具不同，但书写技巧是相通的，在审美取向上也有相同之处。采用赵孟頫楷书法帖，虽然于粉笔书写而言比较实用，但它毕竟还是毛笔墨迹，也只能是间接地作为粉笔临摹的范本。粉笔只能是"粉"笔，它不可能也没有必要写得跟毛笔字一样。所以粉笔书写与毛笔书写、钢笔书写相比，有共性，也有个性。粉笔书写有其独特的地方。这种个性主要体现在笔画上。

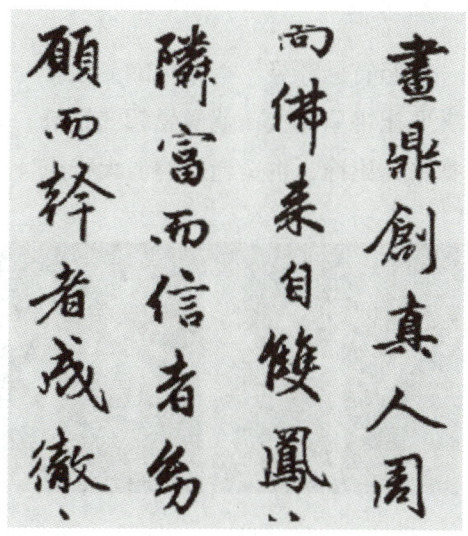

图 4-7　光福重建塔记（局部）

（一）粉笔楷书的笔画

笔画虽千姿百态，但基本笔画仍然是横、竖、撇、捺、提、点、折、钩。每个笔画的书写过程，仍然是起笔、运笔、收笔三个阶段。用粉笔写楷书，相对于毛笔要单纯得多。起笔有按笔而起，也有轻轻着笔；收笔有按顿作收，也有出锋收笔；在运笔过程中则有提、按、顿、转。如果把起笔、收笔与运笔相较，是起笔、收笔略重，运笔稍轻；起笔、收笔略慢，运笔稍快。

粉笔楷书笔画的具体写法如下：

1. 横

横有长横、短横之分。无论长横、短横都要稍稍向右上倾斜（5°左右的仰角），尽量不要出现趋于水平的横画。写长横按笔而起，向右上稍快运行并微微上拱，稍顿收笔。写短横则随意一些。如果几个短横相重，除了排列均匀外，还要注意不可写成一个样子，应是或长或短，或粗或细，或俯或仰，多姿多态（图 4-8）。

图 4-8　横的字例

2. 竖

竖有悬针竖、垂露竖的变化。写竖时，起笔按笔略重，用力下行。收笔时，悬针竖出锋呈尖状，就像悬起的钢针；垂露竖稍顿收笔。有些较长的竖画，在末端微微带钩出锋，也是赵体的一大特点（图4-9）。

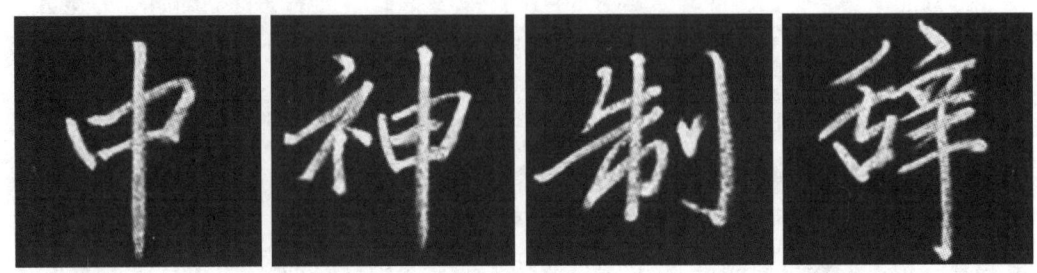

图4-9　竖的字例

3. 撇

撇是倾斜的线条，按笔而起，看准方向撇出。长撇要一气贯注，挺拔如同宝剑，不可弯弯曲曲。长撇要舒展，短撇要迅疾撇出。撇还有别的形状，有上部如竖的竖撇，有撇画弯曲的弧撇，有尾巴翘起的弯尾撇，也有先作横状的弯头撇（图4-10）。

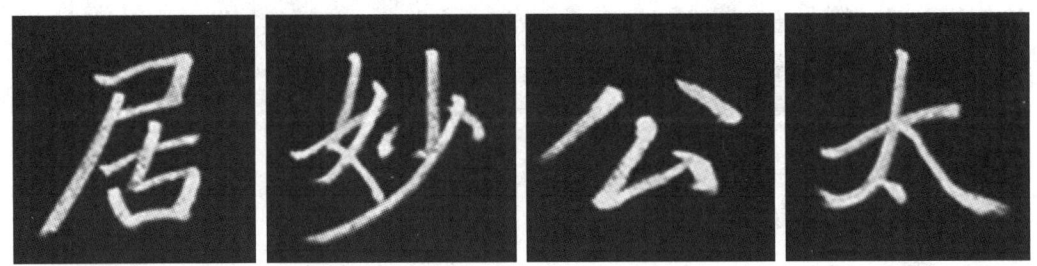

图4-10　撇的字例

4. 捺

捺画是最美丽的笔画，它分为头、腹、尾三部分。写捺画的时候，把肘部稍微抬起一点，则更顺手些。轻轻落笔点出捺头后，向右下逐渐按笔写捺腹。捺腹像小船一样，有一个不大的弧度。按笔渐行渐重至捺尾，稍作停顿后，顺着笔势，由按而提，自重而轻，较快拖出。整笔捺画倾斜度大的叫斜捺，平一些的叫平捺，相对弯曲一些的叫弧捺，还有一种捺画如同长点，叫反捺（图4-11）。

5. 提

提的形状虽然有长有短，有胖有瘦，有平有斜，但它是八种笔画中最简单的一种。按笔稍重，稍作顿式以后，斜向右上，由重而轻，较快、较挺劲地提笔出锋（图4-12）。

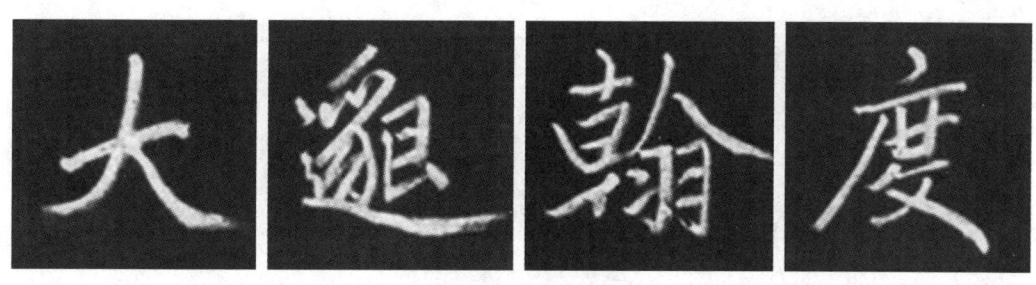

图 4-11 捺的字例

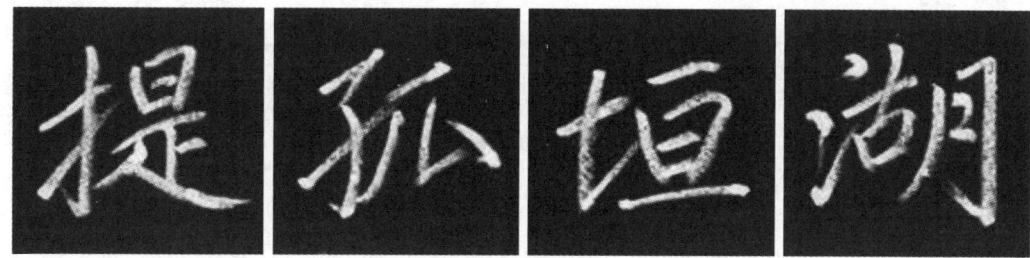

图 4-12 提的字例

6. 点

粉笔写点没有毛笔那么复杂。点的基本写法是轻轻落笔，由轻而重，向右下顿笔而收。但点的形态变化较多，有短一些的，有长一些的；有向左下出锋的，有向右上出锋的；有与别的笔画呼应的，也有点与点呼应的，要写得活泼生动。写点有一条必须注意，就是不能写正。古人称点为侧，说明它是倾斜的，写正了反而呆板（图 4-13）。

图 4-13 点的字例

7. 折

折指的是笔画在中途改变了运笔方向，有横折、竖折、撇折几种形态。转折处比较圆润的称转，比较方整的称折。写转要连续自然，写折要稍有停顿（图 4-14）。

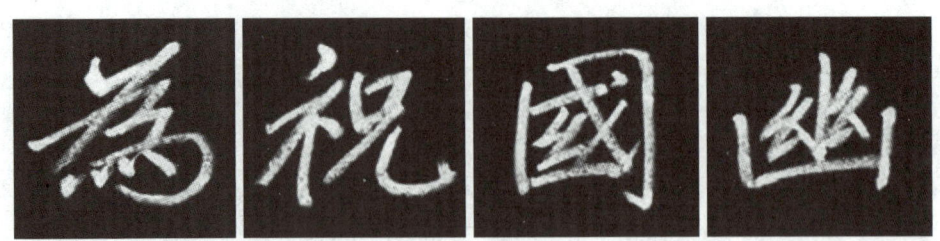

图 4-14　折的字例

8. 钩

钩不是单独的笔画，它总是附在别的笔画的末尾，但它的形态却很丰富，有向左钩、向上钩、向下钩三类。出钩的方法有两种：一种比较圆润，到了笔画的末尾，顺势出锋；一种至末尾要停顿蓄势，由重而轻快速出钩。出钩时要注意出钩的方向。向左钩时，有直角钩出，也有向左上方、左下方钩出的；向上钩时，要注意向上，不可向外钩；"心"字的钩则要向里，朝着字的重心区出钩；向下钩时，即横钩，出钩的方向要朝向字心（图 4-15）。

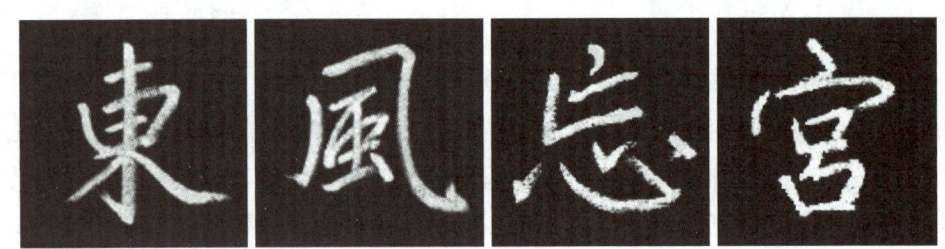

图 4-15　钩的字例

掌握了这八种基本笔画，就能举一反三，熟能生巧，再把握好字的结构，练好粉笔楷书就不难了。

（二）粉笔楷书的结构

毛笔楷书的法帖，作为粉笔楷书笔画的范式，还是间接的，因为学习者要看着毛笔的笔画，而用粉笔的用笔方法来表现，最后写成粉笔楷书的笔画。用一个俗语来说，就是毛笔的底，粉笔的面。

但是，毛笔楷书的法帖作为粉笔楷书结构的范式，就是直接的了，因为无论用什么工具来表现，楷书字体都要求平正而有变化。平正就是把字写得平稳端正，横平竖直，匀称均衡，给人一种和谐、稳定的美感。变化就是运用对立统一的原则，处理好字的疏密、正斜关系，注意参差错落，避让穿插，给人一种活泼新奇的美感。

笔画在书写中是很重要的，但初学写粉笔楷书时，结构比笔画更重要，它们是一种辩证的关系。就像造房子，上下几层，面阔几间，进深多长，哪为梁柱，哪为门窗，高低大小，对称与否，都要合理布局，统一安排，然后选用各种建筑材料构造装饰。材料装饰虽差，结构牢固，尚可遮风挡雨；材料装饰豪华，结构不稳，大厦将倾，也就无美感可言了。

汉字是方块字，一个字无论是单一部分还是由多个部分组合构成，都还是方方正正的。要把不同形态的笔画和偏旁组合好，不是随意可为的。

楷书的结构有一定的规律，古人曾做过大量的探索。下面，我们从独体结构、左右结构、上下结构、包围结构、多重结构等方面介绍粉笔临写赵体楷书结构的特点。

1. 独体结构

独体结构由一二笔或数笔组合而成，因其笔画少，与别的字排在一起，字形宜写得小些、重些才好看。主要由横、竖组合的字，要做到横画微微倾斜，竖画稳稳当当；以撇、捺为主的独体字，撇、捺的交点基本要处于中线之上；字形扁方的字要上开下合；如果主要笔画是倾斜的，也要注意让字的重心落在中线上，才能做到平正安稳（图 4-16）。

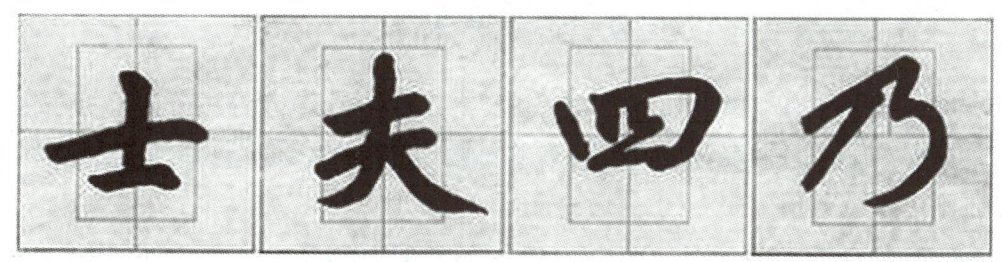

图 4-16　独体结构字例

2. 左右结构

左右结构的字在汉字中数量最多，最需用心观察。首先要观察字的构成部分的比例关系，是左、右均等并立，还是左窄右宽、左宽右窄。再看高低大小，有的左、右上下齐平，有的高低不一，有的属于左小偏上。还要观察笔画的避让穿插，或者左边部分左舒右敛，右边部分右舒左敛；或者先写的笔画避让于前，后写的笔画穿插于后。总之，要内宫笔画较紧密，四周笔画较舒展，平衡紧凑，浑然一体（图 4-17）。

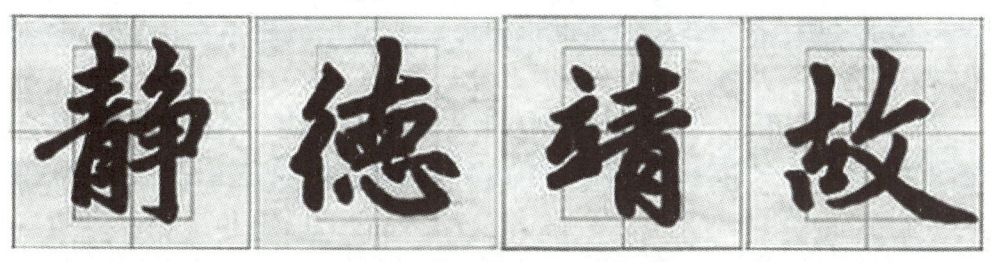

图 4-17　左右结构字例

3. 上下结构

上下结构的字要从三个方面去观察体会：一是比例，二是宽窄，三是上、下的中心要对齐。上下结构的字，上、下部分宽窄不一，有的上部宽大，像天一样笼罩着下部结构；有的下部宽阔，像大地一样承托着上部结构。但总的规律，还是要上紧下松（图4-18）。

4. 包围结构

包围结构的字分为二面包围、三面包围、四面包围三种。每种包围结构的字，

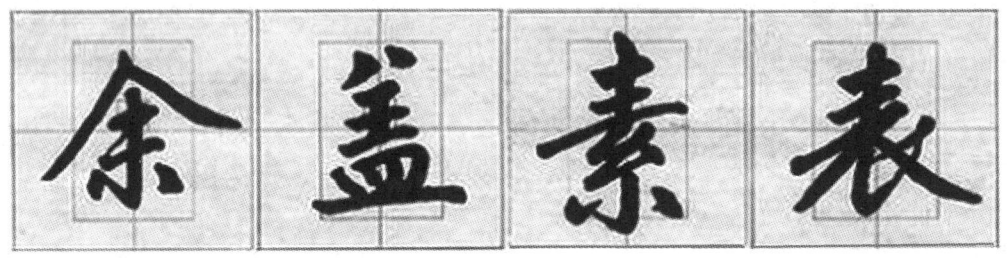

图4-18　上下结构字例

都分成外围和内画两种结构单位。书写这类字，要观察、体会字的外围和内画的配合，有的内画被外围全部包容笼罩，有的内画则突出了包围圈。总之，务必使外围和内画相称（图4-19）。

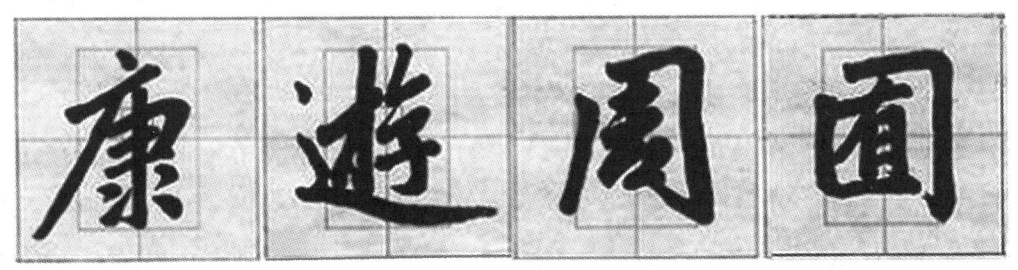

图4-19　包围结构字例

5. 多重结构

多重结构包括多种形态，但它们仍以左右结构或上下结构为基本形式（图4-20）。比如以左右为基本结构的多重结构，有三均（即由左、中、右三个结构单位组成）、有左边或右边又是由上下结构组成等多种形式。以上下为基本结构的多重结构，有三停（即由上、中、下三个结构单位组成），或者某部分又是由左右结构组成的。这种多重结构的字，构件众多，笔画密集，大部分差参错落，相互穿插。书写多重结构的字的时候，笔画的疏密要均匀，粗细要适度，该对齐中心的要对齐中心，该

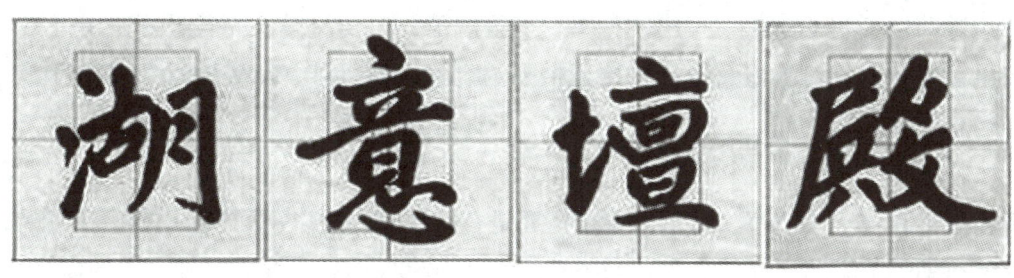

图 4-20　多重结构字例

避让穿插的要避让穿插，要上紧下松、内紧外松，综合考虑，形成整体。

除此之外，字的大、小、肥、瘦、长、短、斜、正，要因字立形，顺乎自然；相同的偏旁上、下相重或左、右相并，要有变化。笔画相重的也要有所变化，如重撇要有长短曲直的区别；连竖要高低不一，形态有别；重横要间距均匀，姿态各异；重捺要减捺，变成一点一捺；重钩要减钩，让它或明或显。总之，在平稳的前提下，要有变化，不可写得一模一样（图 4-21）。

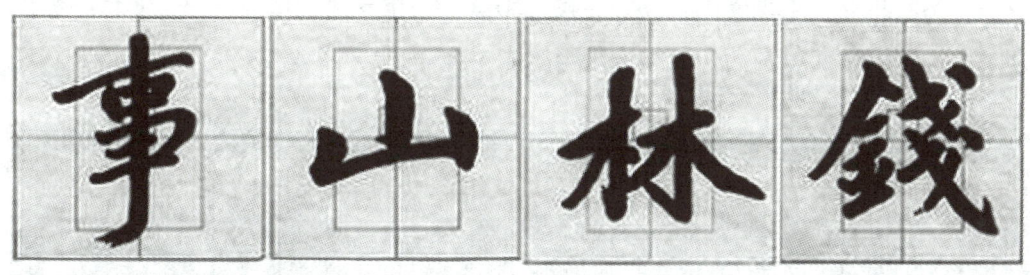

图 4-21　因字立形、笔画相重

三、粉笔行书的写法

小学低、中年级的板书应以楷书为主，到了高年级，可以让学生接触一些行书的书写。

行书是介于楷书和草书之间的一种字体。它既不像楷书那样一笔一画交代清楚，一丝不苟；又不像草书那样龙飞凤舞，难写难认。行书点画清晰，容易识别，流动活泼，如行云流水，书写速度又较快，最贴近人们的工作和学习。

行书作为一种书体，自有其规律。比如，它的笔画出锋、圆转，变化较多；笔画与笔画之间有些牵丝；结构上有减省与连贯等。在千百年来的书写实践中，行书逐渐形成了人们公认的一些特点。如果认识不到这一点，书写的时候，我行我素，随意地减省，或笔笔相牵相连，那就不是行书了，要么让人莫名难识，要么就丑陋不堪。特别是小学生，如果得不到正确的书写引导，就会养成坏的书写习惯。这就要求教师在板书的时候，写出的行书，一要规范，二要流美，而且最好是用行楷。行楷、行草是相对的概念，比较接近楷书的行书，称行楷；比较接近草书的行书，称行草。

粉笔行书笔画、结构的技法，可以借鉴前文第三章"钢笔行书技法"的内容。但粉笔书写与毛笔书写、钢笔书写毕竟还是有区别的，所以下面换一个角度来介绍粉笔行书的书写。

（一）粉笔行书的笔画

行书的笔画在八种基本笔画的基础上讲究灵活多变，讲究出锋、圆转、牵丝等，用笔时更要注重轻重、提按、快慢、节奏。

1. 同一种笔画的变化

行书是楷书的快写，有了楷书笔画的基础，下笔就是一个较美的线条，这是我们写好行书的基础。作为单独的、不与别的笔画相连的行书笔画，往往还是比较规矩的，虽然它们在不同的字境中，同一种笔画有着不同的形态。如横有长横、短横之分；竖有悬针、垂露之别；撇有长撇、短撇、弯尾之势；捺有斜捺、平捺、反捺之态；钩和折都变得圆活，有的钩甚至减省（图 4-22、图 4-23）。

图 4-22　笔画不同形态变化的字例（1）

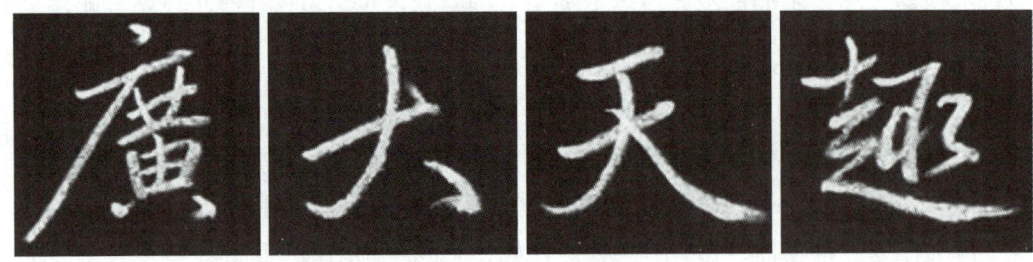

图 4-23　笔画不同形态变化的字例（2）

2. 同一种笔画的相连

汉字中经常出现连横、连竖、连撇、连点的笔画。用行书书写时，前一笔收笔要由重而轻，提笔朝后一笔的起笔处迅速运行，紧接着写后一笔。两主笔之间或断或连的线条叫牵丝，或叫游丝。要注意的是，主笔与牵丝一定要有区别，如笔画粗、牵丝细，笔画清楚、牵丝轻盈，切勿主笔笔画与牵丝混淆不分。还要注意同一种笔画相连，急态一定要有变化。连横有长短、俯仰；连竖有长短、弯直；连撇上短下长，上粗壮而急促，下舒展而飘逸。连点的变化最多，有二点相连、三点相连、四点相连，还有横向连、竖向连的区别。不同形态的点你呼我应，好像在张望说话一般。点画重，游丝轻，写的时候则是重—轻—重—轻—重……（图4-24、图4-25）。

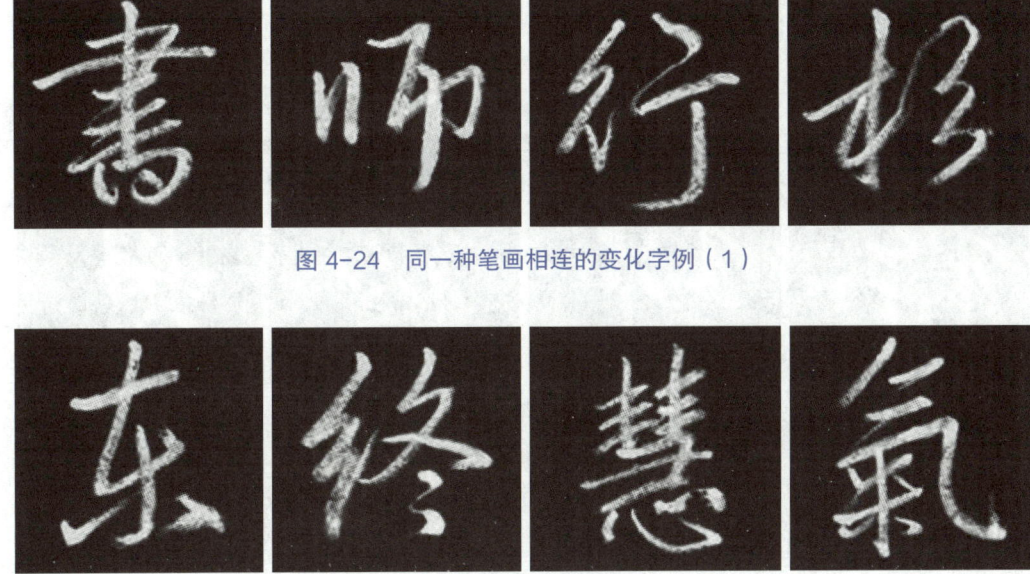

图4-24　同一种笔画相连的变化字例（1）

图4-25　同一种笔画相连的变化字例（2）

3. 不同笔画的相连

不同笔画的相连，还是呼应映带的缘故，用牵丝把它们连起来，要有提按、轻重的区别。由重而轻带牵丝，由轻而重写笔画，牵丝或断或连，断时有暗送秋波之情，连时为藕断丝连之态，牵丝、主笔线条分明。如点横连带、竖横连带、钩提连带、外内连带等（图4-26）。

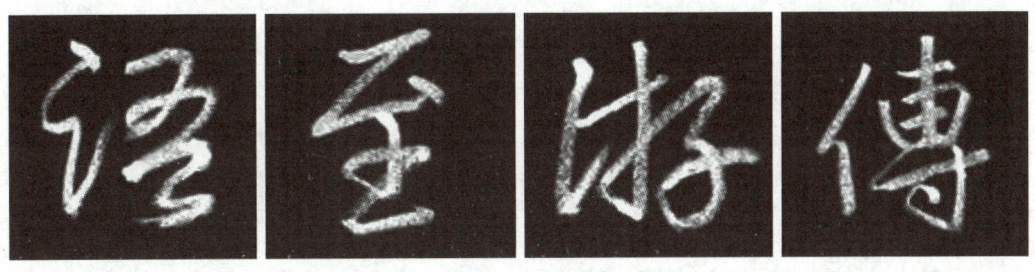

图4-26　不同笔画相连的变化字例

有的连带关系，在长期的书写实践中已形成定式，几乎成了行书的新的笔画，如撇捺连带、撇提连带、横撇连带等（图4-27、图4-28）。

用粉笔书写行书的笔画，还有两个需要注意的问题：一是由于行书中笔画的连

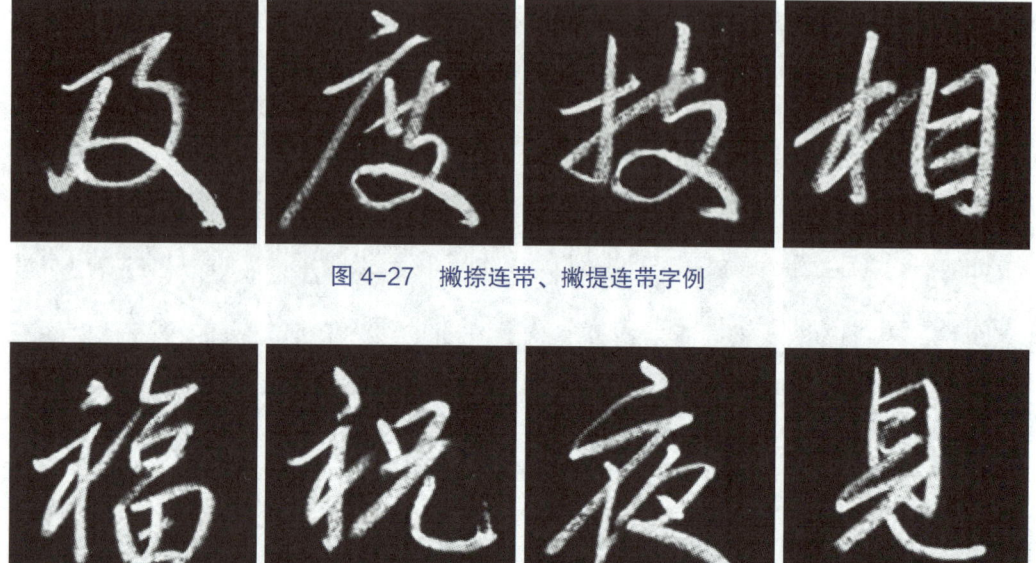

图 4-27   撇捺连带、撇提连带字例

图 4-28   撇提连带、横撇连带字例

带，有的甚至改变了笔顺，如图4-26"至"字所示的竖横连带。这就需要在书写之前，先把它的笔顺厘清，清楚笔画的来龙去脉，这是实际书写中不可缺少的一个环节。二是用毛笔书写的时候，人们习惯竖行排列，在书写行书时为使气脉贯通，往往上一个字与下一个字也有呼应相连的关系，造成许多字的末笔向下一个字的首笔出锋，而粉笔板书是横向书写的形式，所以那种末笔向下出锋成钩的形式可以不多顾及。

（二）粉笔行书的偏旁和结构

古人对于楷书的偏旁和结构曾作过大量的探索，但对行书的结构则很少论及，更无粉笔行书结构的内容。

第三章"钢笔行书技法"对行书的结构作了许多归纳，同学们可以领会后运用到粉笔行书的书写中来。

行书结构的最大特点就是具有运动感，它书写速度快，有许多的牵丝映带。但行书笔画的组合，绝不是惊风密雨，也不是如蛛网一般，更不是笔笔勾连或潦草如飞。

行书的结构要求运用对立统一的原则，处理好笔画与笔画、偏旁与偏旁组合的

大小、长短、高低、参差、欹正、收放、松紧、虚实、疏密、呼应等关系，做到平正而不静止，匀称而又参差，这需要我们在学习中用心感悟，逐步掌握。

1. 偏旁

写文章是由词成句，由句成段，由段成章；写字也应该由笔画组成偏旁，由偏旁组成字，由字组成篇。偏旁是字中相对独立的一些构件，由不同的笔画组成。把这些独立部件掌握好，对于把握行书的结构是相当有好处的。偏旁按照位置的不同，可以分成左右部、上下部和包围部三大部分，也可以由此细分为左偏旁、右偏旁、字头、字底、字框等部分。下面举一些常用偏旁的字例（图 4-29 至图 4-35）。

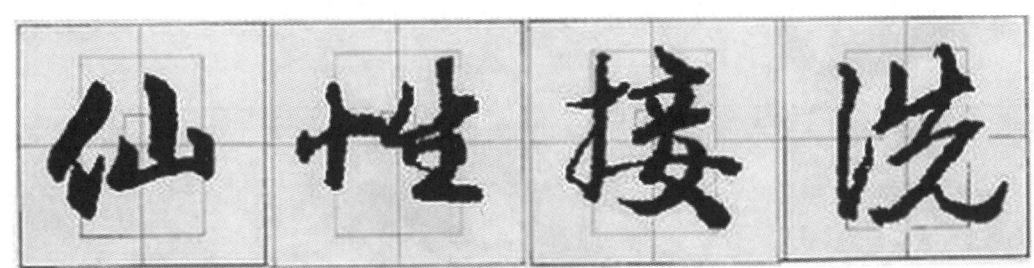

图 4-29　常用偏旁字例（1）

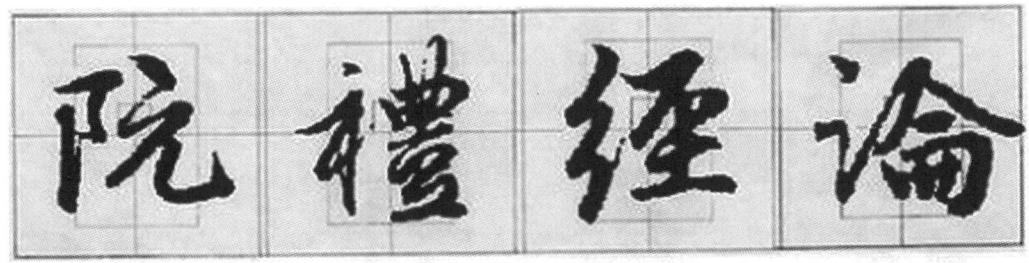

图 4-30　常用偏旁字例（2）

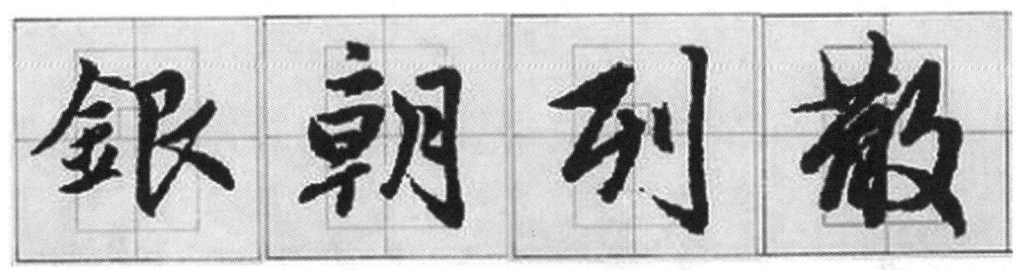

图 4-31　常用偏旁字例（3）

2. 结构

处理好行书的结构就是处理好行书笔画与笔画、偏旁与偏旁的组合以达到协调、流动、美观的问题。但是无论怎么处理，都是在独体、左右、上下、包围这几种基本结构上进行变化。

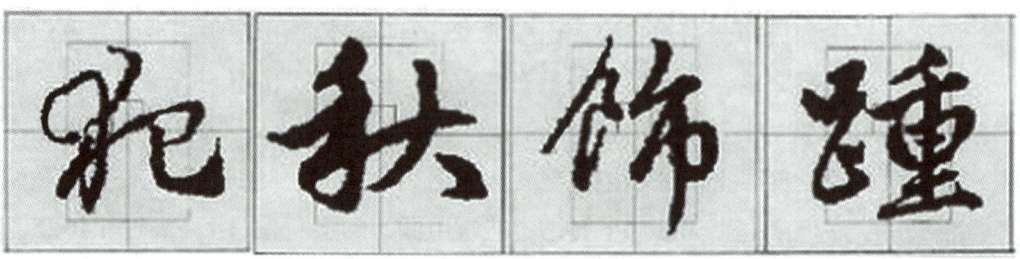

图 4-32　常用偏旁字例（4）

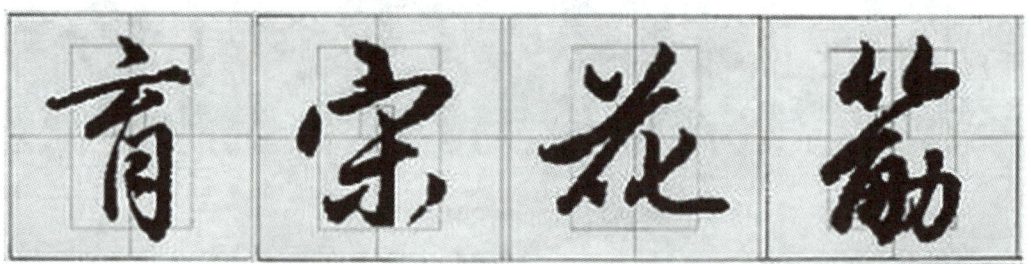

图 4-33　常用偏旁字例（5）

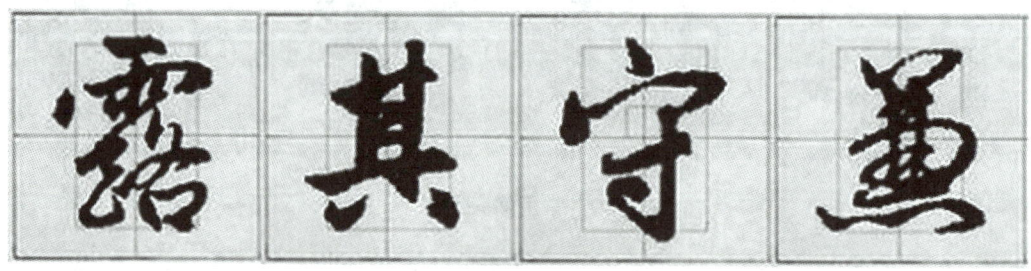

图 4-34　常用偏旁字例（6）

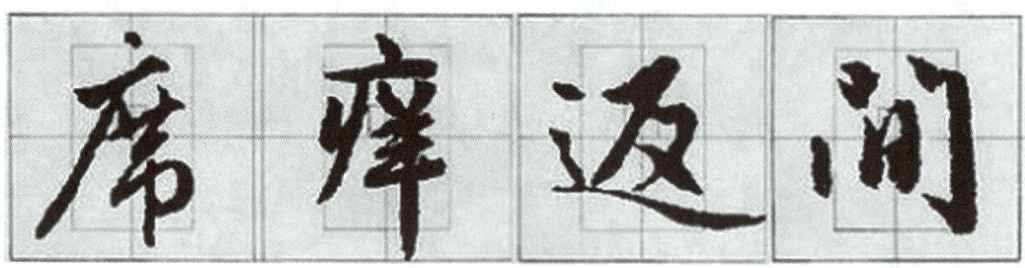

图 4-35　常用偏旁字例（7）

（1）独体结构。独体结构的笔画组合要因字立形，结构紧凑；有中线的左右不宜对等；左右对称的也要有所变化，不能写得四平八稳（图4-36）。

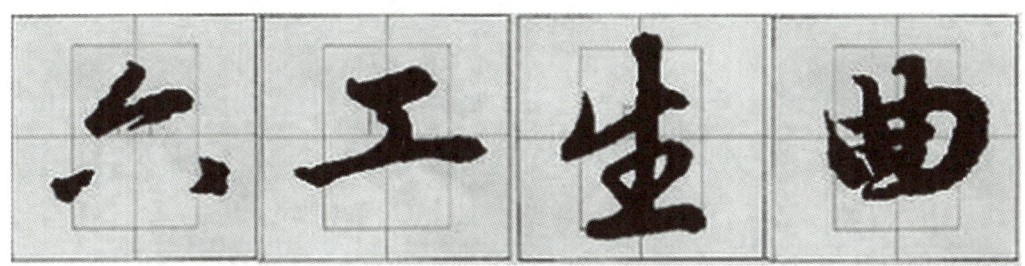

图 4-36　独体结构字例

（2）左右结构。汉字中左右结构的字最多。写这类字要在比例、收放、错落、穿插、连带上努力体会（图4-37）。

图 4-37　左右结构字例

（3）上下结构。上下结构的字主要应在高矮、宽窄、覆载、敬正方面仔细观察。毛笔中那种中竖有意延伸以求其飘逸的特点，在横行的粉笔板书中则尽可不用（图4-38）。

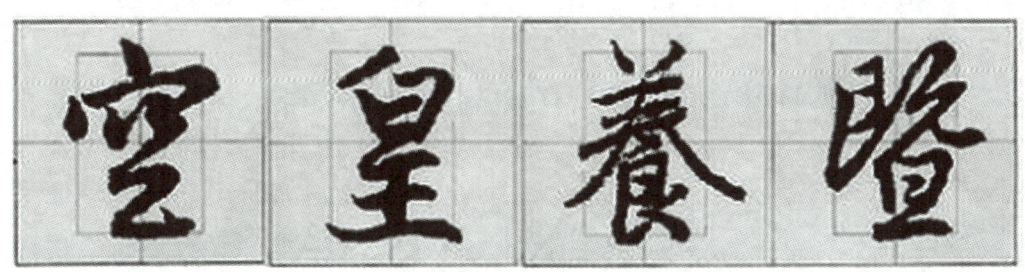

图 4-38　上下结构字例

（4）包围结构。包围结构中内画与外围形态，或延伸，或压缩，也要疏密有致（图4-39）。

行书的结构变化多端，从相同的字在不同字境中的变化就看得出来，这种字被称为同字异形（图 4-40）。

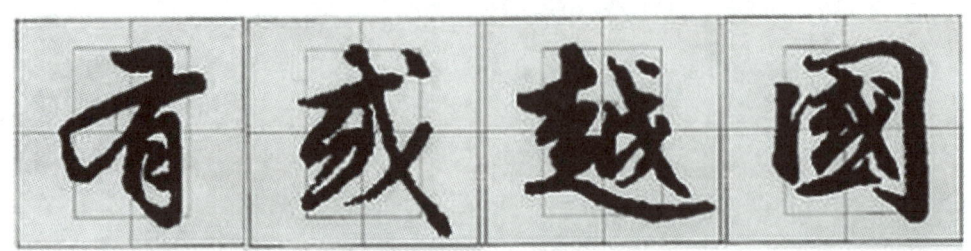

图 4-39   包围结构字例

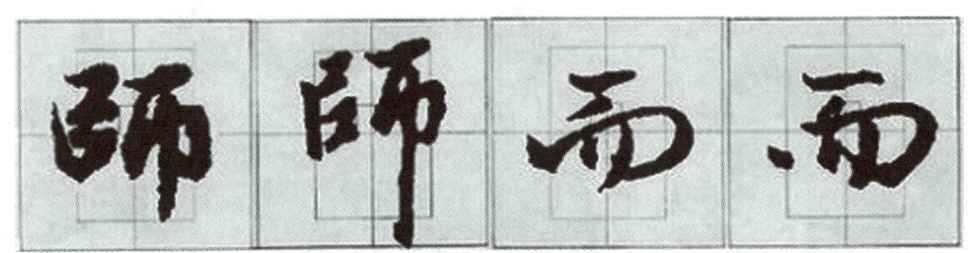

图 4-40   同字异形字例

实践与探索

1. 这里介绍几种办黑板报的小技巧：

（1）写大字标题，可写空心字。用毛笔、布团、棉花、排笔、折叠的报纸等，沾上清水在黑板上写成各种大字，然后用粉笔勾出轮廓。这种方法简便实用。

（2）写大字标题，可用皮筋分格。一条标题的长度和字数确定后，有几个字就用几根皮筋相连，从标题的头拉到尾，皮筋的连接处即每字的分格处。这种方法又快又简便。

（3）用粉笔画椭圆的方法（图 4-41）：先固定两点，再用一根线绳连成圈，套在两点上，用粉笔撑紧绳圈画圆即成。两点的距离和线绳的长短决定椭圆的大小和弧度。

（4）有色粉笔的使用。除了白色粉笔外，还有红、绿、蓝、黄、橙、紫等不同颜色的粉笔。如果把不同颜色的粉笔重叠涂抹，再用手轻轻揉匀，就会变成另外一种颜色。

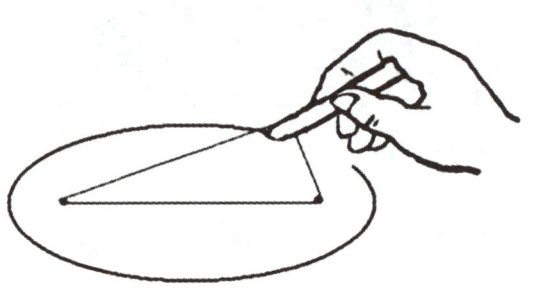

图 4-41   用粉笔画椭圆

2. 请你尝试办一次黑板报。为了使版面生动，标题还可以用几种美术字体。如：

黑体　团结友善

宋体　团结友善

幼圆　团结友善

彩云　团结友善

因为标题的字不多，我们可以从报纸上或电脑上找几个字模仿着写，尽量写得大小差不多。写这些美术字体也比较容易。将这些美术字体与我们所学的楷书做一个比较：

楷体　团结友善

我们发现它们与楷书最大的不同是：美术字体的横画是水平的，而楷书的横画是向右上微微倾斜的。掌握了这一规律，对于我们学习楷书、学习美术字体大有帮助。

3. 请举办一次班级板书设计比赛，学科不限，要求主题突出，思维清晰，设计合理，板书美观而富有变化，并符合相关学科学习与教学特点。请专业老师担任评委，评奖并举办展览。

第五章

典型字训练

▶**学习提示**

如果说前面"毛笔楷书技法"讲的是一般的训练方法，那么"典型字训练"是一种通过特殊字训练书写技能的方法。

典型字是从古代书法经典作品中选取的能够体现一种字体个性特征的具有较强代表性的范字。选取典型字，就是选取书法经典作品中的精华，以引导书写者感受不同字体的风貌，激发其进行书写训练的兴趣，指导初学者掌握书写要领。我们在本章选择唐楷的三种范例，书写者可以根据自己的喜好选取一种进行书写训练，主要训练整体感觉，调整书写状态，精练特征笔画。

只要坚持典型字的训练，一段时间后，对书法经典作品的感知能力、书法欣赏水平和书写能力就会有较大程度的提升。

第一节 典型字概述

初学者学习书法是从临摹古代书法经典作品开始的，临摹是一个机械重复的过程。如果对有天分的学生或者是对书法有特别感觉的学生，让其临摹客观上优秀的而主观上喜欢的古代碑帖，其效果是不言而喻的。然而，小学生由于年龄较小，对书法的认知较浅，兴趣较弱，耐力较差，如果一味机械地重复，就会显得枯燥乏味，学习的效果会大打折扣。要提高书法训练的水平，甚至增强教师指导的实效，典型字训练法是实践证明特别有效的方法。通过典型范字的练习，学生能尽快感受书体特征，激发练习书法的兴趣，提高书写效能。

一、什么是典型字

典型字是从古代书法经典作品中选取的能够体现一种字体个性特征的具有较强代表性的范字。

典型字来自古代书法经典作品。经典作品是不断被指认的具有长久生命力的作品。书法史上的经典作品是一个时代书写的标志，具有不可替代的史学意义和美学价值。考察书法历史，认识书法经典，感知其整体的风貌与格调是选好范字的基础。

我们应该认识到，任何书法作品都会存在或多或少的缺憾，经典作品也是如此。我们选择典型字，意在剔除瑕疵，筛出精华。典型字能充分体现某种字体的个性特征，也能代表某种字体的结构方式和笔画形态，能鲜明地体现某种字体的风貌与格调。典型字往往是针对楷写的书体而言的，是指个性鲜明的个体。行草书一般是典型行列或典型片段。

二、典型字精选的原则

（一）字体风格的统一性

翻检书法发展的历史，不同时代的书法有着不同的风格。魏晋书法艺术讲究风度韵致，唐代讲究法度，宋代追求意趣，元明追求形态。同一时代不同的书家也有不同的个性面貌。同一个书家不同阶段也会有不同的格调。颜体字大气端庄，前期楷书《多宝塔碑》结构严密，字体端庄隽秀，点画圆整，一撇一捺显得静中有动；中期《颜勤礼碑》《麻姑仙坛记》雄浑苍劲，拙重中见挺拔，线条粗细变化趋于平缓，用笔"蚕头燕尾"，多有篆籀笔意；晚期《自书告身》用笔圆润，疏密对比极致，倚侧运用险绝，奇古豪放。鉴于此，我们在选择典型字的时候，立足风格统一的字帖，哪怕同样是颜体字，我们选取中期的，不会掺杂前期和晚期的书帖作范字。中期的《颜勤礼碑》与《麻姑仙坛记》风格有些近似，最能代表颜体风貌。但细读深鉴，我们可以发现它们还是有所不同。前者在拙重中见挺拔，呈现雄肆之气概；后者在宽博中见空灵，显示洞达之韵度。为了让典型字风格相对统一，我们就从《颜勤礼碑》中选取范字。同样的道理，欧体字中的典型字选自《九成宫醴泉铭》，柳体字中的典型字选取《玄秘塔碑》。只有这样，才有利于初学者辨识和观察，使他们用较少的时间，感受到不同字体的不同风貌与格调。

（二）字体结构的代表性

结构是指笔画之间的组合。楷书的结构具有相对稳定的形式，对此，古人曾作过非常有意义的探索，相传唐代欧阳询有《结字三十六法》，明代李淳有《大字结构八十四法》，清代黄自元有《间架结构摘要九十二法》，等等。结构的具体方法越讲越细，越分越多。但总的结构法则归纳起来只有两种：平正和变化。平正就是把字写得平稳工整，让人感觉稳定、和谐；变化就是在书写时处理好疏密、稳险的关系，让人感觉新奇、活泼。汉字的结构既指部件之间的关系，也指笔画之间的布局形态。前者包含独体结构和复合结构，复合结构有左右结构、上下结构、包围结构、多重结构等。后者更多是指书写时点线的安排和字形的处理，有的字书写时做到横平竖直，如颜体中的典型字"军"，柳体中的典型字"中"，做到了横画平正，竖画垂直（图5-1）。需要说明的是横平的"平"，不是几何上的平直，而是美学上的平稳。横画的书写一般是左低右高，两头稍重，中间略轻，微微上翘。

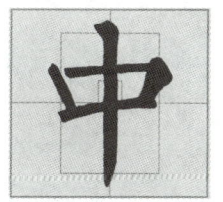

图 5-1　横平竖直

有的字斜中求正，如柳体中的典型字"必"，颜体中的典型字"多"，欧体中的典型字"及"，所有的笔画都是倾斜的，书写时只有找准重心，重心落在中线上，方可达到整体平衡（图5-2）。

有的字险中求稳，如欧体中的典型字"深"：右上部笔画布局打破平衡，造成险势，重心向左移，然后把下面"木"的捺画向右下写得长而重，使整个字保持平衡、稳定（图5-3）。

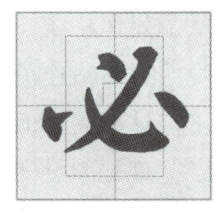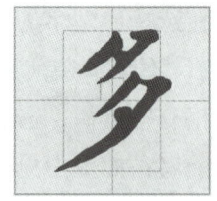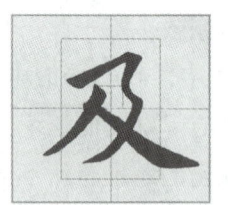

图 5-2　斜中求正　　　　　　　　　　　　　　　图 5-3　险中求稳

　　有的字只能因字立形，如欧体中的典型字"四"（图 5-4）。有人认为汉字是方块字，应该写得方方正正，事实上并非如此。欧体字中大多数字的字形偏长，而"四"字写成扁形，它代表了不可或缺的少数特例，说明写字时当大则大，当小则小，当长则长，当扁则扁，顺其自然，因字立形。

　　有些字的结构上紧下松，如欧体中的典型字"炎"，柳体中的典型字"长"，颜体字中的典型字"兄"，上半部分笔画紧凑，下半部分笔画舒展（图 5-5）。

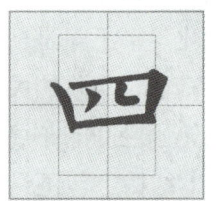

图 5-4　因字立形　　　　　　　　　　　　　　　图 5-5　上紧下松

　　有的字内紧外松，避让穿插，如柳体中和欧体中的典型字"观"，字的中间笔画密集，外围笔画舒展，上下有穿插，左右有避让（图 5-6）。

图 5-6　内紧外松

　　凡此种种，我们选择典型字时，尽可能涵盖多种部件的不同组合关系，尽可能多地代表点画线条之间的布局形态。只有这样，学生通过典型字的书写训练，才能比较全面掌握汉字的结体技法。

（三）基本笔画的多样性

　　前人把汉字的笔画归纳为八种：横、竖、撇、捺、提、点、折、钩。我们挑选典型字，尽可能涵盖这八种笔画。每一种笔画又包括若干类，如点画，有斜点、挑点、竖点、垂点等。在书写时，点的使用多种多样，有时单点独存，有时多点并用。如颜体中的典型字"家""德""清""秦""道"等，都有点画，有单点，有多点，不同的位置有不同的形态，随机应变，千姿百态（图5-7）。

图5-7　点画的多样性

在选择典型字时，一方面，考虑同一个基本笔画在同一个汉字中以不同的形式存在。比方说，为了更好地训练横画，在三种字体中，我们都选择了"有"字，它们长横、短横并用，粗细并存，形态各异，自然得体（图5-8）。

图5-8　同一笔画的不同形式

另一方面，尽管不能穷尽所有的笔画，但一定要突出重点。特征笔画是典型字中的重要笔画，这是我们选字的重点，也是学生训练的重点。特征笔画是最能体现某一字体书写个性的笔画，捺和钩属于特征笔画。这两种笔画的不同形态尽可能在典型字中得到充分的展示。比方说，捺画包括平捺和斜捺，选择典型字时，不同的字体有不同的形态，同一字体也有不一样的表现。如欧体中有典型字"家""炎""天""永""道""及"（图5-9）。

颜体中有典型字"家""秦""道""楚""史"（图5-10）。

柳体中有典型字"家""长""林""天""迷"（图5-11）。

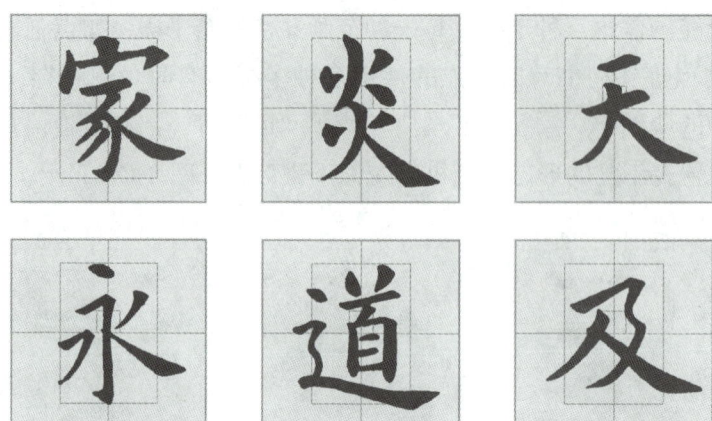

图 5-9　捺画的不同形态（1）

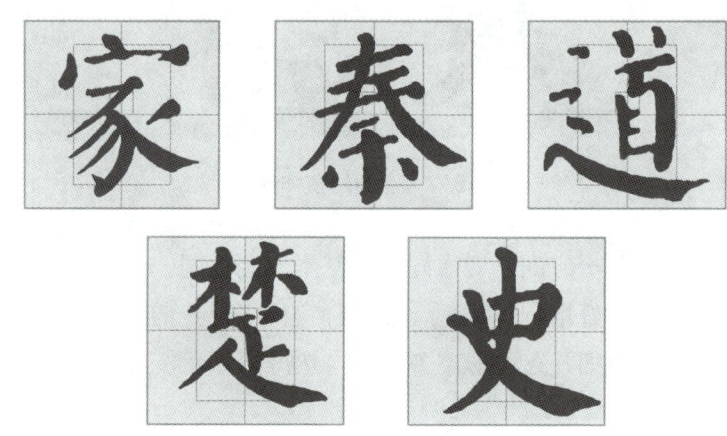

图 5-10　捺画的不同形态（2）

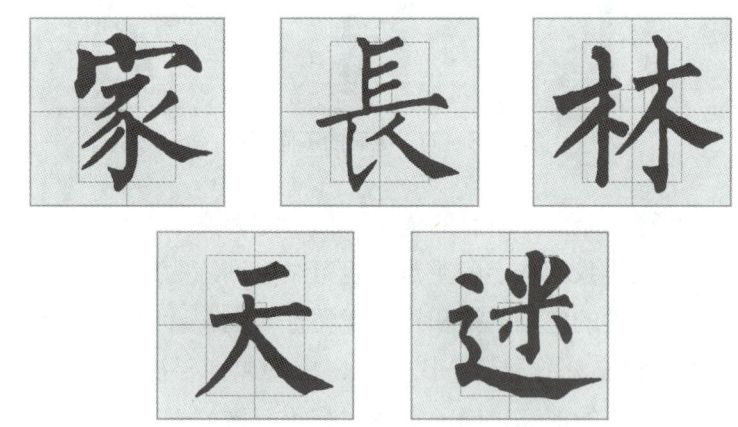

图 5-11　捺画的不同形态（3）

　　学生通过多个字反复临写特征笔画，特征笔画的训练才能得到强化。再比如钩画，有横钩、竖钩、弯钩、卧钩、斜钩、竖弯钩、横折钩等。选择典型字时，尽可能表现出钩画的丰富多彩。如欧体字中有典型字"家""心""紫""有"
"深""永""清""我""观"（图5-12）。

图 5-12 钩画的不同形态（1）

颜体中有典型字"家""德""清""有""国""秦""风""兄""扬"（图5-13）。

图 5-13 钩画的不同形态（2）

柳体中有典型字"家""必""深""长""有""林""观""迷""风""紫"（图 5-14）。

图 5-14　钩画的不同形态（3）

这里的钩画，既有同一个汉字在不同字体中的个性化的呈现，便于学习者观察和比较；也有不同汉字在不同字体中多样化的展示，让学习者有更加丰富的感受和体验。

三、典型字练习的意义

（一）化繁为简，激发初学者练字的兴趣

喜好练字才能够练好字。练字是否有兴趣决定了进步的大小和成长的快慢。人们常说，兴趣是最好的老师。激发练字兴趣的途径很多，化繁为简是实践证明特别有效的办法。兴趣的评价理论让人们懂得了一个道理，太简单的事物难以让人感兴趣，太复杂的事物也是如此。前者缺乏变化，不够新颖，难以激起人们反应的本能。后者是因为事物的复杂性超出了一般个体的因应能力，初学者要么知难而退，选择放弃；要么迎难而上而后遭遇挫败，这种挫败一定程度上会增添焦虑或者降低效能。这些都影响学生学习兴趣的激发。因此，在书法教学中，让初学者直接临写原帖，难度过大。原始碑帖的书写只是一种外在形式，它服务于文章内容的表达，在书写过程中难免出现书写缺憾，初学者没有能力辨别，更没有能力处理。对于原始碑帖优劣的判断明显超出了一般个体的因应能力。难度过大，会影响学生临摹书

法的兴趣，这是问题的一个方面。另一方面，如果让学生一节课重复书写一个字，甚至只是练习一个笔画，这样的训练太过简单，单调枯燥，不新颖，无变化，不能激发学生练习书法的兴趣。所以我们要精选典型字，使书法教学保持"可理解的复杂性"，既防止学生"吃不饱"，也能避免"消化不良"，使教学难度与进度保持在学生的"最近发展区"，激发初学者练字的兴趣，增强书法教学的有效性。

（二）精选范字，引导初学者感受字体风格

一般来说，艺术教育的初级阶段，都是技能领先，技能的获得都是"练"字当头。书法教学也是如此。模仿碑帖练手感，已经成为书法教学的惯例。碑帖的选择也有一套成规，在中国古代书法经典作品中，应选择书写者喜欢的碑帖。初看起来无可厚非，因为技能训练是书法教学的基础。然而，如何让普通学生强化这种基础，如何让有天分的学生在这一基础上得到延伸与拓展，真正做到因材施教，达到个性化培养的目标，这是我们不能回避的问题。再者，我们在承认中国书法经典作品都非常优秀的同时，也不能否认它们存在的缺憾。碑文常有残缺，拓碑时有缺陷，一般人欣赏总会出现遮障。如何引导学生把握书法的美感？如何处理书法欣赏与技能训练的关系？比较有效的办法是将原始碑帖最美的一面展现出来，直接诉之于学生的视觉。杨守敬说练字要有天分，要多看，要多写。因此，我们可以认识到"多看"比"多写"重要。刘勰在《文心雕龙》中说"操千曲而后晓声，观千剑而后识器，圆照之象，务先博观"（刘勰《文心雕龙·知音》。问题是学生因为种种原因不想"多看"，或者是不会"多看"，我们选择典型字就是为了解决这一问题。精选典型字，就是把书法经典中的精华呈现在学生面前，引导学生感知不同字体的不同风格，在认知和感受中提升欣赏能力。

具有欣赏能力就容易找到书法感觉，具备欣赏水平才能找准书写方向。清代的叶燮说成功的艺术创作者必备四种能力：才、识、胆、力。才是天赋的一种心理能力，是才情，是天分，是与生俱来的对艺术的感觉。识是见识，是辨别艺术好坏的能力。胆是胆量，是突破成规的勇气。力是功力，是运用某种材料表达情思和感悟的艺术表现力。在这四种能力中，识是关键。它关乎艺术修养和情感体验。在练字过程中，反复练习以训练学生的肌肉记忆和协调能力固然重要，但引导学生欣赏美的线条、美的结构、美的章法，既能增强学习书法的召唤力，同时让学生领悟到书法技能上档次的路径。人们常说："字一半是看会的。"

（三）编排组合，指导初学者掌握练字要领

一般的书法教学，强调按照原帖模仿书写。这样做对书法专业的学生来说不是问题，甚至是必修的路径。然而对初学者来说，由于起点低，训练时间短，这样训

练很难收到良好的效果。选择典型字，重新编排组合，通过引导和示范，容易让学生心领神会。这样有利于：

一是尊重教学规律，即将点、横、竖、撇、捺等笔画，依照教学顺序相对集中编排组合。如我们从《颜勤礼碑》中选取 15 个颜体典型字，"家""德""清"的重点是练习点画；"直""有"的重点是练习横画；"国"和"军"是垂露竖和悬针竖的练习；然后"多""秦"强调撇画练习；"道""楚""史"是捺画练习的范字，"风""兄"主要练习钩画，最后，"扬"字是提画和折画的练习。重点的笔画选字多，如点画、捺画和钩画。非重点的笔画选字少，如提画和折画。这种选编和排列，有利于开展教学活动，让每一次课都有训练的重点。另外，一次课一个重点笔画练习，依次训练，能让学生得到全面的笔画书写训练。

二是顺应书写习惯。有人主张毛笔字的书写训练，以基本笔画的书写练习为起点，从书写结构简单的字到结构复杂的字，循序渐进指导训练。从理论上讲，这些想法符合人们的认知逻辑，然而，这样做不符合人们的书写习惯。因为在日常的书写中，笔画和结构不可能分开，书写的内容不可能将文字从简单到复杂进行安排，相同结构的字相对集中地组合在一起也是非常罕见的。典型字的书写训练不考虑文字的意义和内容的表达，将不同结构的字错开分布，顺应了书写的习惯，同时增添了形式美感，让学生在临写时，自觉不自觉地萌生临摹的冲动。

三是注重综合训练。典型字的选择，首先强调结构、笔画的丰富性多样性，同时，我们倾向于挑选多笔画的字。尽管有时某个字主要为了训练某一个笔画，如"有"，主要为了训练横画；"多"主要为了训练撇画。但更多的考虑是多笔画的综合训练，古人有"永字八法"，用一个字训练八种基本笔画。我们用典型字既训练基本笔画的书写技能，也训练结字的基本方法。这样有利于学生掌握练字要领，既巩固对原有书写对象的认知和感悟，也能领会新学的笔画和结构的书写技能。

第二节 典型字范例

以下是三种字体的典型字范例。

一、欧体典型字

这些典型字选自《九成宫醴泉铭》（图 5-15）。

图 5-15 欧体典型字

二、柳体典型字

这些典型字选自《玄秘塔碑》（图 5-16）。

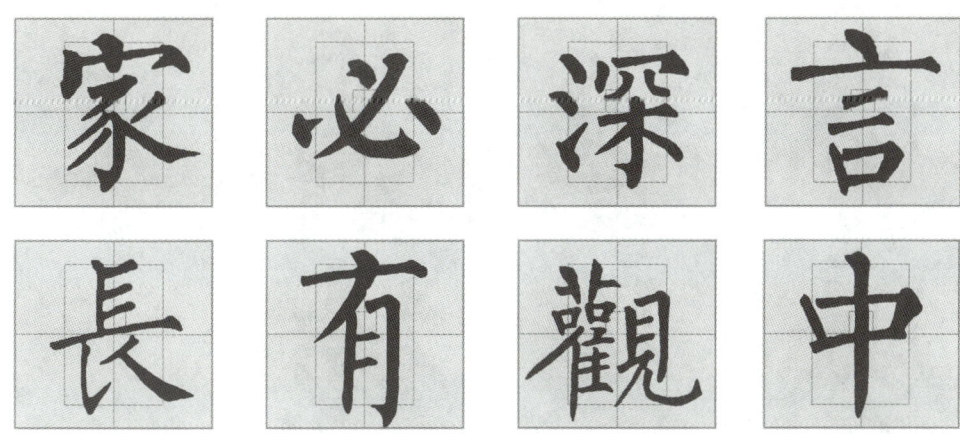

图 5-16 柳体典型字（一）

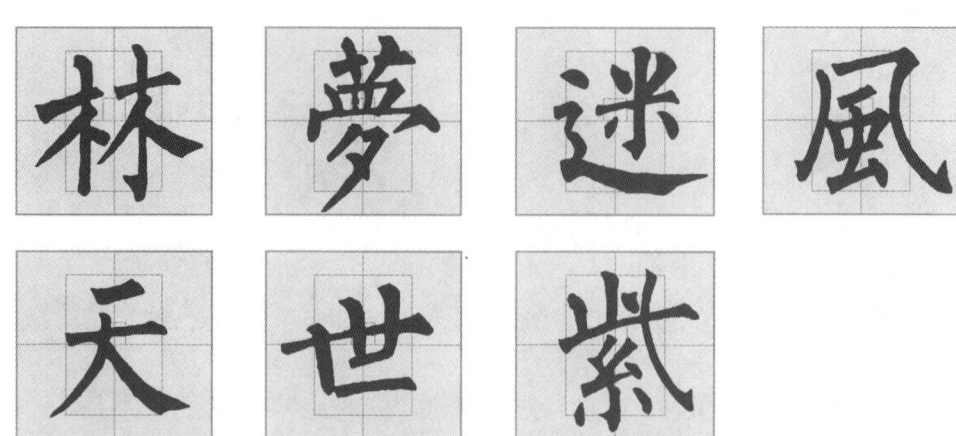

图 5-16   柳体典型字（二）

三、颜体典型字

这些典型字选自《颜勤礼碑》（图 5-17）。

图 5-17   颜体典型字

第三节 典型字训练内容

利用典型字进行书写训练，包括训练整体感觉、调整书写状态和精写特征笔画三个方面。

一、训练整体感觉

对书法作品来说，首先让人感到赏心悦目的是形式美感。形式美感有多个层面的表现，诉之于人视觉首当其冲的是书法形式的整体感。在书法教学中，整体感的训练往往被忽视。比方说，有人认为，书法是线条的艺术，于是让学生反反复复练习线条，让学生认识各种各样的线条，直线、曲线、折线、弧线，然后让学生专门训练线条的书写。再比方说，有人认为，结构的训练是书法训练的基础。有的教师从偏旁部首开始训练学生对结构的书写，一节课让学生专门书写某个偏旁部首；有的教师强调从简单结构到复杂结构的书写训练过程，一节课就让学生练习一个字。不管是线条的训练、偏旁部首的训练，还是单个字的书写训练，都离开了具体的"字境"来进行书写训练。

一个笔画怎么写，写粗写细，行笔的走势如何把握等，在书写之前，需要让学生仔细观察典型范字的形态和笔画的位置；一个字该怎么写，写大写小，写轻写重，只有放在具体的文字片段中来确定。

笔画训练不只是书写笔画，是将笔画放在具体的汉字中书写，训练书写者对一个字的整体感觉。比方说，横的书写练习，有的学生专门画横，有的长有的短，有时粗有时细，这样的练习对起笔、行笔、收笔训练有一定的帮助，但对笔画的具体运用找不到感觉。如果通过写"直"字来训练横画的书写，那么，五笔横分布要均匀，形态可不同，第一笔横要写粗，中间三笔横要写短，特别是在颜体字中，让内部相对虚空；最后一笔横是主笔画，要写长，左低右高，两头稍重、中间略轻。

单个字的书写训练不是重复练习一个字，是将单个汉字放在不同的字形片段中来书写，训练书写者对一个书写片段的整体感觉。比方说，学写颜体的"国"字，对照颜体典型字，可以横排写，与"直""有"放在一排书写；也可以竖列写，与"清""秦"放在一列书写。前一种写法，"国"字写得粗壮厚重，结字饱满，因为"直"和"有"偏长方形，所以看起来整体感比较和谐；后一种写法，先写是"清"，左右结构，写得疏朗，再写"国"，"国"字同样要求写得厚重，然后写"秦"，上下结构，上盖下托，比较紧凑，上下两个字笔画多且偏细，"国"字粗壮，居中间，整体感比较协调。如果想将"国"字与其他的字组合来写，也符合单个字训练的要求。比方说，将"国"放在"风"和"扬"之间来书写，为了考虑整体效果，教师提醒学生应有变化，将"国"字稍微写小一点，笔画写细一点，特别是右边的竖钩画写细一点会更协调。在教学中，教师示范，学生按典型字范例样本，按照横排三字一组书写，一遍写 15 个字，一个字都不能少，每节课至少写一遍。

以一个点画为基准，以一个字为参照，将不同笔画、不同结构的字在规定的行列中完成书写练习，在整体中来把握其协调性，坚持这样的训练，才能形成对书法形式的整体感觉。唐代孙过庭将一个点画嵌入一个具体的字中来考察，将一个字置入书写整体中来评判，就是对书法形式整体感的重视。"体五材之并用，仪形不极；象八音之迭起，感会无方。至若数画并施，其形各异；众点齐列，为体互乖。一点成一字之规，一字乃终篇之准。"（孙过庭《书谱》）

一般来说，笔画少的字与笔画多的字穿插搭配，笔画少的字写得重而粗，比方说柳体中的典型字"必""世"，欧体中的典型字"心""天""及"，颜体中的典型字"史""兄"。笔画多的字写得轻而细，如柳体、欧体中的典型字"家""观""紫"，颜体中的典型字"家""德""秦"。汉字有撇捺、斜钩，书写时该舒展的要舒展，如柳体中的典型字"天""风"，欧体中的典型字"炎""我"，颜体中的典型字"史""风"。汉字成包围结构的，书写时该收敛的就收敛，如欧体中的典型字"四"，颜体中的典型字"国"。只有这样处理，才能使书法作品形成协调统一的整体。积累这样的经验，才能强化对书法的整体意识。

二、调整书写状态

在练字过程中，有两种倾向是需要避免的，一个是随意涂鸦，一个照字描摹。前者过于草率，后者有些拘谨。古代文人写诗词，亲朋好友通书信，中医开药方，和尚抄经文等，这些都是日常的书写，突出的是"写"。写字不是笔墨表演，写字不是画画，写字不是描摹，写字要快慢适中，得体自然。教师要通过实践让学生明白字是写出来的，不是讲出来的，不是描出来的，更不是玩出来的。我们通过典型字训练，让学生在书写过程中感受行笔有轻有重，线条才会出现美的意味。比方说柳体中的典型字"家"，点画厚实沉稳，撇画轻，捺画重。欧体中的典型字"心"，卧钩起笔轻，逐渐重，运笔至末端，停稳后向左上轻轻提带。颜体中的典型字"秦"，其钩含而不露，点到为止。颜体中的典型字"道"的走之底，形断意连，提按自如（图 5-18）。

书写状态的调整是一个相对漫长的过程。首先是对用笔用墨的控制力的训练。欧体楷书笔画比较平直，强调稳定性的控制；颜体楷书起笔、收笔轻重变化明显，运笔过程略有提按，对笔性的控制要求更高；柳体楷书介于二者之间，既有用笔过

图 5-18　书写行笔有轻有重

程的平滑，也体现了起笔、收笔的提、顿和笔画形态的弧形动态。这一过程的训练主要是锻炼手腕的灵活性。其次是书写力量的训练。这一阶段与控制力的训练紧密相连，前面是感觉和意识的训练，后面是稳定性的强化。最后是书写节奏的训练。到这一步，就进入书写的自然状态了，这时提、按有度，收放自如。典型字的选择既考虑到了笔画的多样性，也兼顾了结体的丰富性，因此，典型字的训练有利于书写状态的调整。当然，书写状态难以比拟，不宜描述。书写有些像走路。人刚刚出生时是不会走的，随着骨骼的硬朗，从蹒跚学步开始，慢慢地变得稳健，进而能快步如风。只有坚持训练，慢慢地进入状态，最后才能做到随心所欲而不逾矩。

三、精写特征笔画

每一种字体由于结构和笔画的形态不同形成了有别于其他字体的个性。在常见的八种笔画中，捺画和钩画是最能显示某种书体个性的笔画，我们将这种富有标志性的笔画称为特征笔画。精写特征笔画，是显示精准临帖的有效方式。因此，临摹某种字体，为了体现临写的成效，必须反复临写特征笔画，而且尽可能做到各种形态的特征笔画能临尽临。比方说，在欧体字中钩画一般有五种：一是竖钩，如"有""永""清"。竖钩附着在竖画的末端，这种笔画在汉字中特别常见。竖钩是先写一竖，至末端时，向左轻按，再将笔锋立起，向左方平出，边写边收，使钩成三角形；一般出钩较轻，有时意到即可（图 5-19）。二是弯钩，如"家"。弯钩附着在弧形笔画末端，出钩用笔如同直钩。三是竖弯钩，如"观"。欧体字的竖弯钩是最有代表性的笔画，它带有明显的隶书意味，运笔至横画末端，略顿后转锋向上，边提边收。四是卧钩，如"心"。这种钩成横卧形态，露锋轻起，边行边按，自

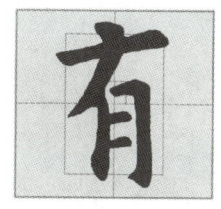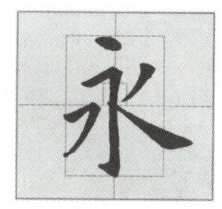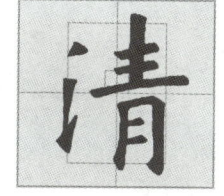

图 5-19　竖钩

然成弧形，不能太陡，运笔至末端，停稳后慢慢向左上提笔出钩。五是斜钩，如"我"。这种钩的书写，起笔如竖，向右下运笔成弧形，至末端停稳，再向右上出钩（图 5-20）。

图 5-20　弯钩、竖弯钩、斜钩

捺画一般分为斜捺和平捺两种，颜体字的捺画与欧体字的捺画明显不一样。颜体字的斜捺如"史"，平捺如"道"（图 5-21）。斜捺和平捺形态小异，写法大致相同。临写捺画，一般藏锋起笔，或俯或仰，向右下行笔，形成弧形，渐行渐重，至末端顺着笔画的上沿，从重到轻，提笔收笔。捺画常常留一缺口，形成"燕尾"。

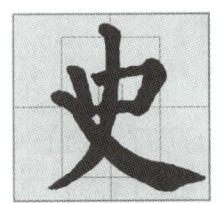

图 5-21　捺画

实践与探索

1. 从楷书书法经典作品中，选取 15 个你认为的典型字，或者从行楷书经典作品中选取 1～2 段典型片段。

2. 根据典型字训练的经验，选取一首古诗词，完成一幅作品的书写，学生互评，然后教师点评总结。

第六章

书法创作与欣赏

　　书法创作与欣赏，力图探究书法创作的奥秘，指点书法欣赏的迷津，寻求一把开启精神家园大门的钥匙。书法创作是指在一定的技法基础上，以一定的形式美感为主旨，完成一幅完整的书法作品，表达一种审美意趣、审美观念、审美理想的创造性活动。书法创作不同于书写，它讲究技术品位、基点和创新意识。基础是技法，形式美感是结果，目的是物化审美意识、审美观念、审美理想以及创作者的个性气质。书法创作需要具备一定的艺术素养、虚静的创作心态，熟练掌握创作过程。

　　书法欣赏是受众为了满足自己的审美需要，在一种抽象的视觉立场上对书法作品进行的带有创造性的感知、想象、领悟和评价的精神享受活动。书法欣赏要求欣赏者通过审美实践培养书法感觉，树立正确的审美观念，掌握合理的欣赏路径，感受形式美感，领悟神韵余味，最后从精神上获得自由和满足，从心灵深处升腾起难以描述的愉悦感。

第一节 书法创作

　　书法创作是一种特殊的艺术创作，是一种个体性和创造性很强的实践活动。探讨书法创作首先要澄清对于书法创作的种种误解，更好地认识书法创作的本质。我们探讨书法创作不是对书法创作全过程的系统研究，主要通过对书法创作的主体和客体条件、书法创作过程等问题的讨论，分析书法创作的一些共性问题。

一、书法创作的含义

　　书法创作是什么？众说纷纭，莫衷一是。有的人对书法创作有一些误解，把它看得非常简单，认为只要能拿起毛笔写成一幅字就是书法创作。一般来说，书法创作有广义和狭义之分。广义的书法创作是指一切书写活动，包括应用性书写和审美性书写。在古代，应用性书写和审美性书写没有明确的界限。士大夫写字是自娱自适，写好字是人生的基本教养，将书写的内容与外在的书写形式有机地结合起来。先民造字之初，文字用来记事表意，有时也有美观的要求，如"文"字，许慎在《说文解字》中说："文，错画也，象交文。""文"是用来表示相互交错的笔画。先秦金文和石刻，多是撰述人的德行的，由于铸刻工序较多，呈现的形式比较丰富，有的艺术效果特别精美。东汉盛行立碑，碑文用隶书记人记事，笔画线条多姿多彩，达到了相当高的艺术水平。至于晋、唐的雅士挥毫言志，宋、元文人的抒情名理，明、清儒生的笔记小札，凡此种种，有的重在应用，有的偏于审美，其中都有书法精品。在今天，随着科学技术的进步，特别是计算机的迅猛发展，书法的应用功能在逐步衰退，其审美价值日益增强。在非实用领域之中，学院派书法、名人书法、民间书法，借助现代媒体的无限张力，都有其展示形象的机会，自然形成了百花齐放的景观。关注这种景观，我们不能不承认它是良莠不齐、鱼目混珠的，但不管怎样，它们都是一种个人的书写结果，这种活动本身可以框定在广义的书法创作范围之内。

　　狭义的书法创作是指在一定的技法基础上，以一定的形式美感为主旨，完成一幅完整的书法作品，表达一种审美意趣、审美观念、审美理想的创造性活动。从这个角度来说，书法创作并不同于书写活动，它讲究技术品位、形式基点和创新意识。因为许多书写既没有呈现技术，也不能体现形式美感，更没有承载创新意识，所以它们不是严格意义上的书法创作。这里，我们要讨论的是狭义的书法创作。进行书法创作，要处理好以下三个方面的关系：

（一）技与道的关系

书法的"道"是指书法固有的内在特点和规律，既包含书家对"成规"的见识，也包含人们对书法审美趣味和艺术观念发展变化的判断。书法的"技"是书写的技法，是书家对墨色线条、结字造型、整体布白的技法和功夫。书法创作是一个"技"的实施过程。没有技法含量，就不是真正的书法。但书法水平达到一定的程度，形成了一种创作成规，它就不仅仅是"技"了。书法创作，借技而入门，依道而升华。技、道两进，才能进行成功的书法创作。"技"是基础，只有掌握书写材料的性能，并且经过长期技术化训练，对一种规范化的笔法、字法、章法烂熟于心，在创作时才能得心应手、随心所欲，既不受过去书法成规的限制和钳束，又符合这门特殊艺术的质的规定性。如果掌握了技法，我们就可以把字写得很漂亮；拘泥于"技"，也容易形成一种匠气。对于艺术意义上的书法创作来说，技法是完成一种创作的基本程序和规定，往往有一种既定的操作模式。其实在书法创作中起决定作用的不是固定的写字之法，技法的展示带有随机性，只是物化审美意趣和理想的手段，"道"则更能体现书法创作的艺术品位。要做到"有道"，艺术家就必须对自己的创作对象有十分深刻的认识和了解。苏轼在《文与可画筼筜谷偃竹记》中说文与可画竹"有道"，是因他朝夕游处竹林之中，"烧笋晚食"，了解竹子的生长规律，有千亩修竹在胸，才能把握竹之"道"。对书法而言，道是书法的感觉和情调，既有书法之中的素质，又有书法之外的功夫。

只有道、技两进，才能使技有归属，道能物化，书法创作才能达到不法之法的自由境界。

（二）外秀与内隐的关系

形式美感是书法创作的基点，书法创作最终在于追求一种外在的效果。因此外秀对于书法创作者来说非常重要。比如笔画的质量、结字的韵味，比如部分的组合规律、整体的多样统一，书法创作既要考虑大的视觉效果，又要兼顾一招一式用笔的精巧。

对外秀的要求，在实践中很容易出现偏差，如果一味追求时尚，急于成名，不下真功夫，只重视在构图装饰等表面形式上出新招奇，努力做出创新的姿态，雕琢出让人喝彩的感官形式，便会丢失书法的意境、内蕴和丰神。

书法的意境、内蕴和丰神在一定程度上是靠外形体现出来的，有的含而不露，显示出宁静；有的汪洋恣肆，呈现出气势；有的收放自如，突显出飘逸。一幅优秀的书法作品，就是要创作一种有意味的形式。书法首先追求的是一种形式，而这种形式一定要有意味，书法形式是书法创作完成效果的判断准则。如果一个人满腹经纶，学富五车，他自以为其书法作品富有学问与修养，但受众并不能从他的书法艺术的视觉形式中有所感悟，我们就不能恭维这样的作品；如果一个人在其他领域很有影响，也很有成就，而且他有很好的气质，但是，他的书法形式没有把这种影响和气质表现出来，我们也不能说它是一幅成功的书法作品。

（三）成规与新创的关系

书法是一种民族性特强的艺术形式，在中国具有悠久的传统。在书法的历史长河中，已形成了一批经典的杰作。所谓经典的杰作，是不断为书法界权威话语所指认的并经得起时间检验的优秀的书法作品。它已经成为一个时期的书法创作的范式，这种范式凝聚着书法艺术的质的规定性，即在书法传统中所形成的成规。书法创作的基础是对成规的接受、认定和把握。

书法创作中技术的训练，往往与对成规的接受紧密相连，技术越高超，对成规的把握越准确，就越有可能超越成规，达到离形得似的艺术创作境界。"离形"的前提是"得形"，即接受固有范式。接受范式的唯一途径就是临摹。临摹对象的选择要符合两个要求：一是书法历史中最优秀的；二是接受主体最喜欢的。只有客体的最优秀和主体的最喜欢才能使临摹者寻觅到进入书法正门的最佳途径。因为它最容易形成书法创作的技术素养，包括对点画写法、结字方式和章法特征的体悟。熟练地掌握一种成规，养成一种表达方式，创作者就能用这种表达方式进行创作。赵宦光主张学古能变，他说："临仿法帖，字字拟古，人知之矣；笔笔自好，知者益鲜也。不拟古无格，不自好无调；无格不立，无调不成。是以有格者多，成功者少，不自好者载道耳。"（赵宦光《寒山帚谈·学力》）

临摹只是为了创作，创作才是目的。典范碑帖的点画形态、单字结构及章法布局，在创作中不应该被直接套用。因此"离形"就成为书法创作中不可回避的环节。从"得形"到"离形"是书法训练中非常重要的过程。这是一个体认、体悟的过程，形成书法感觉的过程，也是一个内化的过程，心领神会的过程。必须指出的是"离形"并非创作的最后归宿。临摹外形是为了获取法式，获取法式是为了悟得神似。书法创作必须建立主体意识，在创作中体现创作者的审美经验、审美趣味、审美修养和审美理想。

如果没有建立一种范式，那么，任何创新都是无源之水。只有在一种旧范式的基础上，才可能形成一种新的范式。在新、旧范式之间的任何创作都是值得肯定的。因为从一种成规到对成规的超越，总在一定程度上体现创作主体的创新意识。创新首先需要灵性，同时需要见识和胆力。

二、书法创作的主体与客体条件

（一）书法创作的主体条件

有一定文化基础的人都能执笔写字，但执笔写字并不都是书法创作。书法创作强调技术素养，重视形式美感，体现创新意识，因此书法创作者必须具备一定的条件。

1. 书法创作者要有才气

才气指才情和才华。张怀瓘说书法创作者"皆先其天性，后其习学"（张怀瓘《书议》），才气的形成既有先天的禀赋，又有后天的修养。康德说艺术是天才的产物，是自由的产物。天才在康德看来是天赋的心理能力。一般认为，天才具有与众不同的创造意象的天然资质和能力。刘勰在《文心雕龙·体性》中指出"夫才有天资"。爱迪生把具有这种能力的人叫自然天才，这些人是人中奇才，凭借自然才华，不需求助于任何技艺和学识，就创造出荣耀当时、流芳后世的作品。还有是造就的天才。他们"按照规则行事，他们的自然天赋的伟大受制于艺术的修正和限制"[①]。在艺术创作中不应该否定天才的存在，同时也不能忽视后天因素对天才的影响。艺术天才都有才气。有才气的人才具有艺术敏感、艺术想象力和自由运用艺术技巧的能力。例如，蔡邕见匠人以垩帚成字而创飞白，王羲之观白鹅浮水心悟笔法等，这些都是有才气的表现。

2. 书法创作者要有胆识

胆识是指书法创作者敢于突破传统束缚，有自由创新的艺术精神。对书法成规的掌握是书法创作的前提，目的是对书法成规的超越，而超越成规需要承受巨大的精神压力。超越成规必须以识为鉴，识是指对书法作品的鉴赏能力、辨识美丑的能力。唐代书家颜真卿学识高超，思想豁达，能冲破当时的审美意识和点画法度的樊篱，改变初唐书法横向倾斜、中宫收敛、点画粗细变化不大的面貌，代之以端庄雄伟、气势开张、遒劲舒和、棱角分明、对比强烈的书风，这奠定了他在书法史上不可动摇的地位。有胆识的书法创作者，就可能使其书法创作具备历史感，使现代审美意识与历史传统相契合。倘若书法创作者缺乏历史感，完全不顾及已有传统，或者心中根本没有传统，是不可能创造出具有丰富内涵的作品的。

3. 书法创作者要有功力

展示才华，超越规范，功力是保障。功是功夫，既有字外之功，又有字内之功。字外之功，要求创作者要么到姊妹艺术中去汲取艺术的养分，要么到大自然和社会

① 转引自：艾布拉姆斯 . 镜与灯：浪漫主义文论及批译传统［M］. 郦稚牛，张照进，童庆生，译 . 北京：北京大学出版社，1989：295.

生活中去领悟书法的诀窍。艺术的种类虽然千差万别，但艺术之道往往是相通的。张怀瓘曾说书法是"无声之音，无形之相"（张怀瓘《书议》）。绘画的构图无异于书法的章法布局，音乐的抑扬顿挫、激昂轻重同于书法笔画的起伏跌宕、刚强坚韧。颜真卿既有字内功夫，又有字外功夫，因而创造了艺术的辉煌。他家学深厚，又异常勤奋刻苦，曾不惜两次辞掉官职跟随张旭学习书法，得张旭笔法真传。据史料记载，他还很注意举重、打拳，锻炼臂力、腕力，故其书法宏伟雄浑，气势磅礴。

（二）书法创作的客体条件

书法创作是一种个体性的艺术实践活动，每个人都有自己惯例性的行为要求。这种惯例性的行为要求，一是来自对传统的取舍，二是长期养成的个人化定式。书法创作的客体条件主要表现在以下三个方面。

1. 优良的书写工具

古人说："工欲善其事，必先利其器。"（《论语·卫灵公》）书写工具对书法创作者来说有着重要的意义。尽管我们不能否认有好书不择笔的先例，但这种现象并不能得到普遍认可。"工不利器而能善事者，理所不然，不择而佳，要非通论。"（陈槱《负暄野录·俗论笔墨》）譬如，笔端粗秃难以写出精致的蝇头小楷，精细平滑的佳宣并不适宜表现大气雄浑的书法。所以我们要立足书写形式，按效果至上的原则，选择笔、墨、纸等书写工具。

姚孟起在《字学臆参》中谈到作小楷宜清而腴。笔毫尖小可以使小楷写得清新但不丰韵，要想写出清而腴的小楷，就不宜选择过于瘦小的笔头，而应选择圆润丰满的。

梁巘在《评书帖》中说："矾纸书小字墨宜浓，浓则彩生；生纸书大字墨稍淡，淡则笔利。"（梁巘《评书帖》）说明纸的选择和墨的要求应该依据字的大小来确定。

另外选择工具还要考虑个人的书写经验和习惯，工具的选择并非有一个一成不变的准则。在训练过程中，用什么样的纸、笔、墨来创造何种形式，书写何种对象，体现何种风格，要能随机应变。

2. 适宜的书写对象

书写对象一般有两种，一是自作文辞，二是他人诗句。一般书写古人文辞居多。适宜的书写对象，可以从两个方面进行判断：一是文意要高雅。低劣或粗俗的文字内容不宜作为书写对象，高雅的文意不仅可以激发人的创作情绪，而且在一定程度上影响创作者的艺术构思，如书体的选择、书风的形成。高雅的文意，也是书法作品的有机组成部分，在书法创作完成之后进入欣赏者的审美视野。二是字形要丰富。书法创作以形式为基点，汉字之所以成为书法艺术的载体，就在于它有丰富多样的形体。形体过于简单，会缺乏艺术表现力；形体过于单一，会增添创作的难度，影响审美效果。比如重字，在一幅作品中会重复出现相同的字，至关重要的是避免雷同，如果处理得好，能给书法作品增添光彩。如王羲之的《兰亭序》里有22个"之"字，因字境不同而书写出不同的形态，恰如其分，传为佳话。此外，在书法创作中还有字形相似、偏旁重复等问题，在书法创作者创作经验还不丰富的时候，处理这类字成为其难以逾越的障碍。因此，初创者应尽可能选择结构有别、繁简不一的字形内容作为书写对象，这样既可以增强创作的信心，又可以提高创作的质量。

3. 恰当的书写形式

最外在的书写形式是字体和幅式。每种书体都有独自的审美风格。孙过庭在《书谱》中说"虽篆、隶、草、章，工用多变，济成厥美，各有攸宜。篆尚婉而通，隶欲精而密，草贵流而畅，章务检而便"。字体和幅式的选择，首先要考虑书写的对象。古人曾认为，凡是写字，要先看是何等文字，适宜用何种书体。如果是经学文字，则应当用真书；如果是诗赋类的文字，则不妨用行草书写。其次要考虑自己的书写经验和习惯。正如诗人不一定会写小说和剧本一样，书家只有用其惯用的书体形式才有利于表达。例如，颜真卿的书写习惯是正楷和行草，写《颜勤礼碑》，与其平和稳重的书写内容相适应，他选择了正楷；而写《祭侄文稿》，悼念亡侄，情感悲愤而激烈，他选用行草书，气势磅礴，独具风骨。

幅式形式多种多样，尺牍、对联、横批、手卷、中堂、扇面、斗方等，对其选择也应根据创作者的习惯和书写内容来确定。

需要指出的是，字体和幅式所表现的审美内涵既不是单一的，也不是固定不变的，因此，书写内容与外在形式并不是一种一一对应的关系。书法创作者应在创作中使用不同书体或书体的不同风格和不同的幅式使自己的创作突出一个"变"字。只有这样，书法创作才能取得丰硕的成果。

三、书法创作过程

书法创作并不是一蹴而就的事情。从事书法创作，创作者首先要树立正确的书法创作观念，准确理解书法创作的内涵；其次要了解书法创作的主体条件和客体条件；最后要熟悉书法创作的过程。书法创作过程可以分为以下三个阶段。

（一）书法创作的积累阶段

关于进行书法创作积累，在当前的书法艺术教育和训练中存在着技术化倾向。在书法创作中，技术是基础，但技术不是书法创作唯一的因素。对书法创作者来说，要搞好创作，先要积累技艺手法、书法感觉、书写经验、艺术品位等。那么如何进行积累呢？

1. 观

书法创作者要欣赏古今优秀书法作品，从精品名作中吸收养分，提高对书法感觉的灵敏度，开阔自己的视野，增强辨别能力，培养书法的审美趣味；观看当今优秀的书家的书写过程，包括他们执笔运笔的方式、结字的情调、行气的贯串，以及对章法的处理。观看他人的创作有立竿见影的效果，书法创作者可以通过借鉴别人的经验和教训来提高自己的创作水平。人们常说"熟读唐诗三百首，不会写诗也会吟"，书法创作也是同样的道理。近代书家杨守敬曾说，学书有五要素：一是天资，二是多看，三是多练，四是学富，五是品高。由此可以看出，多看有多重要！

2. 练

观得再多，看得再仔细，没有书法意识，没有手感、笔力，也不能有效地将自己的审美情调、趣味、理想、经验物化为书法作品。所以，练是关键。古人有许多苦练的佳话：张芝临池学书，池水尽墨；钟繇精思学书，卧画被穿；智永登楼学书，四十年不下楼等。书法创作者要练就扎实的基本功，就必须临摹自己喜欢且优秀的古人碑帖。练，一是练手感，二是练意识，目的是掌握成规。

3. 悟

宋代严羽以禅喻诗，认为学诗贵在妙悟。我们认为，学书者也是如此。宇宙之中，事物之理往往有相通之处。所以有些书家在生活、学习中用心感悟书法之理。有的悟出用笔方法，如黄庭坚入峡见常年荡桨，乃悟笔法；有的悟出结字之理，如张旭见担夫争道，而悟草法；有的悟出笔画特点，如蔡邕受到工匠用扫帚蘸白土粉刷墙壁创用飞白之书等。只有悟，才能内化，才能为进行书法创作打下良好的基础。

（二）构思与书写阶段

艺术积累阶段是为实施创作做准备的阶段，书法创作的关键环节是构思与书写。

在构思和书写时，书法创作者要调整心态。书法创作要有良好的心态。把书法创作作为表演并不值得推广，在杂乱的环境里心思难定，书法创作很难达到创作者的最佳水平。蔡邕主张"欲书先散怀抱，任情恣性，然后书之"（蔡邕《笔论》）。好的自然环境不容忽视，虚静的心态尤其重要。在开始创作时，创作者只有排除所有的私心杂念，才能集中精力投入创作中，然后熟悉书写内容，推敲书写方式，选择合适字体，琢磨章法布局。韩方明说："夫欲书先当想，看所书一纸之中是何词句，言语多少，及纸色目，相称以何等书令与书体相合，或真或行或草，与纸相当。"（韩方明《授笔要说》）

书法创作者凭借自己的艺术积累，运用以往的创作经验，通过想象在头脑中构筑书写的图像，这个过程就是书法创作中的构思。苏轼认为，画竹必先成竹在胸中，胸中之竹是书法创作者想象的产物。在构思中，书法创作者要注意将文辞内容、章法结构和用笔方法恰当结合，既要追求构筑的图像有历史感、文化性、新颖性，给人强烈的视觉冲击力；也要注意自己书写的经验、自知自控的能力，充分利用自己的长处，大胆突破故有范式，力求进入笔意含蓄、笔势开阔、意境深远的艺术境界，然后落笔展纸，运用技法把构思内容尽情表现出来。

（三）自审与补救阶段

　　创作作品雏形既出，书法创作者应进行全面的自我审视，发现不足之处，寻求补救办法。纵观历代书法佳作：王羲之的《兰亭序》《十七帖》，颜真卿的《祭侄文稿》《争座位帖》，苏东坡的《寒食帖》《姑熟帖》等都有"补救"的痕迹。书法作品具有不可重复的特点，要使作品字字、行行满意，是非常困难的。因此出现缺陷在所难免，对缺陷进行合理的补救，有时会有意想不到的效果。王羲之在创作《兰亭序》时虽然出现了漏字和涂改，但从整个作品看，字字有映带，行行出呼应，疏密得当，轻重适宜，布局优美，用笔精巧，骨骼清秀，行气流畅，补救之处也没有刺眼的感觉，难怪后人临写《兰亭序》会把漏字和涂改也照搬临摹（图6-1、图6-2）。

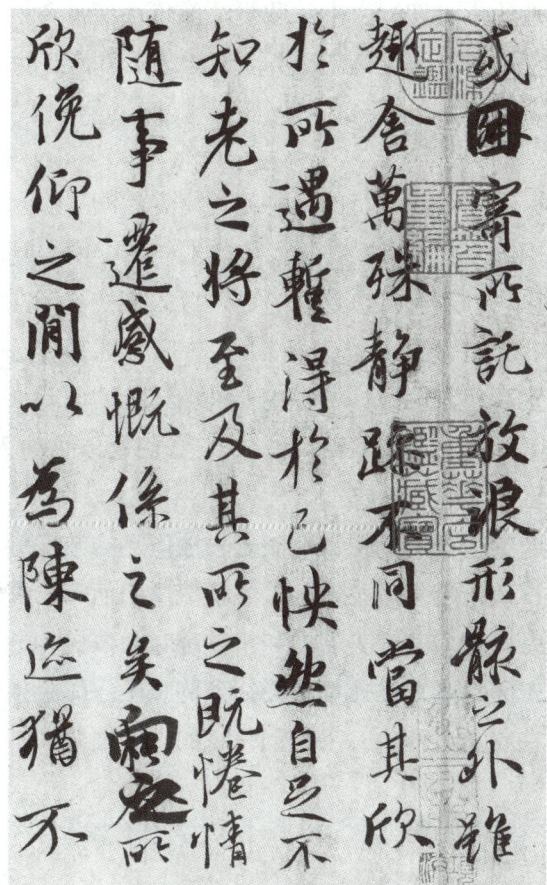
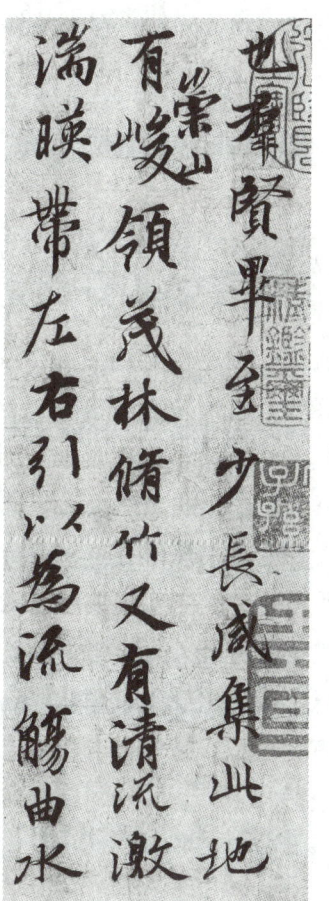

图6-1　兰亭序临摹本（1）（局部）　　　　图6-2　兰亭序临摹本（2）（局部）

第二节　书法欣赏

　　书法欣赏是一种特殊的审美精神活动，具有不同于一般艺术欣赏的心理特点。书法欣赏具有主观性和个体性，欣赏活动会因人而异，同时欣赏者随着阅历的变化，欣赏的兴趣会自然而然地发生变化。对书法欣赏活动很难作出定量或定性分析。我们通过具体的书法欣赏实践，揭示书法欣赏的意义，分析书法欣赏的主体、客体条件，同时描绘欣赏者从感受形式美感到领悟神韵余味的书法欣赏过程。

一、书法欣赏的性质和意义

　　书法欣赏，是受众为了满足自己的审美需要，在一种抽象的视觉立场上对书法作品进行的带有创造性的感知、想象、领悟和评价的精神享受活动。书法欣赏不同于书法评论，它偏重对书法作品个体性的审美把握。书法欣赏注重感性，带有主观性，存在比较明显的个人偏好。书法欣赏是一种更具广泛群众性的艺术审美活动。

（一）书法欣赏的性质

　　书法欣赏是受众为了满足自己的审美需要而进行的一种精神享受活动。爱因斯坦说："艺术作品使我亲身受到一种最高的幸福的感受。我从艺术作品中所得到的这种享受是在任何其他方面所得不到的……"[①]在进行书法欣赏时，人们往往能在对书法作品的感性直观把握中获得精神的自由和满足。茅盾指出："我们都有过这样的经验：看到某些自然物或人造的艺术品，我们往往要发生一种情绪上的激动，也许是愉快兴奋，也许是悲哀激昂，不管是前者，还是后者，总之我们是被感动了，这样的情感上的激动（对艺术品或自然物），叫做欣赏。"[②]

　　在欣赏书法作品时，欣赏者能否产生精神的愉悦，取决于书法作品的艺术魅力和欣赏主体的学术素养、艺术素质、审美情趣、审美经验、性情气质如何等。书法欣赏是纯粹个人化的精神活动，欣赏者以个人的审美习惯和审美趣味为依托，通过自己丰富的想象和联想从作品的章法布局特点、结体情趣及线条韵味中，体会创作的审美理想、艺术追求和情感寄托。在欣赏过程中，书法创作者高超的技艺常常令

---

　　① 转引自：鲍列夫．美学［M］．乔修业，常谢枫，译．北京：中国文联出版公司，1986：224.

　　② 茅盾．欣赏与创作［M］//茅盾．茅盾评论文集：上．北京：人民文学出版社，1978：5.

人赞叹，同时，书法作品妙趣横生的结字和布白有如甘甜的清泉沁人心脾。

书法艺术具有抽象性的特点，人们常说书画同源，书法与中国画确为同一源泉，但在流传过程中书法的视觉形式逐渐地抽象化，而中国画一直承传着视觉形式具象性的特点。国画中的形象（不管是人物还是景物）都能唤起人们对具体的生活情景的感悟。书法则不同，它的载体是一个个由抽象的点线组成的方块汉字，是一种在宇宙万物中找不到具体对应物的抽象符号。因此，在欣赏书法时，欣赏者要建立一种抽象的视觉立场，去感受幅式的外观形态，感受抽象的形式之美。比如感受墨色浓淡变化、枯湿对比，感受结字的奇妙；又比如感受线条的缓疾节奏、轻重变化，章法的张弛有度、收放自如、多样统一。

书法的抽象性，既给欣赏带来难度，限制了欣赏群体，也给一些欣赏者增添了无穷的乐趣，因为真正的书法欣赏会越过书法欣赏与自然欣赏之间的鸿沟，展开想象的翅膀，飞翔于书法艺术的乐园，寻觅那无尽的乐趣。

书法欣赏不是对书法作品被动的接受，而是一种积极主动的再创造。书家的生产是第一次创造，欣赏者欣赏作品也要进行创造，由于欣赏者的创造建立在书家创造的基础之上，因而称为再创造。

虽然书法是一种抽象的线条符号，但其墨色、点画、线条、结字、章法在书家的书写之下变得鲜活起来，具有灵性。在欣赏作品时，欣赏者必须主动参与，充分展示其对书法形式美的领悟和理解能力，根据作品提供的艺术信息，结合自身的审美经验、生活阅历、学术素养、艺术素质，通过联想、想象去补充，生发出作品的价值。欣赏者常常有意识地在某些相同或相近的事物与形象上进行类比。看到笔画挺拔气势豪放的书法，可能会联想到峻伟的高山；看到连绵飞动的草书便会联想到行云流水。如韩愈欣赏张旭的草书时说："观于物，见山水崖谷，鸟兽虫鱼，草木花实，日月列星，风雨水火，雷霆霹雳，歌舞战斗，天地事物之变，可喜可愕，一寓于书。"（韩愈《送高闲上人序》）韩愈就是通过想象在脑海中重新建构了一种新的形象，把抽象的点画线条变成一幅幅生动的自然情景和具体可感的生活图画。

（二）书法欣赏的意义

书法欣赏是书法实现其审美价值的必要中介。优秀的书法作品都有一定的审美含量，书法创作者的才华和智慧借助高超的技艺，用笔墨的形式物化出来，书法艺术是凝聚着人本质力量的感性形式。书法创作是创作者审美价值的一种表达，书法欣赏则是其审美价值实现的重要途径。一切书法作品只有通过欣赏，才能形成创作者、作品与欣赏者之间的交流与"对话"，在这种联系与沟通中，完成欣赏主体与欣赏客体之间的相互作用和相互转化，最终实现书法作品的审美愉悦功能。一部书法作品，写得再好，如果束之高阁，其审美价值也无法实现。

书法欣赏是满足大众审美精神需要的文化活动。任何艺术都有存在的理由。艺术是艺术家审美意识的结晶，不同的艺术用不同的材料和方式表达审美意识，同时也呈现出不同的审美特征。它们的存在是为了满足人民大众的不同审美需求。

书法欣赏是推动书法创作的一种力量。书法欣赏对书法作品的接受不是消极的、被动的。欣赏群体的审美趣味、艺术品格、欣赏习惯、审美经验构成了一种"期待视野"，在一定程度上影响了书家的创作走向，必然对书法创作的繁荣和发展起着巨大的推动作用。书家进行创作时，会对欣赏者的期待视野进行预测，有意无意之间关注着自己的欣赏群体。一幅书法作品要成为经典，必须能被不同时期的欣赏者所接受；一个时期的书法作品要有巨大的影响，必须能被广大的受众所欣赏。书家不可能不注意欣赏群体，受众的欣赏水平反过来影响着书家的创作水平。应该指出，书家不仅要看到受众的审美需要，而且要清醒地认识到自己肩负着提高受众欣赏水平的责任。书家不断地向受众提供优秀的作品，受众的审美趣味、审美习惯才会不断改变，欣赏水平才会不断提高。这种局面对书法创作的发展又是一种反馈的力量。同时，书家既是创作者，又是特殊的欣赏者，他们不仅通过审美欣赏获得丰富的艺术养分，而且通过提高艺术欣赏力来推动自己的艺术创作。

欣赏者的审美趣味、审美习惯、审美理想与创作者的艺术品位、审美情调是一种双向互动的关系，在互动中共同形成一种审美的文化时尚和时代风格。从中国书法史可以得知，尽管每一个时代的书法风格都不是单一的，而是丰富多元的，但不可否认的是每个时代有每个时代的主潮：魏晋尚韵，唐代尚法，宋代尚意，元、明尚态，清代尚朴。审美趣味的主导倾向所形成的艺术氛围，时刻感染着书法创作者，对其有着潜移默化的影响。从这个意义上讲，书法欣赏对书法创作的推动作用也是不可忽视的。

书法欣赏是书法评论的基础。欣赏是个人的、主观的，评论具有公共性，是客观的。一个人只有在个人化欣赏的基础上，根据一定的美学原则，才能准确地分析和判断作品的价值。所以一个书法评论家首先应该是一个书法欣赏家，没有感性化的欣赏，就没有理性化的评论。

二、书法欣赏的条件

与人类其他审美活动一样，书法欣赏也需要一定的条件。这些条件主要包括审美主体、审美客体以及在这二者之间建立起来的欣赏关系。在书法欣赏中，这三者缺一不可。

（一）具有欣赏能力的审美主体

马克思说，"对于没有音乐感的耳朵来说，最美的音乐也毫无意义，不是对象……"[①] "如果你想得到艺术的享受，那你就必须是一个有艺术修养的人"。[②] 一幅书法作品是否能进入受众的审美视野，首先取决于审美主体是否具有审美能力。正如意大利美学家克罗齐所说："一切艺术品只有对懂得他们的人，才显得重要。"[③] 那么什么样的人才是具有书法欣赏能力的审美主体呢？

1. 要有书法感觉

书法点画的神韵、线条的起伏、结体的情调、章法布局的精巧，都是一种形式美。因此，欣赏者是否具有感受形式美的眼睛就显得非常重要。为什么"对牛弹琴"不起作用呢？因为对于牛来讲，音乐不是它的感知对象。动物的感官感知不了艺术，它们没有"有音乐感的耳朵，能感受形式美的眼睛"[④]。

在欣赏书法时，只有具备了书法感觉，书法的视觉形式之美，才会对欣赏者产生冲击力，才会让人心动、陶醉，甚至浮想联翩。我们看到庄严的字，可能会联想到神圣的殿堂；看到秀媚的字，可能会联想到袅娜的少女。否则，就只会把书法作品看成纯粹抽象的符号，或只是领略文字的内容，而不是欣赏书法。

2. 具有一定的审美经验

书法感觉的形成与审美经验有着难以割舍的联系。但审美经验不仅使人形成书法的感觉，而且使人成为一个真正的具有艺术素养的人。书法审美经验的形成是长期进行书法审美实践的结果。书法审美实践，不仅包括欣赏实践，同时也包括创作实践。有一定书法创作实践经验的人欣赏书法，很容易成为书法艺术的知音，很容易懂得优秀的书法作品的艺术魅力，甚至一眼就能看透一部书法作品。没有这种经验的人欣赏书法作品也会有自己的乐趣，书法欣赏是一种很个人化的活动，所以"康熙喜董，乾隆尊赵"，但不可否认的是没有创作经验的人欣赏书法难免有"隔靴搔痒"之感。

人们经过审美实践，能养成一种超然物外的虚静心态。虚静的审美心境正是书法欣赏所需要的，如果一个人心情浮躁，情绪不佳，再好的书法作品也不可能使他

---

① 马克思，恩格斯. 马克思恩格斯文集：第一卷［M］. 中共中央马克思恩格斯列宁斯大林著作编译局，编译. 北京：人民出版社，2009：191.

② 马克思，恩格斯. 马克思恩格斯文集：第一卷［M］. 中共中央马克思恩格斯列宁斯大林著作编译局，编译. 北京：人民出版社，2009：247.

③ 转引自：童庆炳. 文学理论导引［M］. 北京：高等教育出版社，1988：304.

④ 马克思，恩格斯. 马克思恩格斯文集：第一卷［M］. 中共中央马克思恩格斯列宁斯大林著作编译局，编译. 北京：人民出版社，2009：191.

产生兴趣；如果一个人总是被外物所牵制，为俗务所累，也未必能在观赏书法时获得精神的愉悦。人们经过审美实践还能形成一种意趣高雅的审美格调。审美格调是一个人审美价值取向、审美趣味和审美理想的体现。高雅的审美格调，既有利于个人的健康成长，又符合人类社会发展的要求。长期关注最优秀的作品必然能提高审美能力，养成高雅的审美格调，"鉴赏力不是靠观赏中等作品而是靠观赏最好作品才能培育成的"[①]。

3. 树立正确的审美观念

见多才能识广，只有博观，才有海纳百川的胸襟，进而去审视不同时代、不同风格、不同流派的各类书法佳作。只有确立这样的审美观念，才能真正地读懂那些书法精品。正如刘勰所说："操千曲而后晓声，观千剑而后识器。"（刘勰《文心雕龙·知音》）

4. 掌握恰当的审美方法

一个具有欣赏能力的欣赏者，除了要有书法感觉和一定的审美经验之外，还要能恰当地运用这种感觉和经验，即掌握恰当的审美方法。一般来说，恰当的审美方法可以从四个方面来把握：一是对书法作品进行整体观照。书法作品不同的外在形态和内在气韵必然引起欣赏者不同的心理反应，对书法作品最初的宏观感受最容易引起心灵的震动。二是对结体的品味。结体的复杂变化构成书法的形态美，必然给欣赏者留下深刻的印象。三是对笔画的领会。用心感受书法作品的笔法、笔势，同时，要超越书法创作的技法层面来领略线条的生命，进而想象和感受点画之间所寄托的创作者的性情和独特的韵味。最后是对书法作品进行综合感受。这时，欣赏者既有对书写精彩之处的回味，也有对原有体验的反复，更多的是有新的发现和对原有感受的升华。

（二）具备艺术魅力的审美客体

马克思说："只有音乐才激起人的音乐感。"[②]首先，有欣赏的对象，才能形成欣赏活动。但是，如果一幅书法作品本身没有达到一定的审美境界，没有引起欣赏者心动的依据，怎么能形成真正意义上的书法欣赏呢？

欣赏的客体只有本身具有潜在的艺术魅力，才能向欣赏者提出审美要求。一幅书法作品的艺术魅力首先是技法品位。书家应该具有高超的技法，试图达到一种不法之法的境界，只有这样才能创作出精美的书法作品。技法之外的是令人神往的余

---

① 歌德. 歌德谈话录［M］. 爱克曼，辑录. 朱光潜，译. 北京：人民文学出版社，1978：32.

② 马克思，恩格斯. 马克思恩格斯文集：第一卷［M］. 中共中央马克思恩格斯列宁斯大林著作编译局，编译. 北京：人民出版社，2009：191.

味，这是一种难以言传的品位。其次是形式之美。墨色的和谐、点画的情调、线条的灵性、结字的趣味、章法的变化等，构成了书法作品鲜活的生命力。最后是创新意识。新意是艺术作品具有存在价值的依据，具有新意的作品才具有吸引力。在书法创作中，有人提出"似我者死，出我者活"，这句话说明了创新的意义。只有具有独创性的书法作品，才具有合法性的书法史学地位，才能进入书法史的流程。

（三）有共同的审美经验区

众所周知，在文学鉴赏中，审美主体与审美客体要有共同的"语境"，才能形成鉴赏活动。同样的道理，书法欣赏的主体、客体之间要有共同的审美经验区。有的人是具有欣赏能力的审美主体，有的作品是具有艺术魅力的审美客体，这二者之间是否就一定具有一种内在适应性呢？是否就一定能构成欣赏活动呢？答案是不言而喻的。问题是如何建立共同的审美经验区呢？

大而言之，共同的审美时尚形成了建构共同的审美经验区的文化背景。一个时代有一个时代的审美趣味，一个民族有一个民族的审美传统，一个阶层有一个阶层的审美习惯。这些因素共同构成了一种区别于其他群体的审美文化，这种审美文化对审美主体和审美客体的创造者都具有一种潜移默化的影响，促成主、客体形成共同的审美经验区。

小而言之，欣赏者的"期待"和创作者的"预测"的双向互动，相互估量，结果是契合或背离。契合是建构了共同的经验区。每个欣赏者都有其特有的文化心理结构，一幅作品总能唤醒欣赏者对以往欣赏经验的记忆，使之进入某种情绪状态，唤起他们对于新作的期待。而创作者总是在预测欣赏者的期待中把握创作的尺度，是迎合受众趣味，还是适应与提高相结合的创作态度，应因人而异，其目的都是寻求共同的审美经验区。审美主体、审美客体具有共同的审美经验区，书法欣赏活动才可能产生。

三、书法欣赏的过程

书法欣赏的过程是欣赏者通过书法的感性形象去领悟创作者的创作意图、审美情趣以及作品意境的一种思维活动。书法欣赏的过程大致可分为以下三个阶段。

（一）感受形式美感

书法的形式美，一是指外在的色彩、幅式、形状和装裱等所呈现的审美特征；二是指组合规律所呈现的审美特征。书法的组合规律包括：部分的组合规律，如结字的匀称、比例，字间或行列间的对称、均衡，局部的反复、节奏等；整体的组合规律，如对比与调和构成的多样统一的特征。

1. 远视章法

书法作品开始给人带来视觉冲击的是书法作品的整体概貌。书体不同，章法的要求不同，其效果也不尽相同。篆字呈长方形，字取纵势；隶书为扁横形，字取横势；楷书平直方正，讲究整齐；行草变化丰富，妙趣横生。项穆在《书法雅言》中说："初学分布，戒不均与欹；继知规矩，戒不活与滞；终能纯熟，戒狂怪与俗。"一般来说，章法要求计黑当白、疏密有致、顾盼生辉，还要求险中求正、变形破俗，如颜真卿的《祭侄文稿》（图6-3）。"受"与"命"之间，"原"与"仁"之间自然隔离，留白处有错落。另外，落款虽是书法正文以外的文字，但落款的好坏将直接影响作品的质量，好的落款与正文相得益彰，相映成趣。白纸黑字，加上朱红的印章，运用得好，则为作品增光添彩。如清代梁启超的对联就是如此（图6-4）。

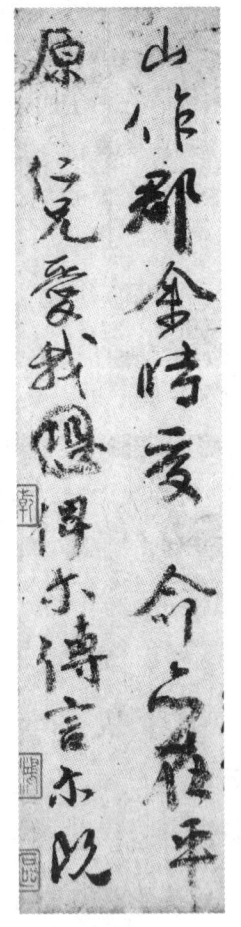

图6-3　祭侄文稿（1）（局部）

图6-4　对联

2. 近观结构

优秀的书法作品，都非常讲究结构。赵孟頫说"结字亦须工"（赵孟頫《定武兰亭跋》)。每一幅书法经典作品都有自己的结字特点，它们共同构成了千姿百态、丰富多彩的书法景观，如：欧阳询的《九成宫醴泉铭》严谨险峻；颜真卿的《自书告身帖》宽绰丰腴；柳公权的《神策军》沉稳平正。再如郑板桥的"难得糊涂"，结体别致，整幅作品的结字或大或小，或欹或正，或狭或扁，无一雷同，极尽变化之能事，又是那么端庄严正，重心平稳，不刻板拘谨，如秋花倚石，自然成趣。行书结字千变万化，力图改变方正形体，讲究欹正相依，强化虚实对比。在一幅优秀的行书作品中，常常是同字异构，相同的字，因字境不同，结体也不尽相同。

3. 品味点画

优秀的书法作品点画都很厚实和有力度，线条要求"隐""涩""圆"。"隐"，是用力含蓄，使力感不外露的一种有效手段，造成一种内在的骨力，保证线条有力度，使线条看起来有质感。"涩"指用笔的涩势。在书法创作中，最忌讳线条轻滑。蔡邕曾说过："涩势，在于紧駃战行之法。"（蔡邕《九势》）"圆"指笔画厚重圆润，有立体感。刘熙载在《艺概·书概》中提到宋代篆书大家徐铉书法的线条，"画之中心有一缕浓墨正当其中，至于屈折处亦当中，无有偏侧处"，即在笔画中心凸出一种浑圆的立体感。隐、涩、圆是点画线条的美感所在，但不能成为书法创作的教条。因为书法用笔要求灵活，特别是行草书的用笔更应该提按自如，让线条流畅多姿。正如孙过庭在《书谱》中所说，"一点成一字之规，一字乃终篇之准。违而不犯，和而不同，留不常迟，遣不恒疾；带燥方润，将浓遂枯；泯规矩于方圆，遁钩绳之曲直"，欣赏者可从这种变化的用笔中把握书法的动感和节奏。例如《祭侄文稿》（图 6-5），"荼毒"用笔洒脱；"遭残"用笔随意；"自身"用笔厚重；"呜呼哀哉"用笔飞动。这些字或连或断，相承相应，有轻有重，协调统一；用笔徐疾轻重，有的形断意连，

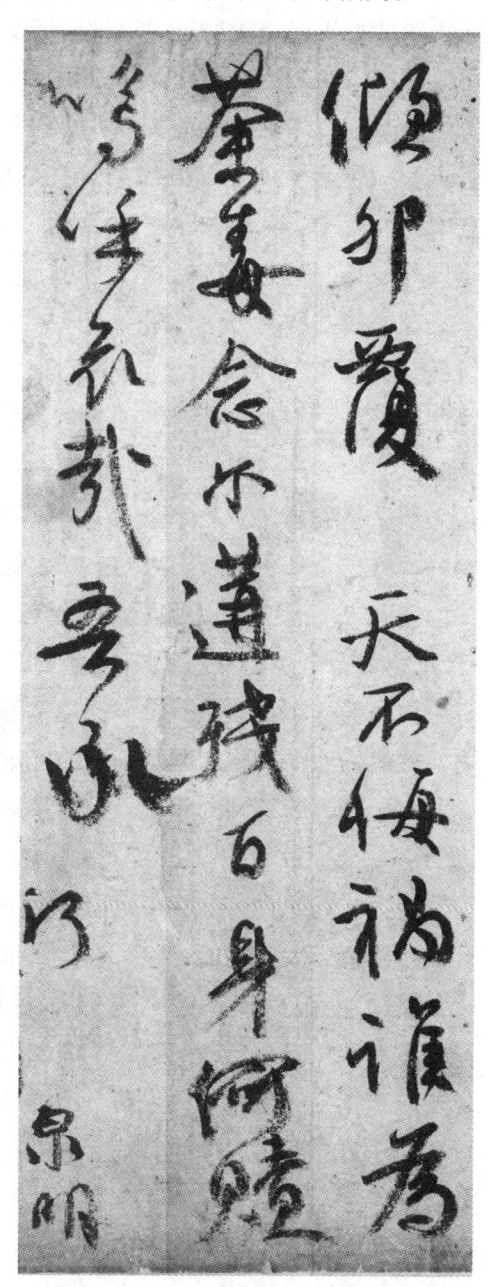

图 6-5 祭侄文稿（2）（局部）

有的形连意接，使线条具有明显的动感和节奏。

（二）领悟神韵余味

神韵是指书法的神态气势和情趣韵味。我们领会了书法作品的形式美之后，就会发现书家在书法作品的静态字幅之中，蕴含着一种富有生气的神态，它是使作品浑然一体的内在的精神气韵。这种精神气韵是书家的个性气质在书法作品内容与形式有机统一中所形成的风貌格调，它有一种能长期吸引受众的艺术魅力，它具有不可重复和难以模仿的特征。这种特征使书家奠定了他的精神优势，使他的书法作品确定了其在书法史中不可替代的地位，因此一直为书家所追求、所重视。南齐书家王僧虔在《笔意赞》中说："书之妙道，神彩为上，形质次之，兼之者方可绍于古人。""神彩"就是点画线条及其结构、章法相互统一透析出的风貌格调。说某些书法作品"深厚""质朴""秀丽""书卷气""金石味"等，就是在描述其风貌格调。

在书法发展的历史长河中，风貌各异、格调不同的作品，有如璀璨的明珠，闪烁着奇光异彩：《瘗鹤铭》散淡飘逸，体势宏伟，有闲云野鹤之姿；王羲之的《兰亭序》妍美之中深藏骨力，自然之中不无匠心；欧阳询的《九成宫醴泉铭》法度森严；张旭的《古诗四帖》狂放神逸；杨凝式的《韭花帖》悠然冲淡；颜真卿的《祭侄文稿》情真意切；黄庭坚的《松风阁诗卷》超凡脱俗；董其昌的《论画册》风姿绰约。神韵之外所透露出来的字外之味，体现着作者的学识、身份、教养以及作者的心境和人生态度。如颜真卿的《祭侄文稿》布局随意自然，却伴随着强烈的情感活动，如江涛汹涌，线条及结体遒劲雄逸，倾诉着切骨沉痛。作者在作品开头叙述其个人身份，撰写其德行时，心情平静，所以字形端秀；当叙至杲卿父子遇难经过时，作者的悲愤情感加剧了笔画的轻重顿挫，字形收放自如，作品错舛涂改之处增多，可见颜真卿心潮的起伏。只有了解到颜真卿的心境，才能更好地欣赏这幅作品（图 6-6、图 6-7）。

元人陈绎曾在《翰林要诀·变法》中说：情感"喜怒哀乐，各有分数。喜即气和而字舒，怒则气粗而字险，哀即气郁而字敛，乐则气平而字丽。情有重轻，则字之敛舒险丽亦有浅深，变化无穷"。上乘作品的外在形态和内在神韵都渗透着书法创作者的学养、心境、情感、生命意志等，这些是书法作品之余味。

应该指出的是，书法表情具有抽象性，若将书法作品的点画与情感表达一一对应，是不符合欣赏规律的。

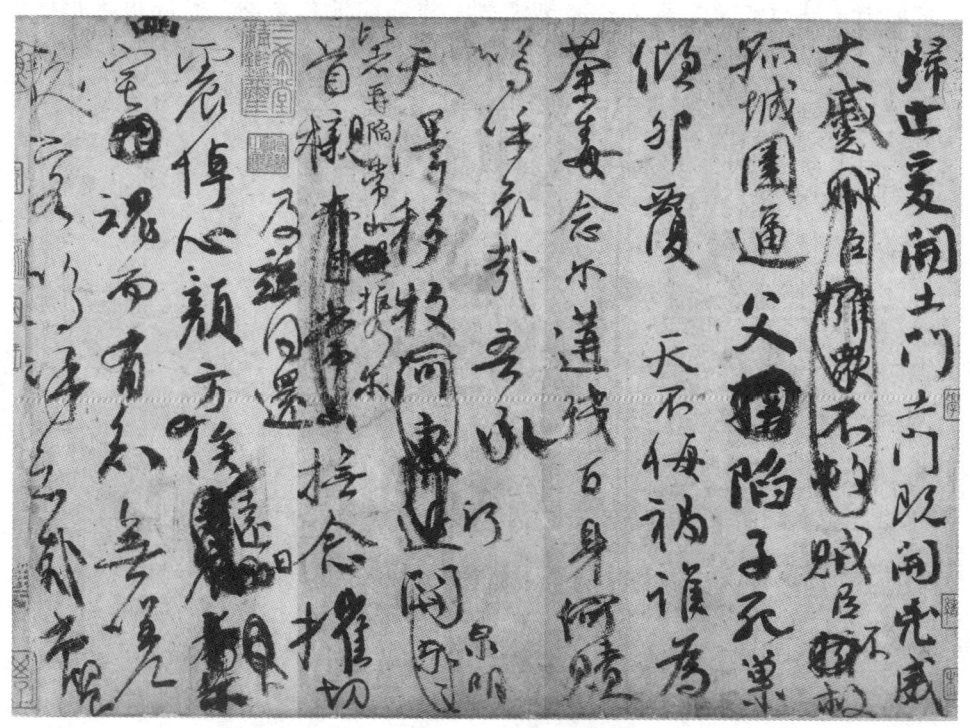

图 6-6 祭侄文稿（3）（局部）

图 6-7 祭侄文稿（4）（局部）

（三）超越与畅神

从对形式美的感受到对神韵的领悟，基本完成了从"悦目"到"爽心"的欣赏历程，但还没有达到欣赏的最高境界。欣赏的最高境界是超越具体书法作品本身，去探究宇宙自然之奥秘和人生的永恒价值。宗白华说："艺术的境界，既使心灵和宇宙净化，又使心灵和宇宙深化，使人在超脱的胸襟里体味到宇宙的深境。"[①] 例如，当我们赏玩《兰亭序》时，凝神静想，仿佛眼前繁花似锦、满目生机，不禁为其展现的大自然的美妙境界所陶醉，同时，又深深被其充溢着的晋人潇洒自如的风度和恬淡情怀所感染，精神上得到一种极大的满足与放松，从心灵深处升腾起难以描述的愉悦感。

实践与探索

1. 人们常说在书法创作中"没有技巧的技巧是最高的技巧"，如何理解这一观点？

2. 试析"书如其人"的文化背景和理论偏执。

3. 如何解析书法的形式美感？

4. 在阅读理解书法赏析相关文章的基础上，选一幅经典书法作品，写一篇千字左右的书法赏析文章，举办一次班级书法作品赏析交流会，邀请相关专业老师参加。

---

① 宗白华. 中国艺术意境之诞生［M］// 宗白华. 美学散步. 上海：上海人民出版社，1981：86.

第七章

书法发展史略

▶ **学习提示**

中国的书法像一条龙，从远古时期向我们飞来。它在穿越的时空里，掀起了无数的风云，激荡起无数的浪花，片片金鳞在阳光下闪闪发光，阵阵龙吟回荡在中华大地。直到今天，这条龙，仍在翻腾，仍在飞舞。

第一节 先秦书法

先秦书法是中国书法发展的重要阶段。那时候，文字和书法充满着神奇的传说。伏羲见龙马作龙书，神农得嘉禾造穗书，黄帝望卿云创云书，还有少昊的凤书、帝尧的龟书、仓颉的古文等，给了人们丰富的想象。

在漫长的岁月中，中国文字经历了从刻画符号起步，走向象形，走向组合象形，直至以后逐渐地发展成熟。

从出土实物来看，先秦时期，书写的材料主要是龟甲兽骨、钟鼎礼器，还有竹简、绢帛等。因为书写材料的不同，书写而成的文字名称也不同，如称甲骨文、钟鼎文、石鼓文等，各自也有不同的特点。因秦代统一文字，创制小篆，人们习惯把先秦的这些不同的文字统称为大篆。

一、汉字的起源与书法的产生

书法的载体是中国汉字。探讨书法艺术的产生，必须追溯汉字的起源，并在汉字演进的过程中找出它发展和渐趋成熟的轨迹。实际上，在中国的前文字时期，就有了书法的萌芽。

中国的文字，传说起源于伏羲和黄帝时期。《易·系辞》说："古者包牺氏之王天下也，仰则观象于天，俯则观法于地，观鸟兽之文与地之宜，近取诸身，远取诸物，于是始作八卦……"许慎《说文解字·叙》说："黄帝之史仓颉，见鸟兽蹄远之迹，知分理之可相别异也，初造书契。"伏羲画八卦、造书契，仓颉造古文，这些故事充满神奇的色彩，人们将其作为文字起源的美丽传说。先民创造文字的取材与方法，使文字充满艺术的魅力，但是那时的书契文字究竟如何，人们不得而知。

近现代一些考古发掘，倒是填补了这方面的空白。例如，1954 年西安半坡仰韶文化遗址出土了许多新石器时代的陶片。陶片上面除了图纹外，还有一些刻画符号（图 7-1）。这些距今五六千年的刻画符号，有直线条，有斜线条，还有弧线条；有的均匀，有的对称，有的错落，"可以肯定地说就是中国文字的起源，或者中国原始文字的孑遗"[①]。山东莒县大汶口文化遗址出土的陶器上也有距今五六千年的刻画符号（图 7-2）。上面圆的是日，中间波动的是云，下面对称稳固的是山，三部分相连，让我们能感受到它代表的一定语意。

---

① 郭沫若. 中国史稿：第一册［M］. 北京：人民出版社，1976：65.

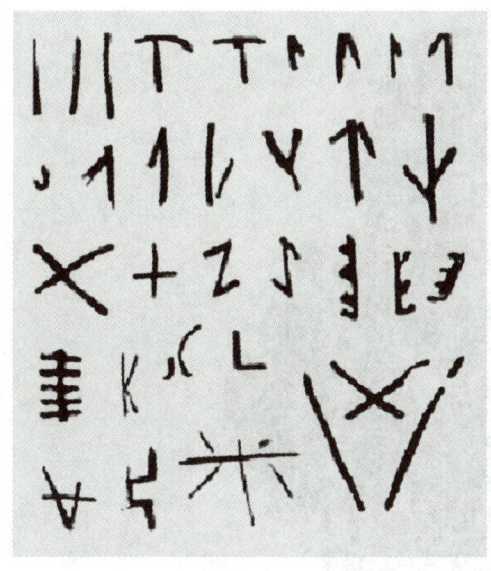

图 7-1　刻画符号（仰韶文化）　　　　图 7-2　刻画符号（大汶口文化）

　　这些原始刻画符号具有绘画和文字两重性，是中国文字的雏形，也是中国书法的萌芽。它反映了我们祖先在社会生活过程中，汲取大自然的灵感，用极为朴实而简练的点、线、面来表现客观物象的伟大创造精神。

二、甲骨文

　　在河南安阳小屯村殷商遗址出土的甲骨文，是殷商时期人们契刻在龟甲、兽骨上的占卜记录，故又称甲骨卜辞。清光绪二十五年（1899）甲骨文为王懿荣所发现。一百多年来，甲骨文材料共出土 15 万片以上。经过王懿荣、刘鹗、罗振玉、孙诒让、王国维、郭沫若、于省吾、胡厚宣、商承祚、李学勤等学者的努力，搜集、研究、考证，甲骨文已蔚为大观，成为一门显学。中国科学院历史研究所完成了《甲骨文合集》的编纂工作。该书收录甲骨文 5 万余片，是一部研究甲骨文的集大成著录。

　　甲骨文距今已有三千余年。它数量繁多，内容丰富，凡历史、文学、数学、天文、医药、生产、祭祀、征伐等都有记载，是研究商代历史的珍贵材料，也是研究我国文字源流的最早而有系统的资料。

　　甲骨文契刻在不规则的龟甲、兽骨上，刻工的情况不一，时间的跨度又大，不同时期甲骨文字形的大小、笔画的粗细、运刀的轻重疾徐、章法的疏密错落呈现出不同的风貌，或雄浑，或秀丽，或劲峭，或严整，多姿多态，天真朴素，自然美观，为中国书法的发展奠定了极为珍贵的基调（图 7-3）。

图 7-3　祭祀狩猎牛骨刻辞

三、铜器铭文

青铜在古时被称为"金"，是红铜与其他化学元素等的合金。商代晚期至西周早期是青铜器发展的鼎盛时期。铸有铭文的商、周青铜器，据目前所知，已逾4 000 件。铜器铭文是铸或刻在钟鼎、簋爵、戈戟等青铜器上的铭文，故又称金文、钟鼎文。其内容多为当时祭祀、锡命、田猎、征伐、讼断、契约等的记录。铜器铭文是在书写之后，通过刻范、浇铸、打磨等几道工序而制成的，然后又经历了漫长岁月的自然锈蚀流传至今，所以它的笔画更显得圆润和浑厚。铜器铭文凝重浑穆，劲气内敛，达到了完美的艺术境界。

商代的铜器铭文字数较少，最长的不过数十字，受甲骨文影响很深，有的作品还留有锋芒毕露的刀刻痕迹。由于金文形成的物质条件的改变，商代晚期铸造的铜器上，铭文的笔画开始丰厚、凝重起来。

两周时期的金文，由于时代的变化、器类的不同、地域的差别、技艺的高下、工序的不同，呈现丰富复杂的态势，形成了不同的风格趋向。如西周《大盂鼎铭文》严谨质朴，肥笔厚重；《静簋》结体规整，均匀纤瘦；《散盘》（图 7-4）豪放跌宕；《白盘》秀丽圆润。特别是《毛公鼎》（图 7-5），铭文近 500 字，是现存青铜器铭文中最长的一篇，堪称西周青铜器中铭文之最。它笔法稳健，奇逸飞动，质

图 7-4　散盘（拓本）（局部）

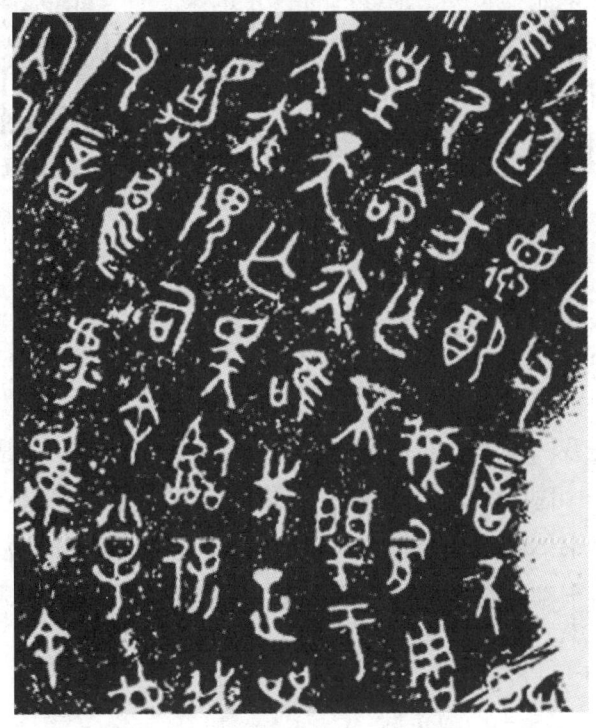

图 7-5　毛公鼎（拓本）（局部）

朴浑厚，雍雅肃穆，气势磅礴，巍巍壮观。其书体之精美，亦可称雄西周青铜器铭文。春秋时期金文少，战国时期金文又多起来，而且各诸侯国的金文雄浑秀逸各具风采。其中楚金文奇肆取巧，秦金文的特点则在《石鼓文》中得到传承。

四、石鼓文

石鼓文为目前先秦最有名的石刻文字，是刻在 10 个鼓形石碣上的四言古诗，主要记述秦国君游猎之事，故亦称"猎碣"。刻石时代有秦文公、穆公、襄公、献公时期等数说，而以献公时期为代表。石鼓大小不一，高度与直径约二尺；唐初出土于天兴（今陕西宝鸡）后数经迁徙，文字颇多磨灭。《石鼓文》（图 7-6）共约 600 字，原石现藏北京故宫博物院。石鼓文书体在古文与秦篆之间，章法上排列整齐，结体方整匀称，用笔圆润凝重，画如屈铁，体态浑穆，具有古茂秀润的气息。其书法为历代书家所重视，清代"碑学"兴盛，石鼓文的书法影响更为广泛。

另外，长沙仰天湖的竹简、长沙楚墓的帛书、山西侯马盟书等，都是先秦墨迹，是珍贵的书法史料。

总之，我们穷源究委，先秦时期的甲骨文、铜器铭文、石鼓文、简册、帛书，如同《周易》《尚书》《诗经》《楚辞》之于中国文学，是中国书法的渊源所在。

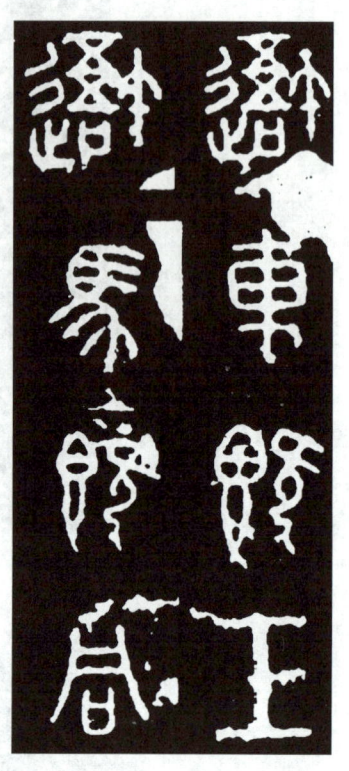

图 7-6　石鼓文（拓本）（局部）

第二节　秦汉书法

秦、汉两朝是我国书法全面发展的时期，在中国书法史上，谱写了光辉灿烂的一页。秦始皇统一中国，采取"车同轨，书同文"的措施，创造了小篆。隶书是篆书以后兴起的一种书体，它孕育于秦代，形成于西汉，盛行于东汉。在隶书兴盛的时候，楷、草、行书都处在孕育与形成之中。书法艺术发展至汉末，基本上已经兼备各体了。

一、小篆与秦隶

秦始皇统一六国后，实行了统一文字的举措——书同文。许慎《说文解字·叙》说："言语异声。文字异形。秦始皇帝初兼天下，丞相李斯乃奏同之。罢其不与秦文合者。斯作《仓颉篇》，中车府令赵高作《爰历篇》，太史令胡毋敬作

《博学篇》，皆取史籀大篆，或颇省改，所谓小篆者也。"秦代标准的文字系统小篆，

当以泰山刻石、琅琊刻石为代表。泰山刻石亦称"封泰山碑"（图7-7）秦始皇二十八年（前219）上泰山，丞相李斯刻石颂始皇统一天下之功，立于泰山之顶。刻石共有200余字。泰山刻石在字形大小、章法布局上进一步向齐整规范的方向发展。其字形结构取纵式，宽长比例接近黄金分割，且基本上左右对称，笔画的粗细也大致相当，布局横成行、纵成列，具有庄重、典雅、严肃的风格。但由于字中横平竖直与长而盘曲的线条有机地组合在一起，其又有着婉转流畅的柔顺之美。泰山刻石书法结构严谨端庄，笔画圆转劲健，是小篆的典范作品，被后世奉为楷模。

图7-7 封泰山碑（拓本）（局部）

琅琊刻石刻于山东诸城琅琊台。琅琊刻石有两块：刻于秦始皇二十八年（前219）的称为"始皇颂诗"，刻于秦二世元年（前209）的称为"二世诏书"，均为李斯所书。到了宋代，仅存残破的"二世诏书"一块，原石现藏于中国历史博物馆。琅琊刻石章法庄严工整，宽博从容，结体修长，平衡对称，上密下疏，用笔既雄浑又秀丽，婉转圆润，灵动流美，在书法史上占有重要地位。清杨守敬说："嬴秦之迹，惟此巍然，虽磨泐最甚，而古厚之气自在，信为无上神品。（杨守敬《平碑记》）

以泰山刻石、琅琊刻石为代表的秦代小篆，只是在上层官方使用，一般社会生活中不可能都使用它。秦代的权、量和诏版上铸刻的皇帝诏书也用小篆，可能出于低级官吏或工匠之手，笔画多方折，线条瘦硬，风格质朴，与民间古隶相近。民间还有一些相对简便并且已经普遍应用的隶书，并有秦时狱吏程邈创献隶书之说。秦隶的作品可以在竹、木简中得到印证。如1975年在湖北云梦睡虎地秦墓中出土的千余枚秦简，简文均用墨书，字体为初起的隶书，有一部分还保持着篆书的形体，点画有明显的起伏变化，波画已初具规模。其字体虽小，但工整端秀；笔画有的浑厚朴实，有的纵横奔放，变化多端。

二、简牍帛书墨迹

汉代书法中最有代表性的书体是隶书。西汉时期，隶书作为主要的书体与篆书

并行使用。西汉隶书作品存世甚少,石刻仅有数块,且字数很少。当时的隶书,究竟是什么样子,现缺乏实证,众说纷纭。20 世纪的考古成果,填补了这一书法史上的空白。1901 年在新疆古楼兰遗址发现 10 多枚汉代木简后,汉简(图 7-8)时有出土,总数多达 2 万枚;1973 年,湖南长沙马王堆汉墓出土 20 多篇帛书。这些石刻和简牍、帛书上的墨迹,让人们感受到它们在篆、隶之间承上启下的作用和对后来楷、行、草书的影响,向人们展示着初起隶书的风貌。

1973 年湖南长沙马王堆三号汉墓出土的西汉帛书(图 7-9),书体既非篆书又非隶书,属于处于隶变阶段的古隶。其用笔沉着、遒健,与一般汉简相较,无草率之笔,但它的结体行笔又率意自由,生动活泼;字形狭长,加长的左掠右波造成变化错综之美,天趣横生,绝少雕琢板滞的气息,与东汉的碑刻隶书遥相呼应。

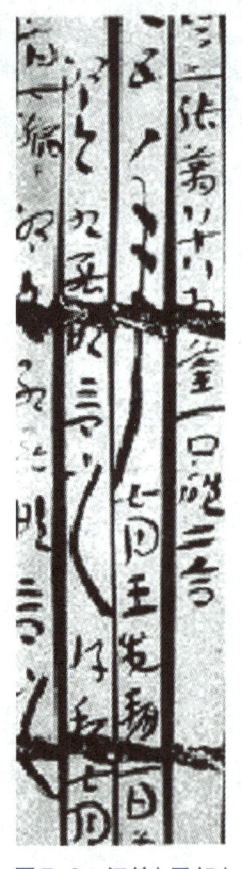
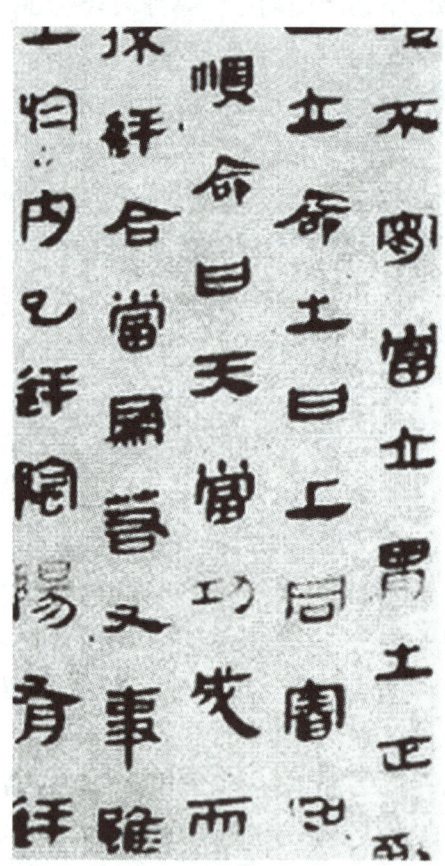

图 7-8　汉简(局部)　　　　图 7-9　西汉帛书(局部)

三、汉碑隶书

从西汉到东汉,隶书渐臻完美,得到充分的发展,至东汉后半期,更是登峰造极，达到全盛时期。东汉时期"碑碣云起"，有案可稽的碑刻达700余种，至今尚存50种左右，还有许多珍贵的简牍、帛书墨迹，这使得隶书园地百花齐放，万紫千红。

在数以百计的汉碑中，一批著名的大碑，如纵肆的《石门颂》（图7-10）、宽博的《乙瑛碑》（图7-11）、瘦劲的《礼器碑》（图7-12）、《封龙山碑》（图7-13）、典雅的《华山庙碑》（图7-14）和《史晨碑》（图7-15）、平正的《熹平石经》、秀逸的《曹全碑》（图7-16）、拙朴的《张迁碑》（图7-17），以它们独特的艺术成就雄立于汉碑之中。

如果把汉隶与秦篆相比较，我们能明显看出书体的变化：由线条结构变为点画结构；字形由纵势变为横势；笔画由圆笔变为方笔、由粗细均匀变为有粗有细；汉隶的书写比秦篆要自由得多。

图 7-10　石门颂（拓本）（局部）

图 7-11　乙瑛碑（拓本）（局部）

图 7-12　礼器碑（拓本）（局部）

图 7-13　封龙山碑（拓本）（局部）

图 7-14　华山庙碑（拓本）（局部）

图 7-15　史晨碑（拓本）（局部）

图 7-16　曹全碑（拓本）（局部）

图 7-17　张迁碑（拓本）（局部）

四、章草及其他书体的萌芽

　　篆、隶相对属于静的书体，不便于快速书写。人们为图快捷，把正规的篆、隶写得很潦草、草率，称为草篆、草隶。书家在约定俗成的基础上，对草隶进行了具有一定法则的条理化、规范化的整理，形成了点画比较简略、某些笔画又能相连、书写便捷并带有隶书笔意的新的书体。这种书体被称为章草，也就是许慎在《说文解字·叙》中所说的"汉兴有草书"。

　　在隶书的长期发展中，同时也在章草的影响下，汉隶慢慢演变出另一种有着更严格的结体法度、更丰富的点画形态的新的书体——楷书。楷书与篆书、隶书一样，也属于静的书体。于是，在章草的影响下，伴随着楷书的流行与快写，另一种既具楷书体势、点画，又具草书简易流动特点的，介于楷书、草书之间灵活多变的行书书体就出现了。

书法艺术的各种形态是互相影响的，章草影响了楷书和行书，反过来，楷书、行书从它们产生之时起，又影响着草书的变化和改进。

在用楷书、行书快捷书写的时候，书家利用楷书和行书的体势、笔意和章草的草法，打破章草字字独立、大小均匀的规则，又创造出一种上下字笔势牵连相通、大小相间、结体化方为圆、化繁为简、淡化隶书笔意、体势格调变化更丰富的草书来，人们称之为今草。

总之，书法艺术发展至汉末，基本上已经兼备各体，且有西汉黄门令史游作章草、东汉上谷王次仲始作楷法、东汉颍川刘德升作行书的诸多传说，但这些书体还没有完全成熟，还在发展之中。东汉酒泉张芝变章草为今草且被称为"草圣"，是书法史中一个很重要的事情，因为它标志着书法开始由应用走向艺术（图7-18）。

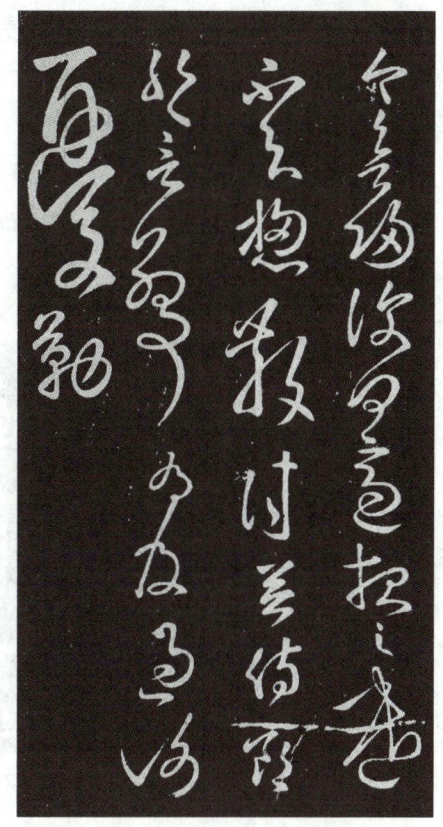

图7-18 草书作品

第三节 魏晋南北朝书法

魏晋南北朝时期是中国古代书法发展的重要阶段，特别是晋代书法，人们有"唐诗、晋字、汉文章"的评价。此时各种书体均已出现，对书法风格的创造已成为书家的自觉追求，与之相关的艺术论述也相继涌现，并且出现了一大批影响中国书坛数千年的书家。从蔡邕立石经，观看的车辆人马填塞街陌；曹操把梁鹄的书作悬挂在军帐中，钉壁玩之；师宜官以书换酒；钟繇盗墓取笔法；王羲之写经换鹅、为贫妪书扇；王献之书作被人争抢等佳话，也可以看出在社会风气中，书法已被人们深深地珍爱着。

一、钟繇的楷书

三国书法以魏为主。魏国大书家钟繇（150—230），字元常，颍川长社（今河南长葛）人，官至太傅，人称钟太傅。钟繇与东汉书家张芝，合称"钟张"；与东晋王羲之，合称"钟王"。钟繇善各种书体，尤以楷书见长。传世楷书名帖有被称为正书之祖的《宣示表》（图 7-19），还有《荐季直表》《贺捷表》《墓田丙舍帖》等。从这些作品中可以看出，钟繇的楷书是隶书走向楷书的第一类范型，开晋代楷书之先河。其字形以方为体，以扁为用，横、竖、撇、捺、提、点、折、钩等楷书笔画随处可见，但也尚存隶书中的磔笔，这些都可以看出他的字迹是楷书，且是刚从隶书中蜕变出来的楷书。

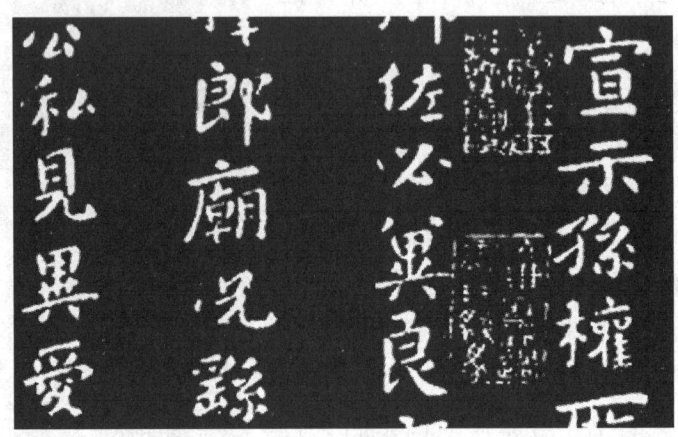

图 7-19　宣示表（局部）

三国时吴国有书家皇象，字休明，广陵江都（今江苏扬州）人。他的作品《急就章》（图 7-20），是用带有隶书笔意的章草体书写的，介于隶、草之间，规模简古，气象沉远，宽博绰落，敦厚浑穆，是皇象书法的代表作。

二、晋代书坛与王羲之

两晋时期书法的主要作品不在碑刻上，而是在缣素纸笺上，即墨迹，如西晋陆机的《平复帖》，是目前传世最早的名人墨迹；西晋索靖，其书有"银钩虿尾"之称，一幅章草《出师颂》（图 7-21），被称为稀世之宝；东晋王珣的《伯远帖》（图 7-22），是清乾隆皇帝收藏的"三希堂法帖"之一。

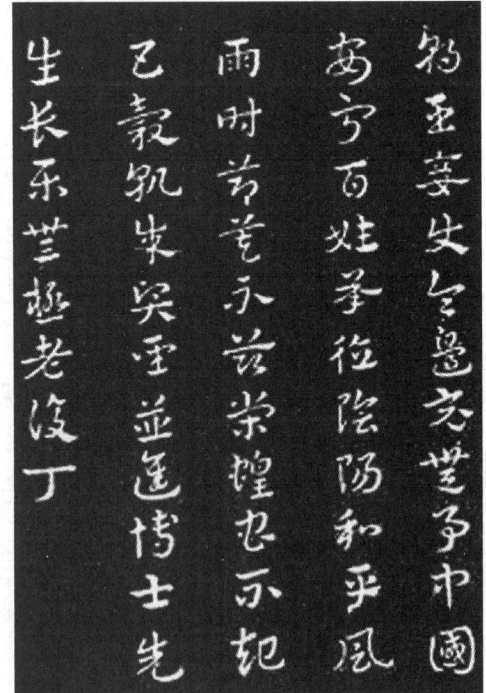

图 7-20　急就章（局部）

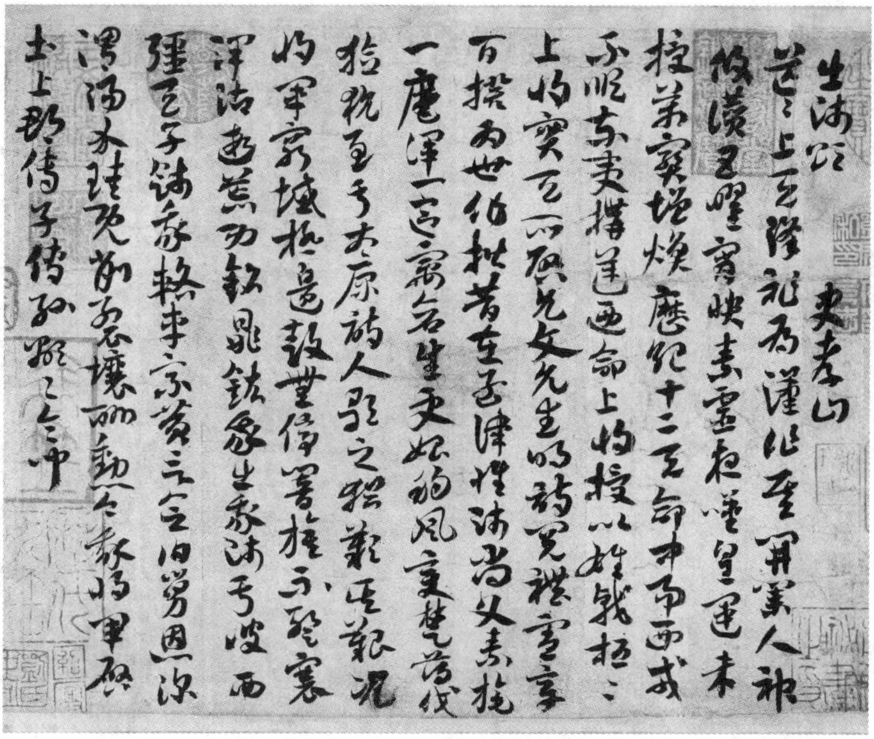

图 7-21　出师颂

　　王羲之是中国历史上影响最大的书家，被后人奉为"书圣"。

　　王羲之（303—361），字逸少，东晋书家，祖籍琅琊临沂（今属山东）人。王羲之曾担任过参军、长史、江州刺史、会稽内史、右军将军，史称王右军。他关心政事，也曾开仓赈济以救民命，但他又志在山水，向往隐遁。王羲之在书法上有深厚的家学渊源，早年从卫夫人学书，后博览前贤李斯、钟繇、曹喜、梁鹄、蔡邕、张昶等人的名迹，兼蓄众长，自成一家。他行、楷、草诸体无不精善，一生创作了数以千计的书法作品。由于时间绵长，朝代更迭，其至今已无真迹流传，今天所见，多属后人摹本及集字本。著名的有：被称为"行书之龙""天下第一行书"的《兰亭序》（图 7-23）；被誉

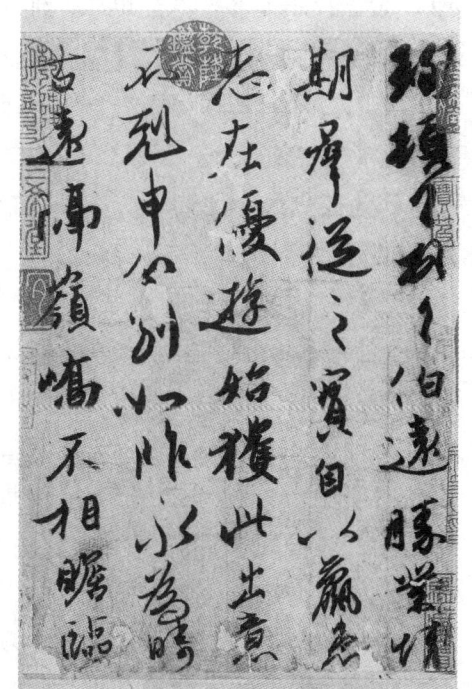

图 7-22　伯远帖（局部）

为"天衣无缝，胜于自运"的《圣教序》（图 7-24），还有楷书《东方朔画赞》《孝

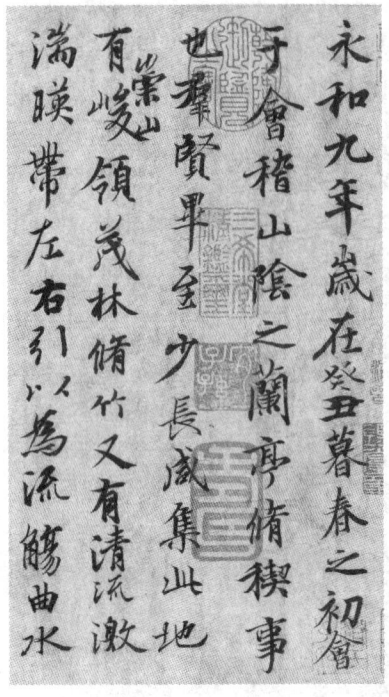

图 7-23　兰亭序（局部）

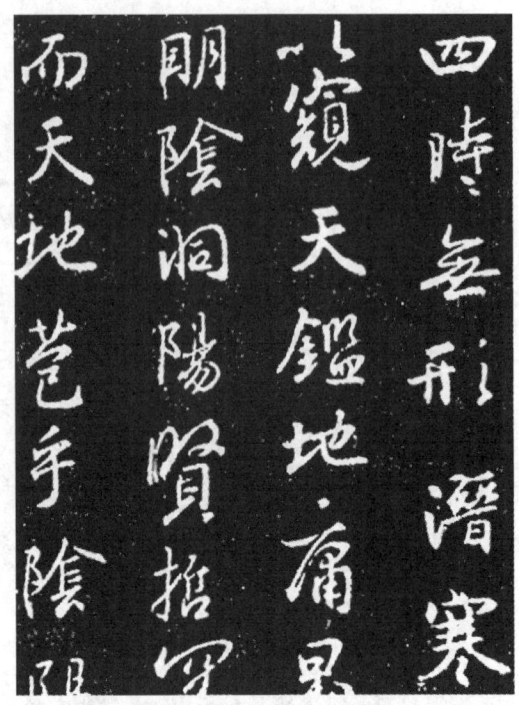

图 7-24　圣教序（局部）

女曹娥碑》《乐毅论》《黄庭经》；行书《快雪时晴帖》《丧乱帖》《姨母帖》《孔侍中帖》《二谢帖》《频有哀祸帖》；草书《七十帖》（图 7-25）、《远宦帖》、《初月帖》等。王羲之的书法，开一代流美之风。他的书法作品被誉为"神品"。

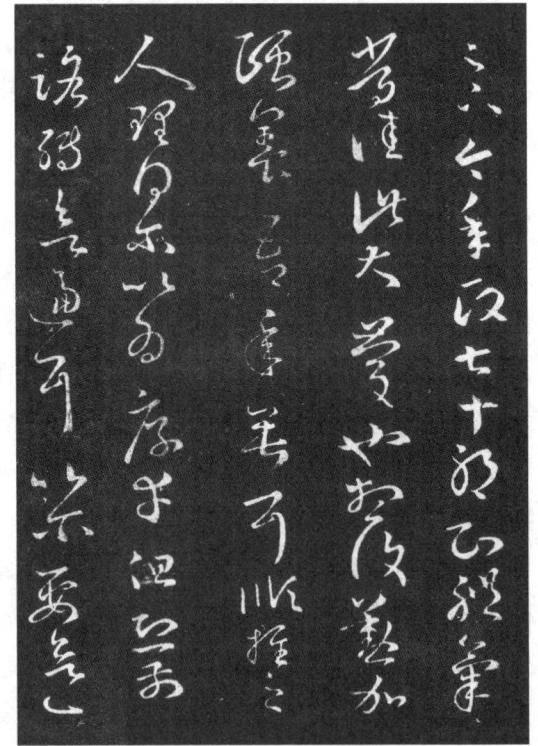

图 7-25　七十帖（局部）

　　王羲之的第七子王献之（344 —386），字子敬，小字官奴，少年时即胸怀大志，勤奋好学，有超过其父的雄心。他的书法与王羲之齐名，二人在书法史上并称"二王"。从传世的书迹《洛神赋十三行》、《中秋帖》（图 7-26）、《鸭头丸帖》、《鹅群帖》、《新妇服地黄汤帖》、《送梨帖》这些摹本看来，王献之的字继承了家法，也表现了与其父不同的风格。他的楷书秀逸圆润，笔致洒脱；行草纵逸豪放，清秀妍美。其"一笔书"，用游丝将上、下字连在一起，或不连而气脉不断，形成章法中绵绵相连的效果，使草书的抒情性达到了很大程度的渲染和发挥，对后世草书的发展起了很大的推动作用。

三、南帖北碑

图 7-26 中秋帖（局部）

南朝因袭晋制，碑刻也少，著名的有出土于云南的《爨龙颜碑》，字体雄强刚健，近于楷书；今存江苏的《瘗鹤铭》以楷书为主，厚重高古，间有隶、行书意。南朝书法深受"二王"书风影响，以流美、温雅、细腻为能，然不出"二王"窠臼。在"二王"与唐代书法间有承前启后作用的只有智永。

图 7-27 真草千字文（局部）

智永是书圣王羲之的七世孙，名法极，会稽（今浙江绍兴市）人，出家浙江吴兴永欣寺，人称永禅师。智永为书极勤。据载，智永居永欣寺学书 30 年，用过的废笔达五石之多，埋藏成冢，号曰"退笔冢"。智永的书法造诣很深，草书、楷书均有卓越的成就，是南朝陈、隋间成就最高的书家。《真草千字文》（图 7-27）是智永书法的典型作品，继承了王羲之的风格，法度谨严，草书应规入矩，富于变化，灵气飞逸，斯文娟秀；楷书清雅丽美，端庄俊逸，有一种儒雅的文士之风。

北朝时期石刻文字众多，墨迹较少，产生了可以和金文、汉碑媲美的石刻书法。魏碑是北朝刻石文字的通称，包括造像记、墓志铭、摩崖、碑碣四类。

造像记以洛阳伊阙龙门石窟的北魏造像题记为代表，《龙门二十品》是其佼佼者，其中《始平公造像记》（图 7-28）、《孙秋生造像记》、《杨大眼造像记》、《魏灵藏造像记》最知名。其书方峻宕逸、圭角凌厉，为方笔之极轨，于方硬凝重、斧劈刀削的笔法中流露出龙振虎威的势态。

图 7-28 始平公造像记（拓本）
（局部）

墓志铭是埋在墓中的志墓文，小巧，方形，一般有两方，上盖下底。盖上常录墓主的姓氏、职官，常为篆、隶、楷大字；底上刻志铭，记载墓主生平事迹，多在方格中书写整齐的小字楷书。北魏《崔敬邕墓志铭》、《张黑女墓志铭》（图 7-29）、是北魏墓志铭中的精品。前者用笔圆劲，气势浑穆，于端凝中见流逸率真之趣；后者端正大方，刚健质朴，结构险峻，点画挺拔劲健。北魏墓志铭中的精品还有很多，如《元瑛墓志》《元怀墓志》《元倪墓志》《常季繁墓志》等。

在山崖石壁上所刻的铭功、记事等文字称为摩崖。陕西褒城县（古县名，位于现在的汉中市）摩崖《石门铭》（图 7-30），因其是在悬崖峭壁山石嶙峋之处题壁书丹，挥锤凿打的，故恣情挥洒，古朴自然，有一种宏大飞逸、驰骋八极的气势。而镌刻在山东泰山斗母宫东北山谷中的《泰山金刚经》（图 7-31），平布在花岗岩溪床之上，一眼望不到头，气势极为宏伟，真是空前绝后的大作。其字大尺半，楷隶参半，深雄浑穆，古拙朴茂，从容安详，毫无剑拔弩张之迹，是佛家书迹的代表，大有容天下万事的气度。

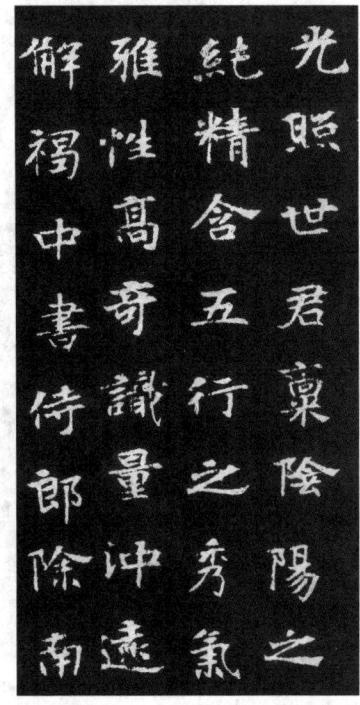

图 7-29 张黑女墓志铭（拓本）（局部）

图 7-30 石门铭（拓本）（局部）

图 7-31　泰山金刚经

碑碣是竖在地表的刻石，上端方者为碑，圆者为碣。《张猛龙碑》（图 7-32）为北碑名碑之一，以隶意为主，书法上行格整齐，章法缜密，结体随心所欲，变化多方，用笔方折峻利，雄强有力，是雄强书风的代表。

图 7-32　张猛龙碑（拓本）（局部）

北朝的郑道昭被视为书法史上罕见的大家。郑道昭（？ — 516），河南开封人，北魏书家，字僖伯，自称中岳先生。郑道昭少而好学，博览群书，好为诗赋，官至秘书监，曾任光、青二州刺史，为政宽厚，受吏民所爱。山东省莱州市云峰山的大部分摩崖石刻，为郑道昭所书，诸如"云峰之山""郑道昭之山门"，以及《观海童诗》《论经书诗》最为著名。《郑文公碑》（图7-33）体兼众美，集魏碑之大成。这些摩崖石刻，无论在章法、结体上，还是在运笔上都极具特色，笔势纵横，圆势凝重，苍劲浑穆，豪壮磅礴，深受后人推崇。

北周前后，传世的刻石很多，但流传的墨迹卷轴作品却寥若晨星。1900年在甘肃敦煌藏经洞发现了大批唐代及唐前的文物，包括一些写经卷，为研究我国古代政治、经济、历史、宗教、文学、艺术提供了大量珍贵的资料（图7-34）。敦煌的写经卷与南朝的尺牍大异其趣。敦煌的写经卷，有许多写得端正工整、排列整齐、美观悦目，也有一些变法求新的写卷。如有的用一肥字一瘦字交替出现的方法写经；有的用三行金字、三行墨字写经；有的采用横行写经；还有的采用中间绘佛像，经文围绕佛像屈曲盘旋写经。

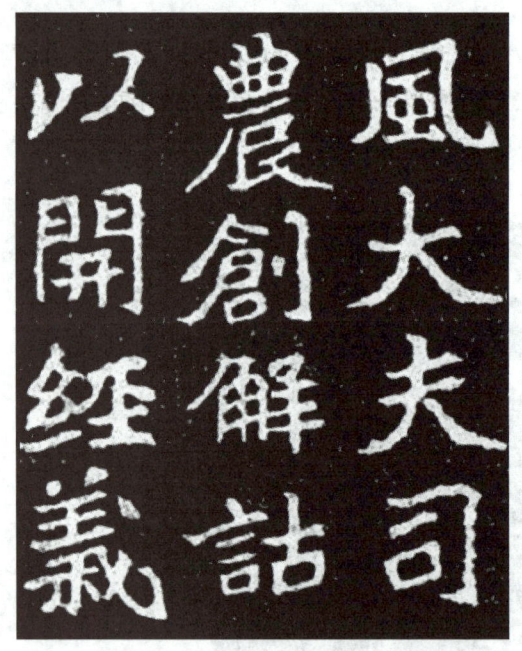

图7-33　郑文公碑（拓本）（局部）

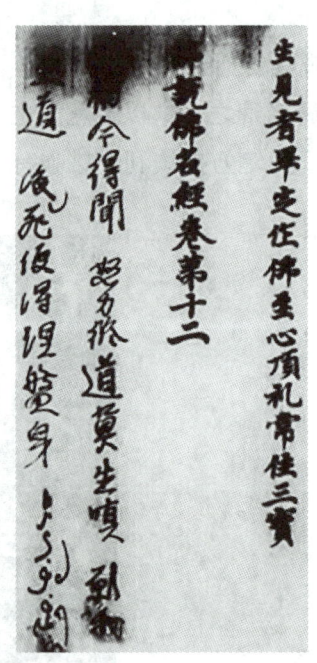

图7-34　写经卷（局部）

第四节　隋唐五代书法

源远流长的中国书法，至隋、唐，发展到了一个全面繁荣的新阶段。唐太宗李世民爱重"二王"书法，设立弘文馆，设置书学博士，把字写得好作为铨选官吏的条件之一，在书法上倡导起一股"崇王""尚法"的风气；楷书和狂草，两个极端的艺术形式在同一时代获得同等的地位；书法人才辈出，"欧、虞、褚、薛"、颜真卿、柳公权、"颠张、狂素"，群星闪耀；理论研究也有了深入的发展。唐代书法堪称繁荣昌盛，雄视百代。

一、隋代书迹与初唐四家

隋代的年代很短，但其在书法上承前启后，对初唐书法的形成起到了巨大的作用。隋朝统一后，南、北书风开始出现融合的迹象。北碑慢慢走向温润细腻，南帖也在吸取北碑书法的营养。隋代的碑刻如《董美人墓志》（图 7-35），既有峻严古拙的气息，又有周到的技巧；《龙藏寺碑》（图 7-36）方整有致，平正中和，结体宽舒规整，用笔细劲有力，皆极有法度，对唐初四家有着直接的影响。许多隋朝的书家进入唐朝，则更是把隋与初唐紧紧连在一起。

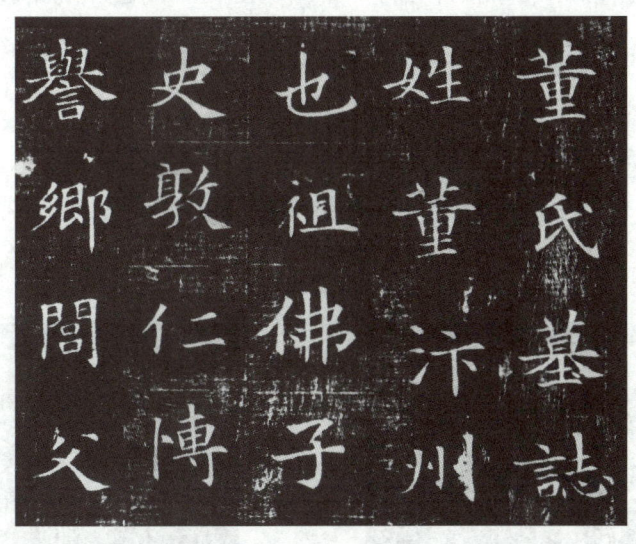

图 7-35　董美人墓志（拓本）（局部）

唐太宗李世民不仅有倡导书法的丰功，同时也是一位杰出的书家。他的《晋祠铭》《温泉铭》（图 7-37）圆劲流丽，点捺丰腴，雍雍和雅，气势宏阔，而且还开创了以行书入碑的先例。李世民还写有《笔法诀》《论书》《指意》等书论。

初唐四家是指欧阳询、虞世南、褚遂良和薛稷，也有以陆柬之换薛稷的四家之说。

欧阳询（557—641），字信本，潭州临湘（今湖南长沙）人。欧阳询先仕隋，后入唐为官，是唐初著名的学者，又是唐代杰出的书家。欧阳询的书法，"初效王羲之书，后险劲过之，因自名其体"（《新唐书·欧阳询传》），世称"欧体"。《九成

图 7-36　龙藏寺碑（拓本）（局部）

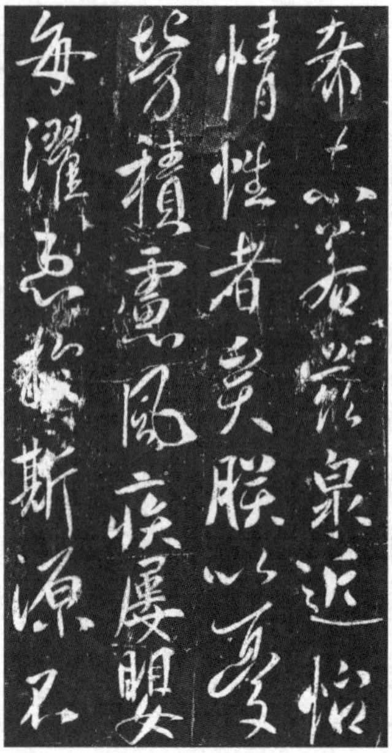

图 7-37　温泉铭（拓本）（局部）

宫醴泉铭》（图 7-38）是其代表作，亦是我国书史中的登峰之作，结体方整规范，用笔法度森严，刚劲峭拔，平整之中蕴寓着险绝之势。

　　虞世南（558 — 638），字伯施，越州余姚（今属浙江余姚）人。虞世南也是由隋入唐的书家。他的书法受智永禅师传授，得"二王"之法度，传世的书迹最著名者为《孔子庙堂碑》（图 7-39），法度谨严，温文尔雅，横平竖直，狭长秀丽，有

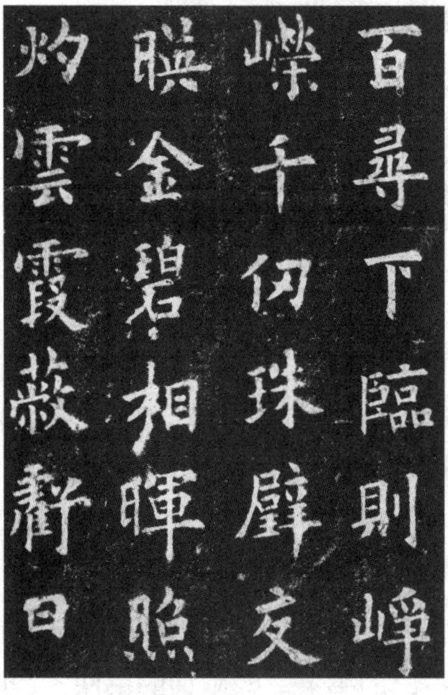

图 7-38　九成宫醴泉铭（拓本）（局部）

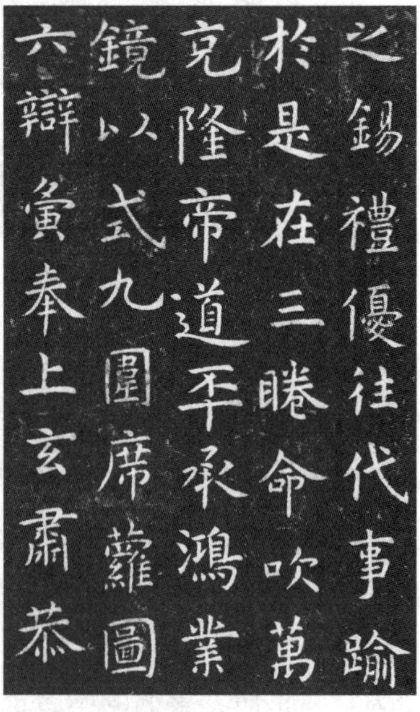

图 7-39　孔子庙堂碑（拓本）（局部）

一派平和中正的气象，为唐楷温和一路的至高典范。虞世南的外甥陆柬之，书法结体遒劲，有晋人风格。明代刘伯温在陆柬之所书的晋人陆机《文赋》墨迹后题跋曰："晋陆之词，唐陆之书，可谓二美。"

褚遂良（596—659），字登善，钱塘（今浙江杭州）人。褚遂良比欧阳询、虞世南小近40岁。在书法上取法"二王"，树立新则，笔笔准确，典雅秀润。传世的碑刻有《伊阙佛龛碑》《孟法师碑》《雁塔圣教序》（图7-40）；墨迹有《倪宽赞》《大字阴符经》等。《雁塔圣教序》风格典雅纤细，章法严谨，字体舒展而富抑扬顿挫的节奏，是褚遂良书法中最能代表唐楷精神的作品。此碑一出，褚书成为一时风尚。

图7-40　雁塔圣教序（拓本）（局部）

薛稷（649—713），字嗣通，蒲州汾阴（今山西万荣）人。薛稷师法欧、虞、褚遗墨，工于书法，但他的名气和影响远不如他们三位。薛稷留存至今的书法作品很少，有《信行禅师碑》《升仙太子碑》等。

由于官吏的铨选要考查书法，加上实用及树碑风气的需要，楷书便在唐代格外兴盛起来。要求楷书写得好写得规范，必然强调法度，又由于欧阳询、虞世南、褚遂良，特别是后来盛唐颜真卿的表现，唐代书法"尚法"，崇尚法度和原则，在楷书上表现得淋漓尽致。

二、颜真卿与柳公权

颜真卿（709—785），字清臣，京兆万年（今陕西西安）人。颜真卿开元二十三年（735）中进士，历仕玄宗、肃宗、代宗、德宗四朝，是一位忠臣、烈士、伟丈夫。颜真卿集古今楷书之大成，创造了影响百代的"颜体"。苏东坡说："君子之于学，百工之于技，自三代历汉至唐而备矣。故诗至于杜子美，文至于韩退之，书至于颜鲁公，画至于吴道子，而古今之变，天下之能事毕矣。"（苏轼《书吴道子画后》）颜真卿传世的楷书作品极多，早年有《多宝塔碑》《东方朔画赞碑》《郭家庙碑》。60岁以后，是其楷书的辉煌时期，他书写了一大批优秀作品，诸如《颜勤礼碑》《麻姑仙坛记》《茅山玄靖碑》《元结碑》《大唐中兴颂》（图7-41）《自书告身》《颜家庙碑》（图7-42）等。这些碑帖，有着不同的风格，或秀劲平稳，或遒伟厚重，或庄重笃实，或秀颖超举，然皆有雄浑壮伟，端严肃穆，气势磅礴的风貌，开一代从崇尚清瘦走向崇尚雄强的审美风气。颜真卿的行草成熟较早，其代表作有被称为"天下第二行书"的《祭侄文稿》（图 7-43），还有《争座位帖》《祭伯父文稿》《述张长使笔法十二意》《刘中使帖》《湖州帖》等。颜真卿是继王羲之后最有影响力的书法大家。

图 7-41 大唐中兴颂（拓本）（局部）

图 7-42 颜家庙碑（拓本）（局部）

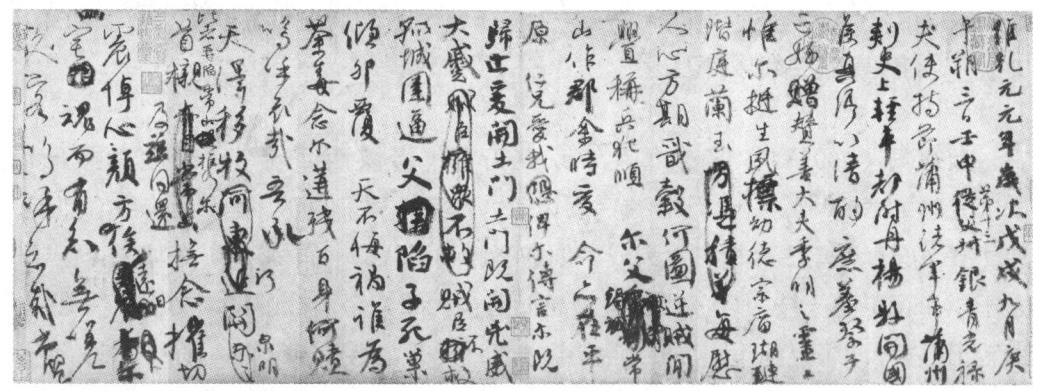

图 7-43 祭侄文稿

晚唐书法以柳公权为代表。柳公权（778—865），字诚悬，京兆华原（今陕西铜川）人。"公权初学王书，遍阅近代笔法，体势劲媚，自成一家。"（《旧唐书·柳公权传》）他的书法取法"二王"、颜真卿，然偏向瘦劲挺拔，世有"柳骨"

之称。柳公权传世的作品很多，诸如《大鉴禅师碑》、《玄秘塔碑》、《神策军碑》（图7-44）、《金刚经》等，皆是楷书精品。

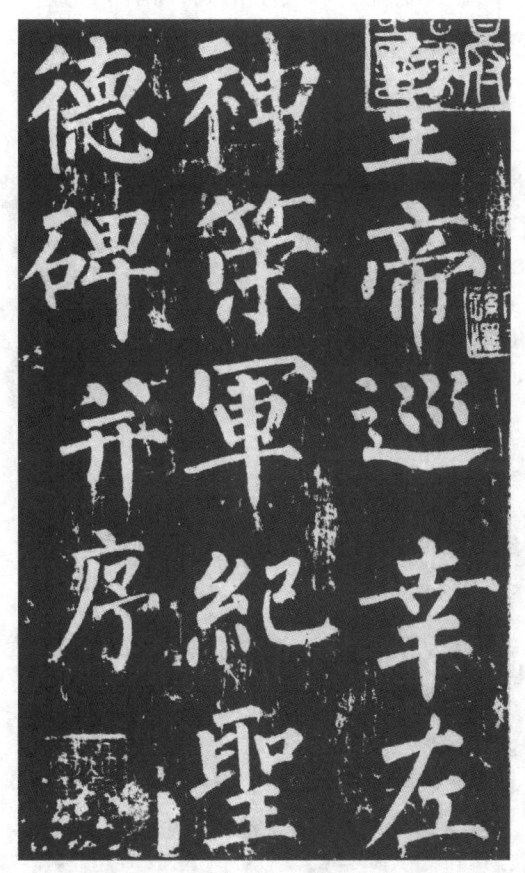

图7-44 神策军碑（拓本）（局部）

三、张旭、怀素与狂草

唐人尚法，其楷书法度严谨，但是在楷书确立的同时，最自由、最浪漫的狂草大盛，俨然是一代风流，二者获得同等的地位，这也是唐代书法全盛的标志。狂草的代表首推张旭、怀素。

张旭（658？—724），字伯高，吴郡（今江苏苏州）人，曾任金吾长史，人称张长史。张旭"好酒，每醉后号呼狂走，索笔挥洒，变化无穷，若有神助"（《旧唐书·贺知章传》），时人号为"张颠"。张旭对后世影响最大的是他的草书。他的狂草与李白的诗歌、裴旻的剑舞，并称"唐代三绝"，张旭也被人称为"草圣"。张旭的草书外师造化，中得心源，发自肺腑，源于自然。韩愈说，张旭的草书是他的"喜怒、窘穷、忧悲、愉佚、怨恨、思慕、酣醉、无聊、不平"思想情绪的宣泄，又是他"观于物，见山水崖谷，鸟兽虫鱼，草木之花实，日月列星，风雨水火，雷霆霹雳，歌舞战斗，天地事物之变，可喜可愕，一寓于书，"（韩愈《送高闲上人序》），获得灵感而寓于书中。所以张旭狂草的代表作《古诗四帖》（图 7-45），结体用笔千变万化而不离法度规矩，大小相间，错落有致，线条厚实饱满，笔势连绵，沉着飞动，变化莫测，形成奔放恣肆、雄伟壮阔的气势，有着强烈的抒情意蕴。

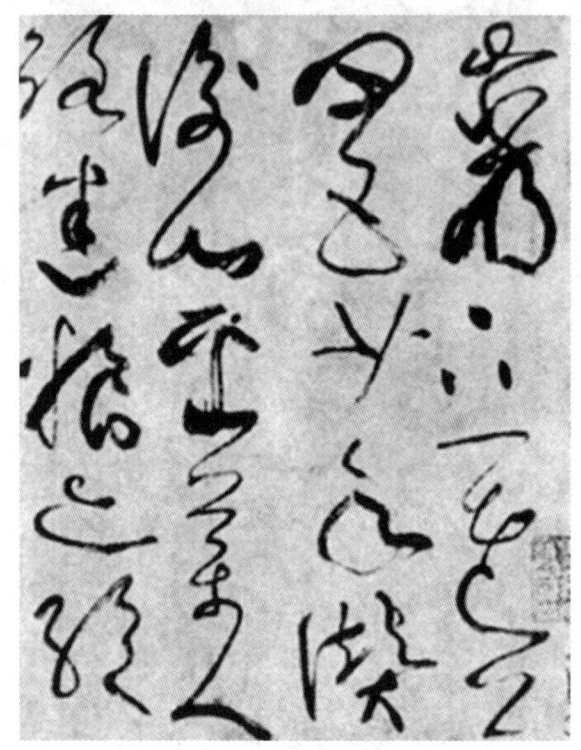

图 7-45　古诗四帖（局部）

怀素（725—785），字藏真，俗姓钱，长沙人，尝为玄奘三藏法师的门徒。怀素曾从师从张旭，也曾向颜真卿请教笔法。他传世的书迹极多。据宋《宣和书谱》记载，当时宋内府收藏怀素的作品在百件以上。流传到现在，怀素草书法帖，有《千字文》《论书帖》《圣母帖》《藏真帖》《脚气帖》《食鱼帖》《苦笋帖》《律公帖》，还有他最享盛名的《自叙帖》（图 7-46）。从中我们似乎可以看到一个"狂来轻世界，醉里得真如"（《自叙帖》）的酒酣兴发、豪放潇洒的身影；似乎可以看到那"粉壁长廊数十间，兴来小豁胸中气。忽然绝叫三五声，满壁纵横千万字"（《自叙帖》）那有形象、有情绪、有声音、有动作的动人场面。怀素因而有"狂素"之称。怀素的草书恣肆俊逸，洒脱流畅，在一气呵成之中，保持中锋行笔，刚寓柔中，用笔尖在纸上跳跃出瘦劲凝练、圆转矫健、富有弹性的线条来，达到"折钗股""万岁枯藤"的艺术效果。

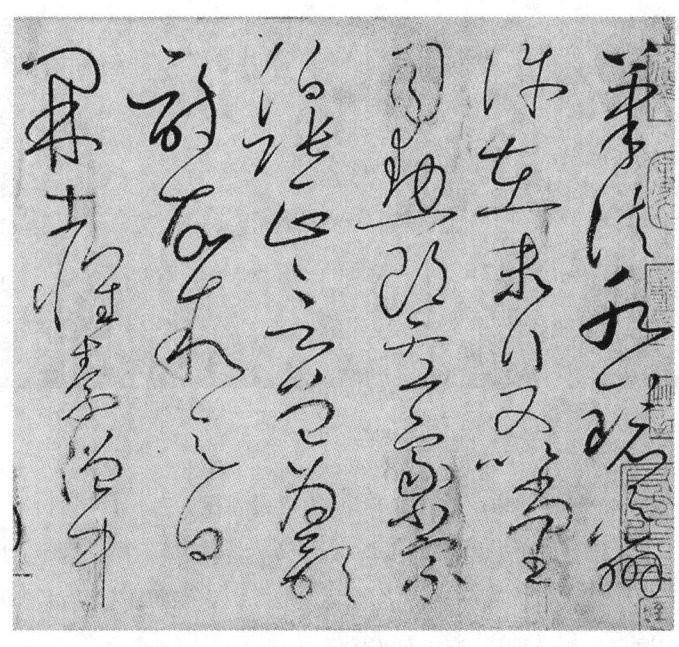

图 7-46　自叙帖（局部）

四、唐五代其他书家

　　草书早在初唐就已崛起，孙过庭文辞华美且草法兼备的《书谱》（图 7-47）、贺知章落笔精绝意境高远的章草体《孝经》墨迹，是初唐到盛唐的两件草书瑰宝。草书名家还有高闲，存世有《草书千文残卷》墨迹。

　　唐代隶、篆书家不多，善隶者有韩择木、蔡有邻、史维则、李潮等。篆书则有与秦时李斯并称"二李"的篆书大家李阳冰。从其《三坟记》（图 7-48）、《城隍庙碑》不难看出，李阳冰篆书也是玉箸篆风格，不过比秦篆更多一些迂回之势。

　　唐代的行书，如陆柬之的《文赋》、李怀琳的《绝交书》、晚唐杜牧的《张好好诗》，都保留着"二王"的形迹。此外，行书大家还有李邕。

　　李邕（687 — 747），字泰和，广陵江都（今江苏扬州）人，官至汲郡、北海二太守，时称李北海。李邕为唐代著名书家，精于翰墨，行草之名尤著。他是个多产的书家，前后撰碑文八百余

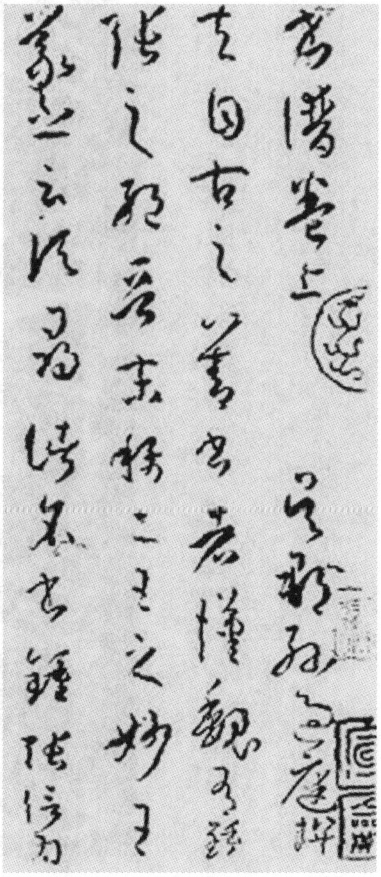

图 7-47　书谱（局部）

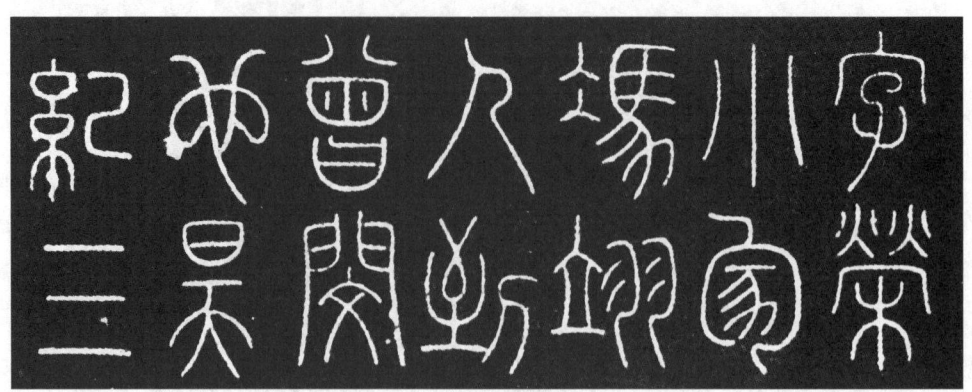

图 7-48　三坟记（局部）

品，现存拓本尚有十多种，以《麓山寺碑》（图 7-49）与《云麾将军李思训碑》最为著名。李邕以正楷的法则为行书，楷、行夹杂，气宇轩昂，有一种凌厉无比的气势，清代冯班评说："董宗伯云'王右军如龙，李北海如象'，不如云'王右军如凤，李北海如俊鹰'。"（冯班《读古浅说》）

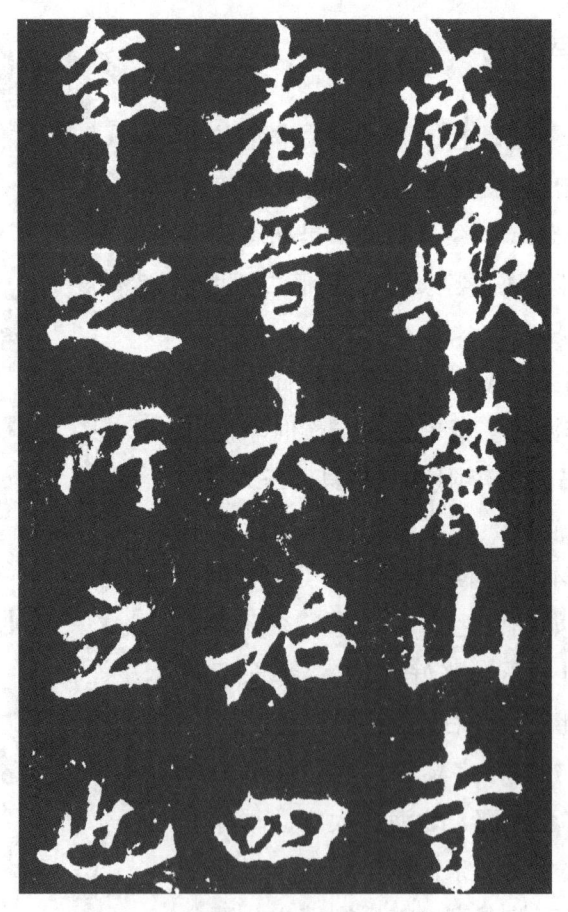

图 7-49　麓山寺碑（拓本）（局部）

　　杨凝式（873—954），字景度，号虚白，华阴（今陕西华阴）人，在唐时，曾官秘书郎，后历仕梁、唐、晋、汉、周。杨凝式最善于也最喜欢题壁作书，其代表作有《韭花帖》、《夏热帖》、《神仙起居法》、《卢鸿草堂十志图题跋》（图7-50），刻本有《步虚词》。杨凝式是五代时期的代表书家，在书法史上被视为承唐启宋的重要人物。清吴德旋说："十年前见杨少师书，了不知其佳处何在。近习《步虚词》数十过，乃知后来苏、黄、米、董诸公，无不仿佛其意度者。"（吴德旋《初月楼论书随笔》）

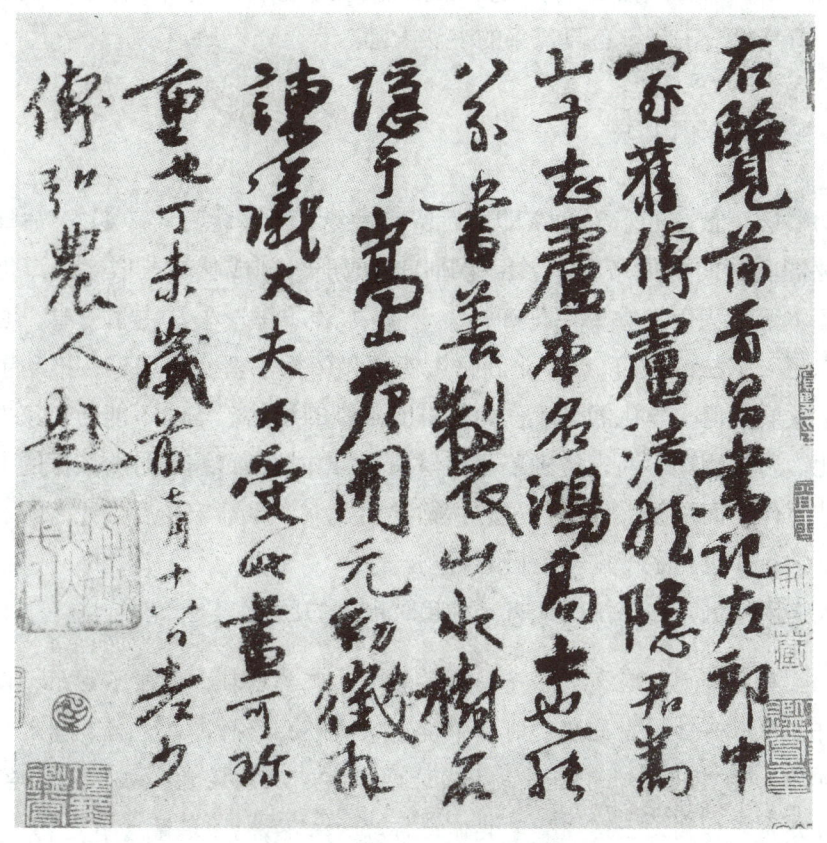

图7-50　卢鸿草堂十志图跋

<h2>第五节　宋元明书法</h2>

　　随着印刷术的发展，淳化三年（992）敕刻《淳化法帖》，从此"帖学"风靡宋及后世元、明、清。宋人在掌握古法技巧之后又一次反古法，崇尚个人的意趣，崇尚主体的精神价值。唐人尚法，宋人尚意，也取得了成功，产生了苏轼、黄庭坚、

米芾、蔡襄四大家，行书也获得大丰收。

元代的书坛主要处于继承中，充满一股复古的思潮，帖学盛行。开国时君主尚武，士大夫如耶律楚材多学颜真卿。元初一代书坛盟主赵孟頫出现，直追晋人，配合着帖学，开有元一代书风。

明代书坛平静地继承着宋、元的帖学之风，并因宫廷缮写文书的特别需要而产生了颇为流行的台阁体书法。台阁体书法讲求书写端正、工整、清晰、大小一致，但它刻板沉滞，固定不变，缺乏艺术格调，在一定程度上束缚了书写者的个性发挥。明代中期，书法风格发生了重要变化，出现了著名的吴门书派。晚明书坛又出现徐渭、董其昌、王铎等各具风采的书法大师。

一、帖学与宋四家

宋初书坛是寂寞的。宋太宗即位后留意翰墨，于淳化三年（992）命翰林侍书王著将秘阁收藏的古代帝王、名臣墨迹编辑成册，刻成丛帖，取名《淳化阁帖》，并将其拓本赐给大臣。在《淳化阁帖》十卷中，"二王"书法占了五卷，明显体现了对"二王"书法的膜拜。《淳化阁帖》保留和传播了晋、唐墨迹，推动了宋初的书法艺术发展，但《淳化阁帖》作为临摹而刻制的法帖，毕竟不能与名家书法作品原作相比，后来翻刻不断，传刻摹写容易失真，并且当时编刻时所依据的书法作品有些并非原作，而是赝品。所以虽然"帖学"大盛，风靡宋及后世元、明、清，人们囿于帖学，却也产生了许多消极的影响。

宋人为了仕进，在书法上还有一种趋时贵书的风气：

> 至李宗谔主文既久，士子始皆学其书，肥褊朴拙，是时不誊录，以投其好，用取科第。自此惟趋时贵书矣。宋宣献公绶作参政，倾朝学之，号曰朝体。韩忠献公琦好颜书，士俗皆学颜书。及蔡襄贵，士庶又皆学之。王文公安石作相，士俗亦皆学其体，自此古法不讲。（米芾《书史》）

在这种风气中，能冲破藩篱，力主由唐溯晋，摒除帖学，强调个人的意趣，取得成功的主要有苏轼、黄庭坚、米芾、蔡襄四大家。

苏轼（1037—1101），字子瞻，号东坡居士，眉州眉山（今四川眉山）人。苏轼是个大才子，在政治上升沉不定，历经艰险，在诗、词、文、画、书法等几个领域都取得很高成就。他在书法上有着极精辟的见解，开启了尚意的书风。苏东坡的书法，如绵裹铁，肉丰骨劲，笔圆韵胜，雍容大度，丰润温藉，气息醇正，寓巧于拙，古意天成。他自己说："我书意造本无法，点画信手烦推求。"（苏轼《石苍舒醉墨堂》）"吾书虽不甚佳，然自出新意，不践古人，是一快也。"（苏轼《论书》）

苏轼的书法创作极丰，虽由于政治上的原因，当时被毁了一些，但仍有不少流传至今。例如，滔滔如江河的《黄州寒食诗帖》（图 7-51），被誉为"坡公之兰亭"（董其昌语）的《赤壁赋》（图 7-52），有极富"旭、素屋漏痕意"（王世贞语）的《醉翁亭记》，还有《丰乐亭记》《天际乌云帖》《杜甫桤木诗帖》等，及一些于无意处别有情趣的书札。

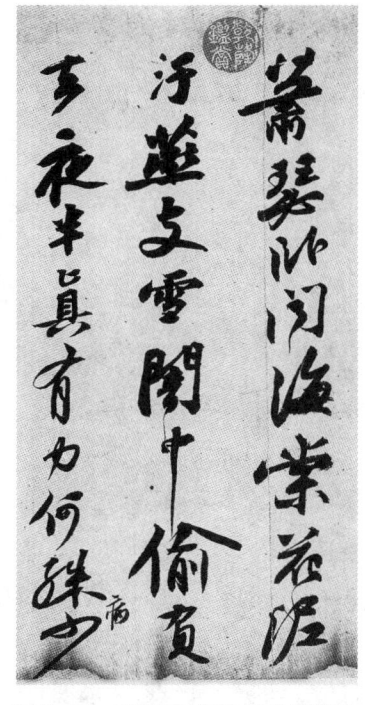

图 7-51 黄州寒食诗帖（局部）　　　　　　　　图 7-52 赤壁赋（局部）

黄庭坚（1045—1105），字鲁直，号涪翁，又号山谷道人，世称黄山谷，洪州分宁（今江西修水）人。黄庭坚是北宋著名文学家、"江西诗派"的首领、宋代书法四大家之一。黄庭坚善行书、草书，楷法亦自成一家。其书法博采众长，得书法之变，中宫紧集，长笔回展，欹侧取势，酣畅淋漓，以入古出新的精神，崛起于宋代书坛。正如他自己所说："随人作计终后人，自成一家始逼真。"（黄庭坚《以右军书数种赠丘十四》）黄庭坚作品极丰，由于政治原因，他的书迹与苏轼的一样，数遭厄运，然仍有不少传世。著名者如行书《松风阁诗》《经伏波神祠诗》和草书《诸上座帖》，还有《李白忆旧游诗卷》、《华严疏》、《黄州寒食诗卷跋》（图 7-53）、《花气熏人帖》、《廉颇蔺相如列传》等。

米芾（1051—1107），初名黻，字元章，41 岁改名芾，号襄阳漫士、鹿门居士、海岳外史，官至礼部员外郎，人称米南宫。他生性狂放，又称米颠。米芾能诗善画，精鉴赏，富收藏，精于书法，尤善行草。他的书法直取晋、唐，广收博采，融会贯通，自成一家。尝云："壮岁未能立家，人谓吾书为集古字，盖取诸长处总而成之。既老始自成家，人见之，不知以何为祖也。"（米芾《海岳名言》）米芾传世作品极多，平生写过麻笺十万。存世作品著名的有：《蜀素帖》（图7-54）、《苕溪诗卷》、《虹县诗卷》、《砂步诗帖》、《研山铭》、《拜中岳命帖》、《寒光帖》、《珊瑚帖》、《叔晦帖》、《李太师帖》等。米芾的书法，结体舒畅纵横，法度严谨，天真自然，顾盼照应，变化极多。其运笔潇洒迅疾，沉着痛快，挥洒自如，超逸入神。

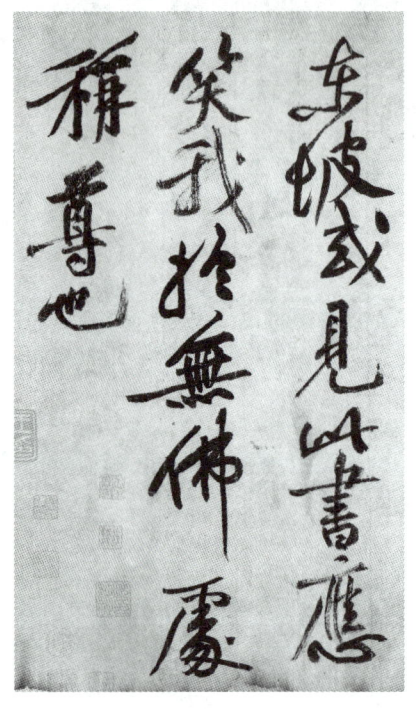

图 7-53　黄州寒食诗卷跋（局部）

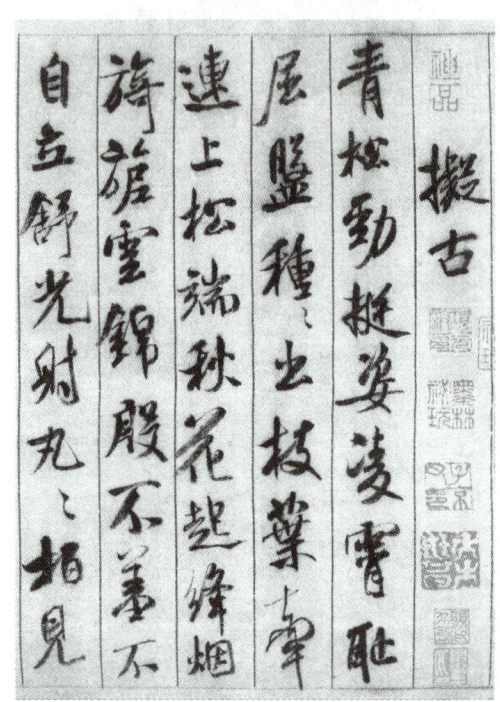

图 7-54　蜀素帖（局部）

　　蔡襄（1012—1067），字君谟，兴化仙游（今福建仙游）人。苏轼赞他："独蔡君谟书，天资既高，积学深至，心手相应，变态无穷，遂为本朝第一。"（苏轼《评杨氏所藏欧蔡书》）蔡襄正书宗颜真卿，行书深得右军笔意，在尚法、尚意的变化中，是一个承前启后的人物。他传世的作品较多，主要有楷书《万安桥记》《昼锦堂记》《谢赐御书诗》，还有《澄心堂纸帖》、《暑热帖》（图7-55）等一批行书书札。

　　宋代书家很多，如宋徽宗赵佶是一位才子皇帝，翰墨丹青，名声很盛，其《草书千字文》笔走龙凤，颇为壮观。他在书法上最大的贡献是创立了"瘦金书"，又称"瘦金体"，瘦金书笔画瘦直挺拔，结体内紧外展，顿挫分明，收放有致（图7-56）。还有徐铉、李建中、薛少彭、赵构、岳飞、范成大、陆游、朱熹、吴琚、张即之等，都名重一时。

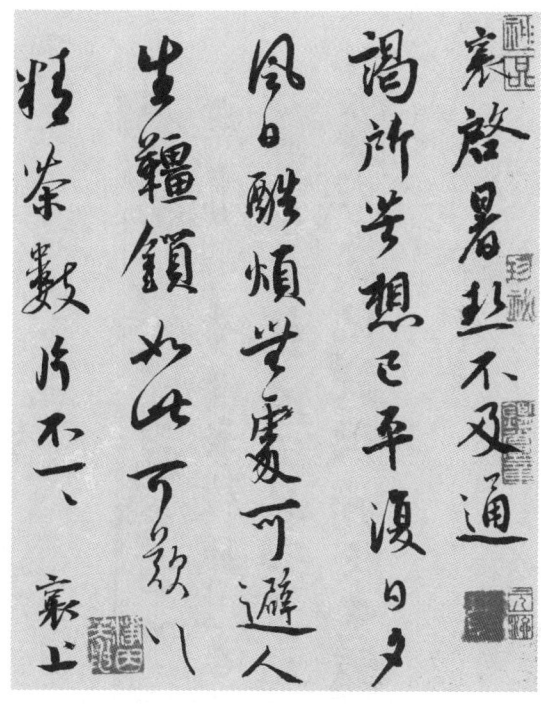

图 7-55　暑热帖（局部）

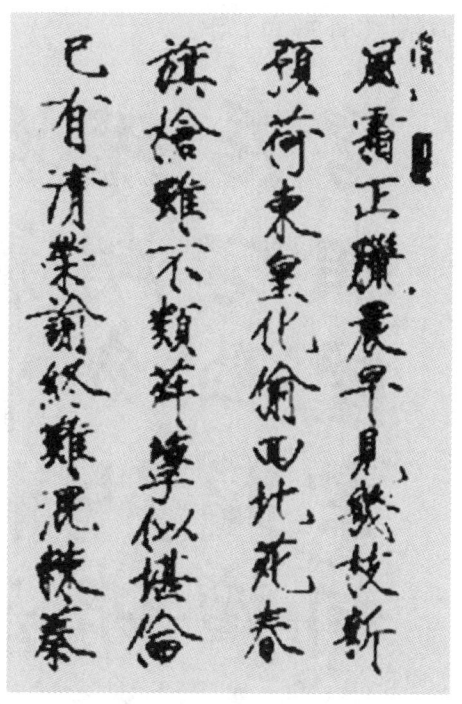

图 7-56　瘦金书字

二、赵孟頫及元代其他书家

赵孟頫（1254—1322），字子昂，号松雪道人，湖州（今浙江吴兴）人，是宋太祖之子赵德芳的后裔。宋亡以后，赵孟頫出仕元朝，官至翰林学士承旨，谥号文敏。赵孟頫多才多艺，善绘画，长篆刻，工诗词，精音乐，通佛老，艺术上成就最高的还是书法，"篆、籀、分、隶、真、行、草书，无不冠绝古今，遂以书名天下"（宋濂《赵孟頫传》）。传世的楷书作品极多，如《福神观记》（图 7-57）、《仇锷墓志铭》、《龙兴寺碑》、《玄妙观重修三门记》、《汲黯传》、《洛神赋》、《续千字文》、《道德经》、《投龙简记》等，皆圆劲秀媚，端俊严谨，气象雍容，温润娴雅。赵孟頫独具特色的楷书，集古今妍美楷书之大成，被称为赵体，是当时最普及最流行的楷书。人们习惯把他与欧阳询、颜真卿、柳公权合称为我国古代"楷书四大家"。赵孟頫的行书，结体妍丽，流畅飘逸，挥洒自如，代表作有《与山巨源绝交书》（图 7-58）、《行书千字文》及大批书札题跋。赵孟頫博采众长，熔晋韵、唐法、宋意于一炉，推陈出新，自成一家，把书法艺术推向一个新的高峰。

鲜于枢（1256—1301），字伯机，号困学山民、虎林隐士，大都（今北京市）人。鲜于枢善诗词，喜书画，精鉴赏，博学多才。他与赵孟頫交厚，深得赵孟頫推重。人们通常把二人称为元代书坛两雄。鲜于枢书法，笔画朗秀，纵横自然，大气磅礴，而又有法度。传世作品著名者有《韩愈进学解卷》、《苏轼海棠诗卷》、《醉时歌帖》（图 7-59）等。

图 7-57　福神观记（局部）　　　　　　　图 7-58　与山巨源绝交书（局部）

图 7-59　醉时歌帖（局部）

总的看来，元代的书法在力求晋、唐之余，受赵孟頫的影响很深。在元代书坛，除赵孟頫、鲜于枢外，尚有康里子山、邓文原、揭傒斯、张雨、柯九思、吴镇、杨维桢等书法名家。

三、明代书家

明代帖学盛行。明初书风可认为是元代书风的延续，书法成就首推"三宋""二沈"：宋克、宋璲、宋广，均以草书知名；沈度、沈粲两兄弟宠遇优渥，是台阁体书风的代表。

明中期，江南涌现了一批雄视当代的书家，称为"吴门书派"。济济人才中以祝允明、文徵明、王宠最为突出。

祝允明（1460—1526），字希哲，号枝山，长州（今江苏苏州）人。祝允明博涉诸家，妙集众长，真、草、行诸体皆有相当高的成就。他的草书纵逸豪放，劲健流畅，富于变化，有奔蛇走虺、骤雨旋风之势，长卷巨帙，一气呵成，祝允明因此有"明代草书第一人"之称。祝允明传世的书迹很多，其中《赤壁赋》《草书诗翰卷》《草书唐人诗卷》《杜甫诗卷》《古诗十九首》以及行楷《洛神赋》（图 7-60）等，都是珍品。

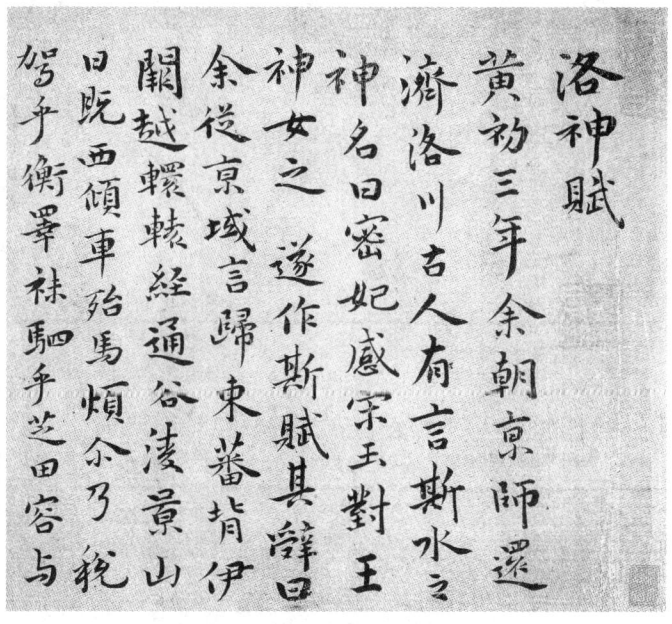

图 7-60 洛神赋（局部）

文徵明（1470—1559），初名壁，字徵明，后以字行，更字徵仲，苏州人。文徵明以书名雄天下，他于书法，真、草、篆、隶无所不精，以小楷、行书最工。他的小楷，自《黄庭经》《乐毅论》得法，写得金声玉润，温纯精绝，质朴严谨，韵法两胜。行书如凤舞琼花，泉鸣竹涧，既有姿媚挺秀的小行书，又有苍老开阔的大行书。文徵明是个多产的书家，留下大量的书法珍品，诸如《自书诗卷》、《高士传》、《滕王阁序》（图7-61）、《重修长洲府学记》、《拙政园记》、《兴福寺碑》、《醉翁亭记》、《赤壁赋》、《离骚》、《阿房宫赋》等。

王宠（1494—1533），字履仁，后字履吉，号雅宜山人，吴县（今江苏苏州）人。王宠工诗、文、书、画，擅篆刻，尤以书法影响最大。其行楷出入晋、唐，运以己意，秀气天成。著名作品有小楷《半岩潘君七帙序并辞》和行草《自书诗册》《草书五律诗》等。

吴门书派还有唐寅，其《行书诗卷》、《龙头诗轴》、《落花诗册》（图7-62）都是难得的书法精品。还有一位旷代奇才徐渭（1521—1593），徐渭字文长，绍兴府山阴（今浙江绍兴）人。徐渭才情超逸而愤世嫉俗，诗文、戏曲、书画无所不精，是一个天才。其书光怪陆离，气象奇伟，如《草书七绝诗》《杜甫秋兴八首》《青天歌》《草书诗卷》等皆如此。

图 7-61　滕王阁序（局部）

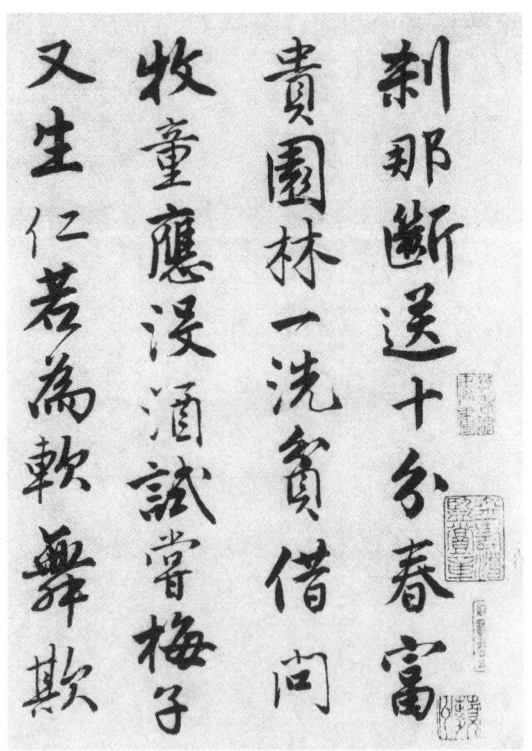

图 7-62　落花诗册（局部）

文徵明、祝允明之后，出现了集帖学之大成的书坛泰斗董其昌。董其昌（1555—1636），字玄宰，又号香光居士，松江华亭（今上海）人，一生创作了大量书法珍品。《历代流传书法作品编年表》载其作品篇目达 180 余卷。楷书代表作有《法华经》《洛神赋》《项元汴墓志铭》，行草如《李白诗卷》、《题蜀素帖》（图 7-63）、《自书诗卷》、《昼锦堂记》等。董氏书法，回归士大夫的格调，博采晋、唐、宋、元诸家之长，形成自己特有的风貌，用笔轻灵秀逸，肥瘦适中，结体无奇崛之态，章法疏朗，通篇清静雅致，天真平淡，温文尔雅。

与董其昌、徐渭鼎足，卓然大家的有王铎。王铎（1592—1652），字觉斯，平阳府洪洞县（今山西洪洞）人。博学好古，工诗词、古文、史学，也善画山水兰竹梅石，多才多艺，尤长于书法。他平生创作甚多，其中有相当数量的临古之作。留下的作品有《草书杜诗卷》、《拟山园帖》、《琅华馆帖》、《碧水澄潭七律诗》（图 7-64）等。他很重视继承传统，又重视时代精神，博采众长，融会贯通，书法险劲沉着，力感充沛，浑厚壮美。

明晚期书家中还有张瑞图、黄道周、倪元璐、傅山诸家。

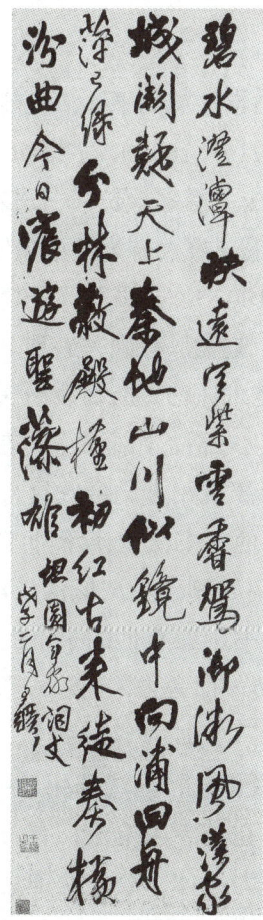

图 7-63　题蜀素帖（局部）

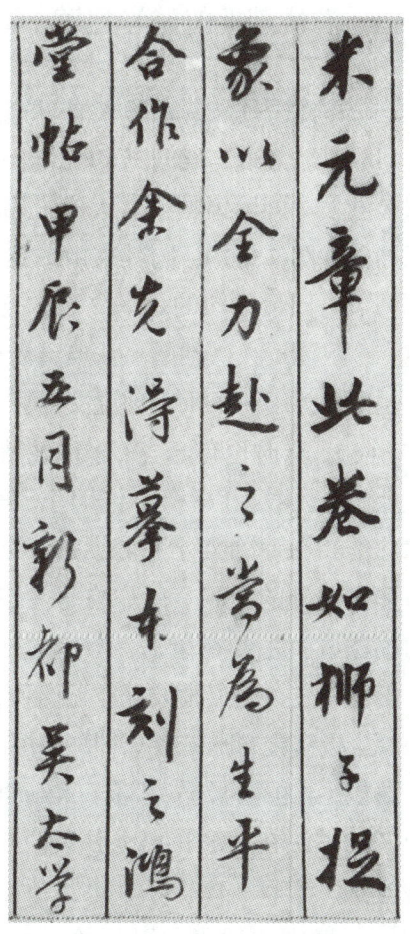

图 7-64　碧水澄潭七律诗

第六节　清及近现代书法

清代书法的成就十分辉煌。清代前期还是以帖学为主流，崇尚晋、唐，崇尚赵孟頫、董其昌，由于追随君主、主考的书法趣味，延续明代的台阁体，在官方的倡导下盛行起馆阁体。馆阁体流行于馆阁及科场，要求字写得方正匀称、线条光洁、墨色乌黑，是一种更加刻板规范的书体模式。清代中叶碑学的兴起，打破了宋、元、明以来的帖学垄断，在学篆、隶，学北碑上超轶前朝，上追三代、秦、汉，开创了一代新的书风。清代后期书家作篆、隶、北碑书的风气仍然很盛，却也兼备真、草、隶、篆，人才辈出。

这种百花争艳的风气一直影响了整个近现代，出现了许多著名的书家。

一、清代前期的帖学名家

王铎和傅山是从明末跨入清初的书法大家。在帖学的熏陶下，清代前期乾隆年间有刘墉、翁方纲、梁同书、王文治四家。刘墉（1719—1804），字崇如，号石庵，山东诸城人。刘墉集帖学之大成，遍临历代诸家书法，博采众长，书法貌丰骨劲，味厚神藏（图7-65）。因其喜用浓墨作书，以助神采，被人誉为"浓墨宰相"。与刘墉书风对比最强烈的是王文治。王文治（1730—1802），字禹卿，号梦楼，江苏丹徒（今镇江）人。他的书法典雅秀逸，是王羲之、赵孟頫等娟秀遒劲书风的继承者。他平日善用淡墨来表现温文恬静、典雅秀逸的艺术风格，有"淡墨探花"之称（图7-66）。当时也有一些书家冲破帖学的笼罩，独创一格，如金农、郑燮等。

金农（1687—1763），字寿门，号冬心先生，浙江杭州人。金农具有多方面的艺术才能和深厚的文学修养，诗、书、画皆精绝。他在书法上不承师学，不趋时尚，提出学碑的主张。所作自号"漆书"，用笔方扁如刷，墨浓似漆，自成一格。他的书法成就主要在隶书，写得古朴奇拙。他的楷书中兼有他的隶书的体势，收笔、落笔皆方，虽点画波提亦无二致，用笔提顿使转一律舍去，通篇方整古拙，真率朴厚，极富金石味，有一种浑穆沉静的气息（图7-67）。

郑燮（1693—1765），字克柔，号板桥，江苏兴化人，为"扬州八怪"之一。郑板桥的书法在章法布局上独具匠心，富于变化；在结字用笔上，有一些特殊的表现方法，如真、草、篆、隶，杂糅施用，又能融为一体；故作幼稚之笔，藏巧于拙，而又协调适当；以画兰、画竹、画石、画柳等画法入书，生机盎然，丰富多彩；以敧侧取势，虽险绝而又挺立。所以他的书法，无古无今，自成一格（图7-68）。

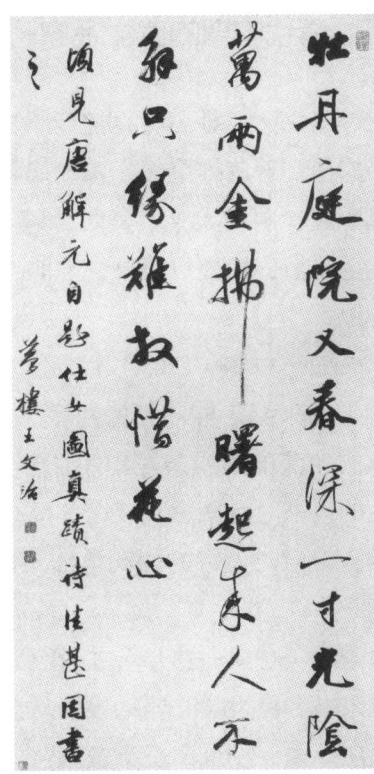

图 7-65 刘墉作品

图 7-66 王文治作品

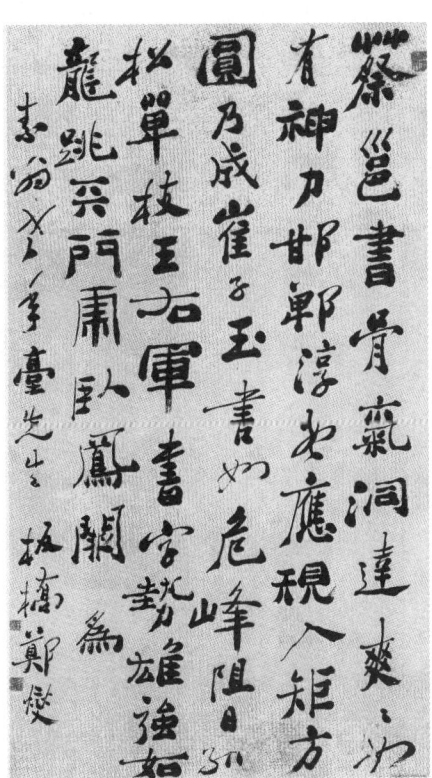

图 7-67 金农作品

图 7-68 郑燮作品

二、清代中期的碑学名家

乾、嘉之际，金石考据之学大兴。从大量的出土文物可以看出，隶书、篆书、北魏书均得到普遍的重视，如名儒阮元，作《南北书派论》《北碑南帖论》，很快碑学之风兴起，蔚为大观。其时，碑、帖并重，出现了许多著名的书家，诸如王澍、钱坫、孙星衍、桂馥、黄易、陈鸿寿、包世臣、钱沣、丁敬、蒋仁，特别是邓石如和伊秉绶。

邓石如（1743—1805），字顽伯，号完白山人，安徽怀宁（今安徽安庆）人。清代碑学的兴起，与邓石如在篆、隶上的杰出成就是分不开的。他的篆书体式拉长，以圆转流丽的线条写出不同于李斯、李阳冰的篆书来，开创了清代篆书的新路。他的隶书时有篆意，茂密浑厚，古意盎然（图7-69）。他的行书、草书亦受碑版影响，与当时盛行的圆润笔法不同。他被时人称为篆、隶、行、草"四体皆精，国朝第一"。

伊秉绶（1754—1815），字组似，号墨卿，汀州宁化（今福建宁化）人。伊秉绶尤以隶书名重当时。他的隶书从汉碑中摄取神理，自开面目，笔画平直，四边充实，端庄郑重，没有"蚕头雁尾"，用笔沉着稳妥，结体平整宽博，气势雄浑古穆。伊秉绶条幅楹联，以大见长，愈大愈见其雄，壮观异常（图7-70）。

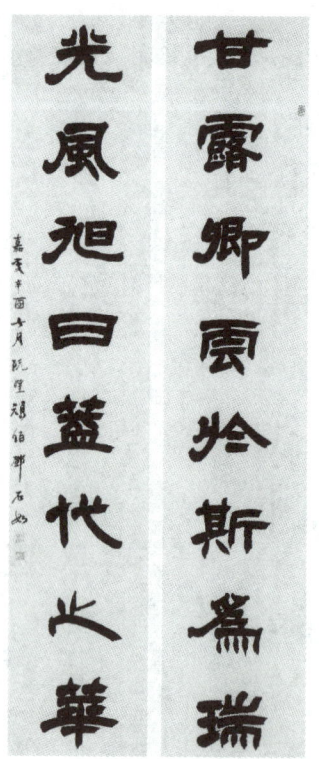

图7-69　邓石如作品

图7-70　伊秉绶作品

三、清代后期的书家

清代后期书家作篆、隶的风气仍然很盛，并且呈现出真、草、隶、篆争荣的局面，名重一时的书家甚多。

何绍基（1799—1873），字子贞，道州（今湖南道县）人。他真、行、草、篆，诸体皆备，其中以隶、行最为出名。行书参以隶、篆、北碑笔法，如天花乱坠，不可捉摸。隶书杂以篆籀、颜楷，浑厚雄健，大气磅礴。

吴熙载（1799—1870），字让之，仪征（今属江苏）人。吴熙载工书，各体皆能，篆书、分书功力尤深。篆书取法邓石如，铁笔写篆，有气贯长虹之态，刚劲有力，咄咄出新意（图7-71）。分书从包世臣出，写得苍厚郁茂，毫无纤弱之风。

赵之谦（1829—1884），浙江会稽（今绍兴）人。赵之谦也是位兼擅众体的多面手，尤喜用婉转流丽的笔致写北魏书，其作品灵动多姿，清丽旷逸。

吴昌硕（1844—1927），名俊，字仓硕、仓石，别号缶庐、苦铁等，浙江安吉人。他是清末、近代杰出的书画篆刻家，精于书、画、诗、印，被誉为"石鼓篆书第一人"。吴昌硕早年追踪邓石如，壮岁始沉涵于《石鼓文》，取精用闳，卓然名家。他的书法充满着雄浑刚健的阳刚之气，五体皆精，又各具特色，行草刚劲秀拔，生气郁勃，后以篆、隶笔法作书，笔势更加奔放，苍劲雄厚；隶书变横势为纵势，用笔端庄浑朴、老辣雄健；篆书气势雄伟，新意独出，妙参变化（图7-72）。

康有为（1858—1927），字广厦，广东南海丹灶（今属佛山市南海区）人，人称康南海。康有为终生性癖书画，善作擘窠大字，任意挥洒，卓然成家，字风浑厚雄健、古朴率真（图7-73）。他学识高深，尤精书论，故其书中流溢着文章学问之气，为常人所不及。

清代晚期的书家，还有杨沂孙、俞樾、张裕钊、翁同龢、杨守敬等。

图 7-71 吴熙载作品

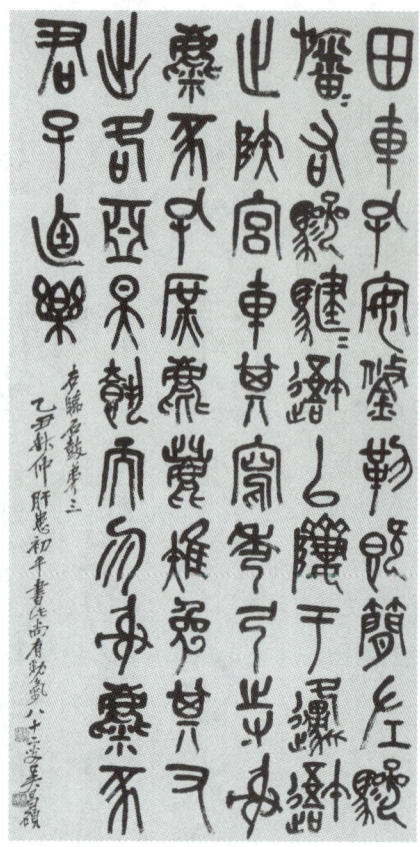

图 7-72　吴昌硕作品

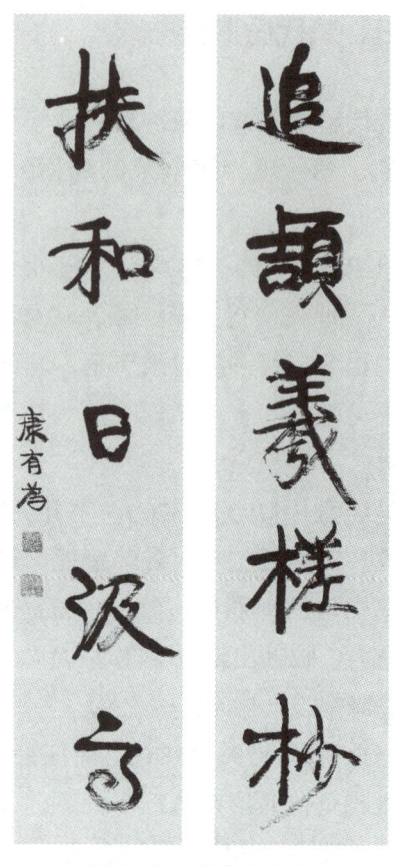
图 7-73　康有为作品

四、近现代书坛及书家

中国近现代书坛出现了一些书法研究的学术团体，如以吴昌硕为首任社长的西泠印社、沈尹默负责的北平大学书法研究会、于右任任社长的标准草书社、抗战期间在重庆成立的中国书学会，当时的人还创办了最早研究书法的《书学》杂志，这些都推动了中国现代书法特别是书法理论的发展。

1949 年以后，书法经历了一段时间的沉寂，1981 年中国文联批准成立中国书法家协会，同时举办"全国书法篆刻展览"，书法开始重新蓬勃发展。对书法史研究的深入对书法创作的风气产生了新的影响；出版业的发达带来了书法的大普及；书写工具的变化、书写格式的变化，影响了书法事业的发展；真、草、隶、篆百花争艳的风气在新的时代欣欣向荣。

在中国现代书坛上，出现了于右任、鲁迅、沈尹默、毛泽东、吴玉如、林散之、沙孟海、启功、欧阳中石等诸多大家。

于右任（1879—1964），原名伯循，字右任，后以字行，别署骚心、髯翁，晚年自号太平老人，陕西三原人，政治家、教育家、书法家。他是复旦大学等多所高

校的创办人，是中国近现代高等教育的重要奠
基人之一。于右任书法早年学习王羲之、赵孟
頫，后改攻北碑，精研六朝碑版，留下了"朝
临石门铭，暮写二十品，辛苦为集联，夜夜泪
湿枕"的诗句，后融会篆、隶、草法入行楷，
独辟蹊径，形成了自己的楷书、行书风格；中
年开始专攻草书，参以深厚的北碑笔意，形成
小草狂写的独特风格。1932 年，于右任发起成
立标准草书社，专注于草书研究，致力于草书
标准化、规范化工作。于右任因草书成就和影
响极大，被誉为"当代草圣"（图 7-74）。

鲁迅（1881—1936），原名周树人，字豫
才，浙江绍兴人。中国文学家、思想家和革命
家，新文学运动的奠基人之一。鲁迅在书法上
的造诣很高，早年长期抄写古碑，并热衷于搜
寻碑帖拓片，对书法、美术有着很高的鉴赏水
平。鲁迅的书法独具面貌而不违背传统，沉稳
倔傲而不失平和（图 7-75）。

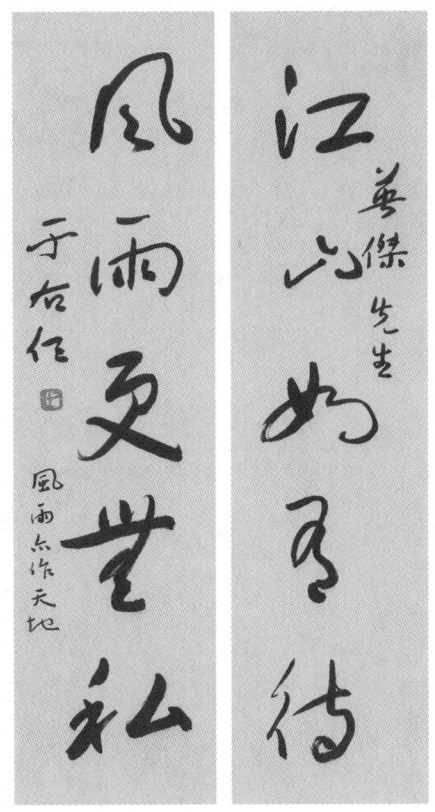

图 7-74　于右任作品

沈尹默（1883—1971），号君墨，别号鬼谷子，祖籍浙江湖州，生于陕西安康。
他早年留学日本，后任北京大学教授、北平大学校长、辅仁大学教授，《新青年》
杂志编委。沈尹默与其兄沈士远、弟沈兼士合称"北大三沈"。沈尹默以书法闻名
于世，与于右任被称为"南沈北于"。沈尹默早年随私塾老师吴夫子学习书法，后
由欧（阳询）赵（孟頫）入"二王"门庭，晚年参以魏碑、汉隶。他真、行、篆、
隶四体兼工，行书成就最高，功夫极其深厚（图 7-76）。

毛泽东（1893—1976），字润之，笔名子任，湖南湘潭人。毛泽东在诗词、书
法上堪称一代巨匠。其书法初学欧休楷书而个性鲜明，后博览历代行草法书，受郑
燮（郑板桥）"六分半书"章法的影响颇深，形成大小夸张、茂密穿插、恣肆奔放
的独特风格，尤以草书为最（图 7-77），作品具有极高的艺术价值，受到大众广泛
的喜爱和推崇，被亲切称为"毛体"。

吴玉如（1898—1982），名家琭，字玉如，后以字行；原籍安徽泾县茂林，故
早年号"茂林居士"，晚年自署迂叟。吴玉如十余岁始常居天津，在古文、诗词、
文字、训诂等方面造诣颇深，曾执教于津沽大学、南开大学、天津工商学院，生前
为中国书法家协会名誉理事、天津市政协委员、天津市文联委员、天津市文史馆研
究员。其书法早年学苏轼、赵孟頫，后学米芾，又得李北海宽绰简约和魏晋小楷之

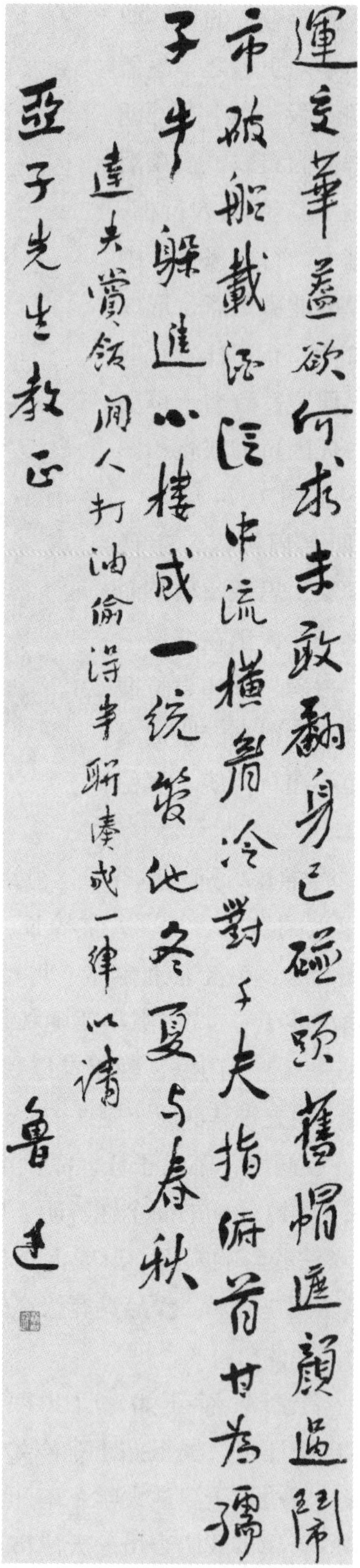

运交华盖欲何求，未敢翻身已碰头。破帽遮颜过闹市，漏船载酒泛中流。横眉冷对千夫指，俯首甘为孺子牛。躲进小楼成一统，管他冬夏与春秋。

达夫赏饭，闲人打油，偷得半联，凑成一律以请

达夫先生教正　鲁迅

图 7-75　鲁迅作品

图 7-76 沈尹默作品

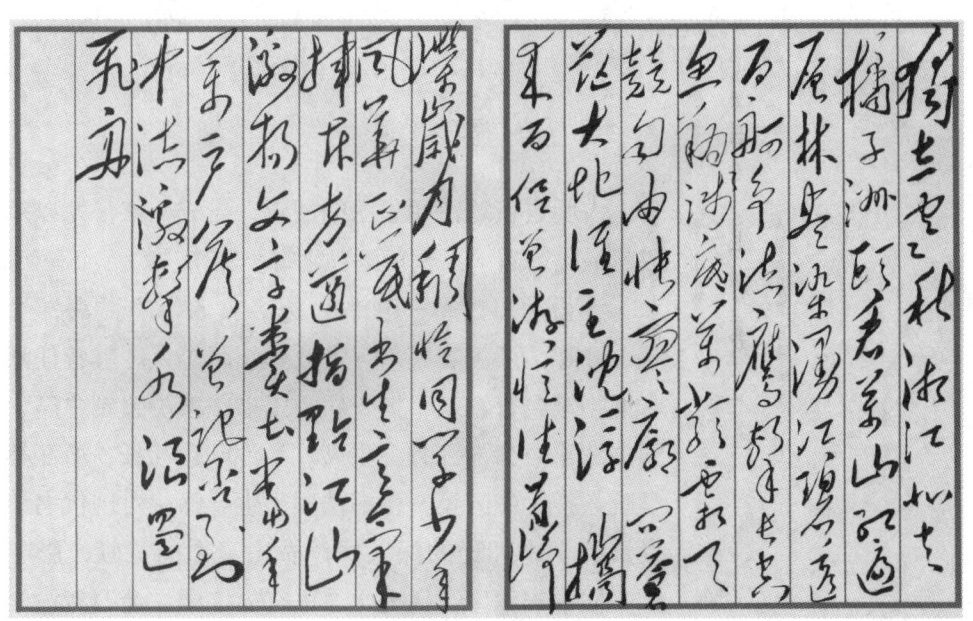

图 7-77 毛泽东作品

古雅，博览临习历代名家，融会贯通，自成风格（图 7-78）。吴玉如天资神纵，学识丰赡，人品贵重，喜用长锋羊毫、薄纸淡墨悬肘作书，挥洒自如，格调沉静高古，篆、隶、草、行、楷无所不精，被启功评誉为"三百年来无此大手笔"。其门下弟子众多，人才辈出，人称其"吴门"。

　　林散之（1898—1989），字散之，名以霖，号三痴、左耳、江上老人等；祖籍安徽和县，生于江苏南京江浦；当代著名书法家，绘画、诗文俱佳。他书法先后师从范培开、张粟庵、黄宾虹，一师一变，后修成正果。1972 年 8 月，他的草书条幅《毛主席词　清平乐·会昌》得到郭沫若、赵朴初、启功等的高度评价，1973 年 1 月 5 日，《人民中国》杂志第一期刊出了这幅作品。他力学百家书法，融会书

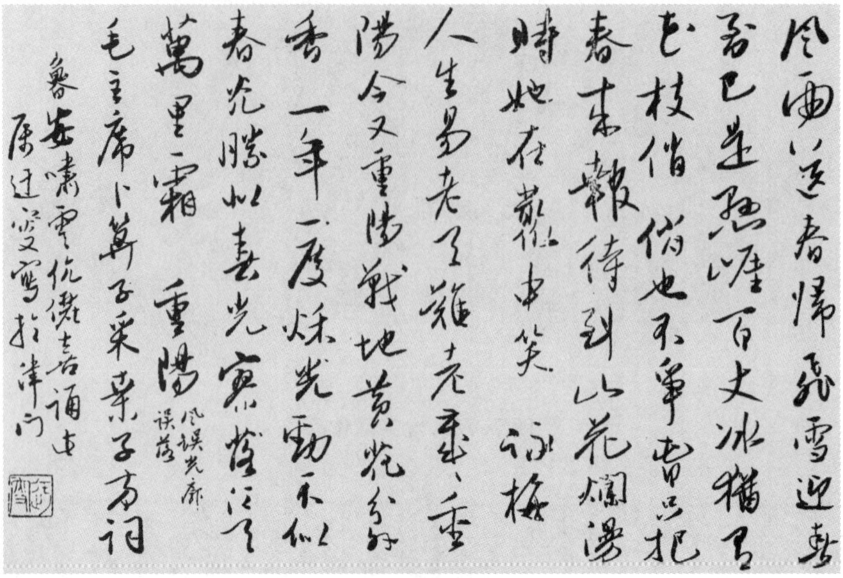

图 7-78　吴玉如作品

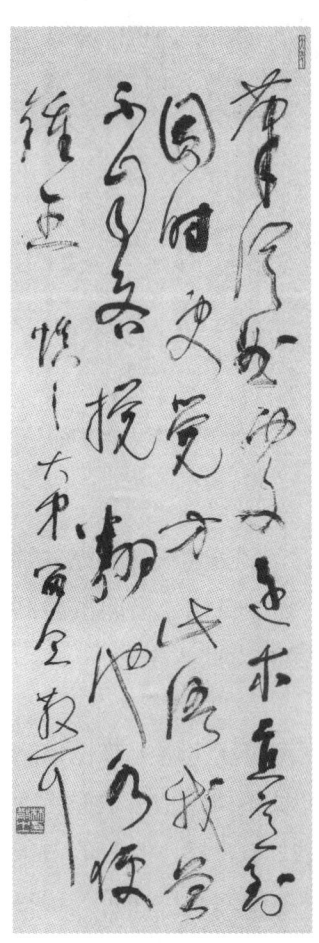

图 7-79　林散之作品

画，大胆进行笔法和墨法的创新，自成一家，尤以草书成就最高，有"当代草圣"之誉（图 7-79）。

沙孟海（1900—1992），原名文若，字孟海，号石荒、沙邨，浙江鄞县（今宁波鄞州区）人。其曾任浙江省博物馆名誉馆长、第一届中国书法家协会副主席、中国书法家协会浙江分会主席、西泠印社社长、浙江美术学院教授，中国第一代书法硕士生导师，对现代书法的发展、学术理论的深入探讨做出了杰出贡献，影响深远。他学养深厚，集史学、语言文字学、金石考古学等于一身，尤其精于书法，篆、隶、真、行、草五体皆擅，书风雄厚，享誉当世，有 20 世纪中国书法界"泰山北斗"之誉（图 7-80）。

启功（1912—2005），字元伯，也作元白，北京人，满族，中国现代著名书法家、文物鉴定家、古典文献学家、国学大师，新中国成立后，曾任北京师范大学教授、中央文史研究馆馆长、中国书法家协会主席等。启功书法自称"先摹赵董后欧阳，晚爱诚悬竟体芳。偶作擘窠钉壁看，旁人多说似成王"，在唐代、明清诸家基础上形成了瘦硬活脱的独特风格，他的字被称为"启体"（图 7-81）。他以楷、行、草见长，书风典雅而有古韵，极富书卷气。

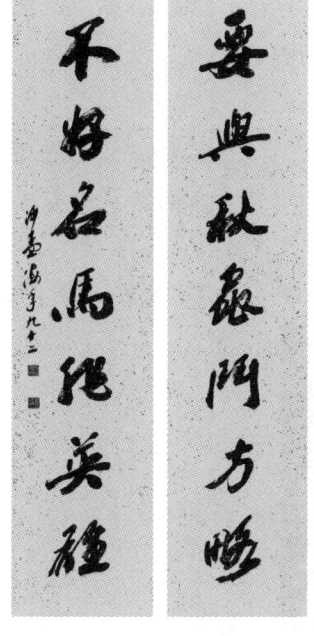
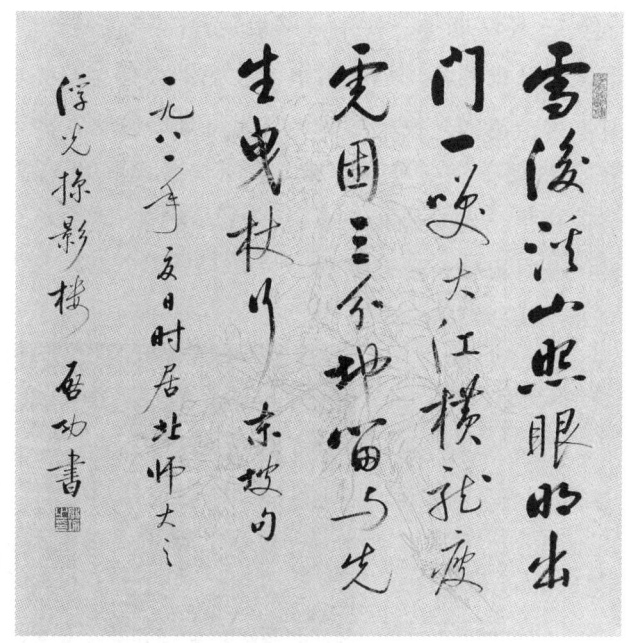

图 7-80 沙孟海作品   图 7-81 启功作品

欧阳中石（1928—2020），生于山东泰安，著名学者、教育家、书法家、京剧艺术家，当代书法高等教育的重要奠基人和开拓者，曾为中央文史研究馆馆员，中国文联第十届全委会荣誉委员，中国书法家协会第二届理事会理事、第三届理事会顾问，首都师范大学中国书法文化研究院教授、博士研究生导师、名誉院长、学科带头人，中国艺术研究院戏剧戏曲学表演专业博士研究生导师。其早年从学武岩法师，后师从吴玉如，从唐碑入手，转临北碑，博涉篆、隶、甲骨、金文，行草以"二王"、孙过庭为宗，亦得益于黄、祝点法，融会百家，诸体兼精，风格鲜明，尤其以行草入魏晋堂奥，在海内外享有盛誉（图 7-82）。

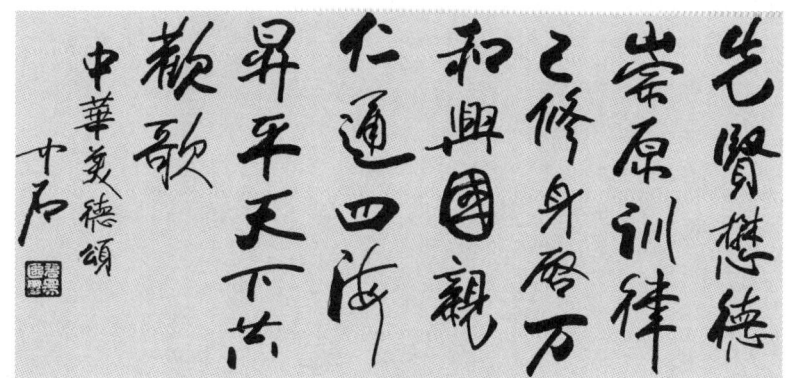

图 7-82 欧阳中石作品

实践与探索

1. 可以选择一处书法名胜地，如西安碑林、曲阜孔庙碑林、绍兴兰亭、山东泰山等处或到各地举办的书法展览上去观摩，并联系本章的内容欣赏，以增强自己对中国书法优秀传统的认识，提高自己的欣赏水平。

2. 近年，在河南卫辉市比干庙发现一块孔子剑书残碑。据专家考证，这是目前国内唯一发现的孔子真迹（图 7-83）。我们把它放在中国书法发展的历史中去考察，会得出什么结论呢？

图 7-83　孔子真迹拓本示例

3. 学完本章，你最喜欢哪一种碑帖？谈谈自己的体会。

4. 收集本章提到的名家典故、碑帖、制作成电子资料，以备将来教学之用，建议同学之间分工合作。

第八章 小学写字教学

▶ 学习提示

规范、端正、整洁地书写汉字，是学生终身学习的基础。养成良好的写字习惯，具备熟练的写字技能，具有初步的书法欣赏能力，是现代国民应有的基本素养。为此，教育部对小学写字教学多次提出明确要求。小学教师要明确这些要求，确立和掌握写字教学的理念及教学方式方法，并且重视学生日常写字，在各科作业中都应要求书写规范、端正、整洁，真正做到"提笔就是练字时"。教师也要以正确、认真的书写，作为学生的表率，在潜移默化中促进学生良好书写习惯的养成。

我国现阶段的小学教育，把写字教学主要放在语文课程中。应该看到，任何教学都具有多重教育功能。尽管小学生写字能力的形成和发展是以语文课堂为主，但其他各科教师也负有对学生进行写字示范、指导学生正确地书写汉字的教育责任。一位合格的教师，其教学素养是全面的、综合的，所以每一位小学教师都要了解和掌握小学写字教学的有关知识和技能。

第一节　小学写字教学的目标

　　教学目标是总纲，一切教学活动都是围绕一定目标进行的。对于小学教师来说，明确小学写字教学的目标，学会制订教学目标是十分必要的。

　　小学写字教学的主要目的不是培养书法家，而是为学生学习语文和其他课程、形成终身学习的能力打下良好基础；是培养学生良好的书写习惯，帮助其具备熟练的书写技能，并在此基础上具有初步的书法欣赏能力；是培养学生的核心素养，培养学生热爱祖国文字的情感，使学生成为全面发展的人。

　　制订小学写字教学的目标，必须了解国家教育部颁发的有关文件精神，必须学习《义务教育语文课程标准（2022年版）》（以下简称《语文课程标准》）和《中小学书法教育指导纲要》关于小学写字及书法教学的内容。

　　早在1984年11月，教育部就颁发了《教育部关于加强小学生写字训练的通知》，通知指出："各地教育部门要采取有效措施，切实加强小学生的写字训练，提高写字课的质量"，改变"小学比较普遍存在着不重视写字训练的现象"。1998年教育部发布了《九年义务教育全日制小学写字教学指导纲要（试用）》，对小学写字教学做了较全面的阐述。随后，教育部《基础教育课程改革纲要（试行）》特别指出，"在义务教育阶段的语文、美术课中要加强写字教学"，再一次强调写字教学的重要性，并就中小学加强写字教学提出了比较系统的意见。为了贯彻落实以上两个"纲要"，教育部随后又印发了《教育部关于在中小学加强写字教学的若干意见》。该《意见》从"充分认识写字教学的目的和意义""明确写字教学的要求""各门课程都应重视写字教学""为学生写好汉字创设环境，提供必要条件""改进写字教学评价"五个方面阐明了写字教学的相关问题。

　　2013年，教育部印发《中小学书法教育指导纲要》，说明了书法教育目标与内容。

一、书法教育总体目标与内容

　　（1）学习和掌握硬笔、毛笔书写汉字的基本技法，提高书写能力，养成良好的书写习惯。

　　（2）感受汉字和书法的魅力，陶冶性情，提高审美能力和文化品位。

　　（3）激发热爱汉字、学习书法的热情，珍视中华优秀传统文化，增强文化自信与爱国情感。

二、硬笔学习的目标与内容

（1）掌握执笔要领，书写姿势正确，不急不躁，专心致志。学习正确的运笔方法，逐步体会起笔、行笔、收笔的运笔感觉，逐步感受硬笔书写中的力度、速度变化，逐步体会铅笔、钢笔书写的特点。养成"提笔就是练字时"的习惯。懂得爱惜文具。

（2）小学低年级学习用铅笔写正楷字，掌握汉字的基本笔画、常用的偏旁部首和基本的笔顺规则；会借助习字格把握字的笔画和间架结构，书写力求规范、端正、整洁，初步感受汉字的形体美。小学中年级开始学习使用钢笔，能用钢笔熟练地书写正楷字，做到平正、匀称，力求美观，逐步提高书写速度。小学高年级，运用横线格进行成篇书写练习时，力求行款整齐、美观，有一定速度；有兴趣的学生可以尝试用硬笔学写规范、通行的行楷字。

三、毛笔学习的目标与内容

（一）小学 3—4 年级

（1）掌握毛笔的执笔要领和正确的书写姿势，了解笔、墨、纸、砚等常用书写用具的常识，学会正确使用与护理。注意保持书写环境的整洁。

（2）学习用毛笔临摹楷书字帖，掌握临摹的基本方法。学会楷书基本笔画的写法，初步掌握起笔、行笔、收笔的基本方法。注意利用习字格把握字的笔画和间架结构。

（3）开始接触楷书经典碑帖，获得初步的感性认识。尝试集字练习。

（二）小学 5—6 年级

（1）继续用毛笔写楷书。比较熟练地掌握毛笔运笔方法，能体会提按、力度、节奏等变化。借助习字格，较好地把握笔画之间、部件之间的位置关系，逐步做到笔画规范，结构匀称，端正美观。保持正确的书写姿势和良好的书写习惯。

（2）尝试临摹楷书经典碑帖，体会其书写特点，逐步提高临摹能力。在临摹或其他书写活动中，养成先动脑再动手的习惯。

（3）学习欣赏书法作品。了解条幅、斗方、楹联等常见的书法作品幅式。留意书法在社会生活中的应用。通过欣赏经典碑帖，初识篆、隶、草、楷、行五种字体，了解字体的大致演变过程，初步感受不同字体的美。

（4）有初步的书法应用意识，喜欢在学习和生活中运用自己的书写技能。

第二节 小学写字教学的意义和要求

写字教学在小学教学中有着十分重要的地位，是听、说、读、写训练的重要组成部分，是巩固识字的重要手段，对于提高学生的文化素养起着重要的作用。学生在小学阶段写字的好坏，不仅影响到他今后的语文和其他学科的学习，而且在某种意义上也影响了他们一生的学习和工作。因此，教师要充分认识写字教学的意义，明确写字教学的要求。

一、小学写字教学的意义

（一）写字具有巩固识字的作用

写字教学与识字教学关系极为密切。小学识字、写字的任务往往是交织在一起，共同提出的。汉字是方块字，其特点是在二维平面里多向展开，笔画或平行或纵横交错，组合样式丰富，构造复杂，且数量繁多。学生熟悉字形的过程，是对汉字形体结构精确分析和整体综合的过程。在写字、组词过程中对汉字音、形、义的了解，会发展小学生的智力品质，小学生通过写字练习对汉字形体结构会有精确、具体的认识。所以，有经验的教师，十分清楚写字是巩固识字的有效手段。

同时，小学生在写字过程中，手、脑并用，以脑的活动带动手指运动，以手指的运动促进脑的活动。手、脑的反复结合练习，在神经中枢形成牢固的条件反射，使识字活动在写字过程中有一个新的突破，使小学生对汉字字形"烂熟于心"，书写如行云流水。

此外，小学生写字练习也是教师对识字效果的检查过程，是教学信息反馈的渠道之一，能为教师正字正音、巩固识字成果提供依据。

（二）写字教学为小学生的学习、发展打下良好的基础

教育部《中小学书法教育指导纲要》首先明确的"基本理念"是"面向全体，让每一个学生写好汉字。识字写字，是学生系统接受文化教育的开端，是终身学习的基础"。

写字教学是学生书写活动的起始环节，是基础性的学习活动。小学生在教师的正确示范和指导下，学习和掌握正确的执笔方法和写字姿势，把字写得正确、端正、整洁，具有一定的书写速度，形成良好的书写习惯，为写好字乃至进行书法创作活动打下坚实基础。同时，小学生能正确、熟练地写字，就为写作文和完成书面

作业带来了方便，对学好其他各门功课具有促进作用。所以，写字教学对于发展儿童的书面语言能力，培养和发展儿童的学习能力，具有举足轻重的作用。

（三）写字教学可以培养小学生认真负责的学习态度和良好的学习习惯

《中小学书法教育指导纲要》在教学建议与要求中，明确指出："重视养成良好的书法习惯和态度。"

教师通过写字教学，可以培养小学生不急不躁、严肃认真、一丝不苟的学习态度和学习习惯。郭沫若说，培养中小学生写好字，不一定要人人都成为书法家，总要把字写得合乎规格、比较端正、干净、容易认。这样养成习惯有好处，能够使人细心，容易集中意志，善于体贴人。草草了事，粗枝大叶，独行专断，是容易误事的。练习写字可以逐渐免除这些毛病。[①] 同时，小学生通过写字，也能培养不怕困难、坚忍不拔、不达目的决不罢休的可贵精神，写字是修身养性的有效途径。

（四）写字教学可以培养小学生对汉字书法艺术甚至对传统文化的热爱

书法艺术，是我国最具代表性的艺术种类之一，并在世界上享有很高的声誉。书法艺术书写的对象是汉字，而汉字是世界上为数极少的可作为艺术创作的文字。可以说，没有汉字，就没有中国书法。《语文课程标准》提出"初步感受汉字的形体美"（第一学段），"感受汉字的书写特点和形体美"（第二学段），"在书写中体会汉字的优美"（第三学段），其目的是要促进学生感受汉字的艺术美，进而能初步欣赏书法艺术。此外，汉字本身所负载的文化信息使学生在欣赏书法艺术中"初步感受汉字的文化内涵"和"感受汉字的构字组词特点，体会汉字蕴含的智慧"，并根据汉字固有的美学价值，形成对祖国语言文字的热爱之情，因而教师在写字教学中可以同时开展审美情趣教育和爱国主义教育。这对提高小学生的文化素养和思想品德均起着重要的作用。

二、小学写字教学的要求

小学写字教学既要从小学生书写层面提出严格的要求，也要对小学生的行为习惯提出明确要求。

（一）教小学生学会写铅笔字和钢笔字，逐步做到书写正确、端正、整洁，有一定的速度

教小学生学会写铅笔字和钢笔字，这是整个小学阶段写字教学的要求之一。我

---

① 郭沫若．题词［J］．人民教育，1962，9（9）：1.

们要注意教学的阶段性。《语文课程标准》规定第一学段和第二学段是以硬笔（铅笔、钢笔）书写为主；第二学段要求"用毛笔临摹正楷字帖"。这一规定与实际教学是一致的。在实际教学中，常常是先指导小学生练习用铅笔写字，逐步达到熟练地写铅笔字，再指导小学生练习用钢笔写字，逐步达到熟练地写钢笔字；然后在此基础上，指导小学生用毛笔临摹正楷字帖，最后到用毛笔写楷书。下面，我们分别对写铅笔字和钢笔字的具体要求扼要地加以分析。

1. 正确、端正、整洁

（1）正确，即写得对，做到不缺少笔画，不增添笔画，不改变字形。小学生在书写中能掌握字的笔画和笔顺，字的间架结构安排没有错误，这是对小学生最基本的要求，是写好汉字的第一步。同时，我们还要认识到，简化汉字是我国语言文字工作的重要方针政策之一，1956 年国务院公布了《汉字简化方案》，1986 年国务院批准废止《第二次汉字简化方案（草案）》并重新发表《简化字总表》。我们要教育小学生写简化字，不滥用繁体字，也不乱造简化字，注意不写错别字，从小养成使用规范汉字的良好习惯。

（2）端正，是指书写认真，写得好，即要在写得正确的基础上，把字写得笔画工整、结构匀称、间架适度、字迹清楚。小学生写字，开始会由写得不端正到端正，但时间一长，逐步又会写得不那么端正，甚至出现书写潦草的现象。这种情况一经发现，教师就要及时纠正，不断使小学生调整书写态度甚至是学习态度。

（3）整洁，是指字迹整齐，纸面洁净。出现不整洁情况，往往是由于书写时粗枝大叶，发现写错、写得不好，随便用橡皮擦、用墨水改，弄得字迹模模糊糊，纸面涂涂抹抹。钢笔字的墨水未干，手指、手臂不小心把字迹擦花，也会影响整洁。要保持字迹和书面的整洁，就必须细心，实质上也是端正学习态度、提高书写水平的问题。

2. 书写熟练、行款整齐、有一定的速度

"书写熟练"和"有一定的速度"是一致的，是小学生写字技能的体现。所谓书写熟练，就是在认真练、不断练的基础上，逐步掌握运笔方式，达到书写比较自如的地步。运笔熟练了，书写速度也就加快了。所以，熟练是速度的前提，速度加快又是熟练的必然结果。这个要求不仅是需要的，也是可能的。到一定阶段完全应该要求和培养小学生书写有一定速度，因为这直接影响到小学生能否在规定的时间里认真完成书面作业，直接影响小学生的学习效率。但有一定速度，是在书写正确、端正、整洁的基础上提出的，绝不是片面求快。片面求快会导致小学生书写潦草，影响写字能力的提高。要把有一定速度同敷衍塞责、潦草乱画严格区别开来。

"行款整齐"是指小学生书写的字迹，不论横行、直行，都要整齐划一。

（二）教小学生写毛笔字，逐步做到写得匀称、纸面干净

小学写字教学，要注意正确处理写字和书法两者之间的关系。二者既有联系又有区别。前者属于实用的范围，是对每个小学生的要求，即要求每个小学生都应具备一般的书写技能；后者是一种艺术。前文已述，小学写字教学不是要求每个小学生都做一个书法家。在写字教学中，教师当然要倍加爱护在书法方面有爱好和特长的小学生，为他们创造条件，鼓励他们刻苦练习，以便日后继续深造，达到较高水平。但是，小学写字教学主要是为了培养全体小学生的写字能力，以便于其日常应用，所以，我们对小学生写毛笔字的要求不能太高，只要求小学生学习写毛笔字，一方面通过学习写毛笔字，继续巩固对汉字笔画与结构的认识和把握，继续提高书写汉字的技能；另一方面，学习写毛笔字，也便于日常应用。因此学写毛笔字的具体要求只是：

1. 逐步做到写得匀称

匀称，是指把字的间架结构安排均匀，把组成一个字的各个部件（即偏旁）的大小安排得合适，把字的笔画安排得比较合理。

2. 保持纸面干净

纸面干净能使人看得舒服，同时也能培养小学生良好的书写习惯。写毛笔字要使用毛笔和纸、墨、砚（现在多用墨水）等。要教育小学生使用笔、墨、纸、砚的方法，并严格要求，逐步做到纸面干净。

此外，要注重硬笔与毛笔兼修，实用与审美相辅。在强调写字规则与书写规范的同时，要关注个性体验、感悟和个性化表现。

（三）要注意培养学生良好的书写习惯

《语文课程标准》对义务教育阶段学生的写字习惯提出了明确要求。第一学段是"努力养成良好的写字习惯，写字姿势正确"，第二学段是"写字姿势正确，养成良好的书写习惯"，第三学段是"写字姿势正确，有良好的书写习惯"，第四学段是"写字姿势正确，保持良好的书写习惯"。

学生良好书写习惯的养成，绝非一时之功。《语文课程标准》强调培养良好书写习惯的长期性和过程性。教师要以耐力去培养耐力，以恒心去培养恒心，以毅力去培养毅力，从而促使小学生养成良好的书写习惯：一是培养学生良好的写字姿势，即头正、身直、脚放平、胸部距桌子一拳。小学生年龄小，认识能力较差，行为习惯正在养成之中，因此极容易忽视写字姿势。姿势不对，不但影响字的书写，而且对小学生身体的健康发育有害。二是培养小学生正确的执笔方法，这是写好字的前提条件。执笔方法不当、习惯不好，不仅影响指力、腕力运用的灵活性，更直

接危害到小学生的视力。三是培养小学生认真写字的态度。认真练习每一个字，做到一笔不敷衍，一字不潦草，字才能写得既规矩又好看。四是培养小学生爱惜写字用具，讲究卫生。小学低年级学生由于自理能力差，对写字用具不甚爱惜，教师应要求小学生不随便撕扯写字本，不浪费笔墨纸砚；写字时要讲究卫生，保持纸面干净，不要在课桌和墙壁等处随便写字，还要经常保持手指、写字本和课本等的卫生。

教师在评价小学生写字时，要重视其对基本笔画、结构的正确把握；关注其良好书写习惯的养成。

（四）要坚持训练，从严要求

写字是具有技巧性的基本功训练，只是懂得一些写字知识而不动笔练习是绝对不行的。任何技能只有在实践活动中反复练习才能形成，所以要坚持让小学生在教师的指导下进行反复的书写练习，让小学生在初步掌握写字要领后，通过反复练习，逐步掌握书写技能。学校、教师首先要执行国家教育部颁布的《语文课程标准》《中小学书法教育指导纲要》，保证写字课的正常进行，并有计划地进行写字基本功训练；同时，还要结合各科学习，特别是语文学科的各种学习活动，在小学生课内、外书面作业和作文的时候，指导他们认真写字；此外，在提高教学效率和不加重小学生课业负担的前提下，最好每天安排一次写字练习，但每次练习的时间和书写量不宜过多，要符合小学生的生理特点。

书法教学应采取多样化的教学方式方法，利用书写实践、作业展示、欣赏评价、讨论交流等形式，激发小学生学习兴趣，提高训练效率。教师、学生也可通过互联网获取丰富的写字教育资源，加强交流，构建开放的网络教学平台，充分利用现代教育技术进行生动活泼的写字教学训练。

对小学生的写字练习，教师要从严要求，要始终严格地要求小学生保持正确的写字姿势，运用正确的运笔方法等；要求笔笔认真，字字端正，行行整齐，篇篇洁净。教师对小学生写字中存在的问题要及时纠正，对学习态度不够端正的学生要说服教育，做好工作。教师对小学生不但要严格要求，还要持之以恒，而且各科教师要协调一致，共同努力，使小学生的写字能力逐步提高。

第三节　小学写字教学的原则

小学写字教学的原则是对小学写字教学的理论概括，是小学写字教学的基本特征和规律的反映，是教师进行写字教学及其活动的准则。

　　小学写字教学作为一门学科的教学活动，必然要遵循教育学、心理学所揭示的教育规律。但是，教育学所提出的教学原则，具有较大范围的概括性，不能代替任何一门学科自身的教学原则，对小学写字教学也不例外。

　　当前，随着基础教育课程改革的推进，教育教学理念发生了很大变化，小学写字教学的观念也在发生变化。时代要求小学写字教学合乎科学规律。因此，我们有必要总结传统写字教学的经验，同时依据新课程的理念，形成现代化、科学化、民族化的写字教学理论。

　　小学写字教学原则，不能凭空设想，必须根据几个重要因素来确定：一是《语文课程标准》提出的写字教学目标；二是写字教学活动的客观规律；三是运用这种规律去实现写字教学目的以及进行写字教学活动的具体条件等。

　　小学写字教学究竟有哪些原则，尚无定论。有人将书法艺术教学的原则作为小学写字教学的原则，这是不科学的。因为书法艺术在小学写字教学中并不占主导地位。我们这里提出的是：循序渐进原则、教师主导和学生自主能动相结合原则、直观启示原则和针对性原则。

一、循序渐进原则

　　循序渐进原则要求教学按照学科的逻辑系统和学生认识发展的顺序进行。写字教学必须重视教学的计划性和系统性，按照教学目标和教材的要求，结合学生的实际情况制订教学计划，并自始至终贯穿整个教学过程。教学过程一定包含一个引导学生认识的过程。这个过程是日积月累、稳步地、渐进地向前发展的。小学生由识字到写字，由写铅笔字到写钢笔字、毛笔字，是由浅入深，由易到难，由简单到繁杂，逐步掌握写字要领和形成书写技能的。

　　小学写字教学就使用笔种来说，先用硬笔（铅笔、钢笔），后用软笔（毛笔）；就结构系统来说，先练点画，后练结构（练结构时先练独体字，后练合体字）；就字体来说，先学楷书，后学行书；就练字方式来说，先摹后临，先对临，后背临。总之，无不遵从循序渐进的规律。

　　遵循循序渐进的原则，有两个方面的问题须注意。

（一）写字教材的编写要注意学科的系统性

　　《语文课程标准》提出的写字目标是具有阶段性和系统性的，写字教材的编写应体现目标理念，每个学年度既相对独立，自成系统，又是一个完整的大系统的一部分。什么时候应当进行楷书教学，什么时候应当进行行书教学，什么时候应当进行书法欣赏的教学，这在教材中应当有一个科学的系统。这个系统包含着循序渐进的教学过程，应当与小学生心理、思想上的逐步成熟，与小学生认识、学习能力逐步增强的过程相吻合。如小学低年级写字教材的编写要参照《语文课程标准》附录4《识字、写字教学基本字表》和附录5《义务教育语文课程常用字表》，参考同学期语文教科书的识字、写字内容，以硬笔书的范例和书写练习为主体，适当编入精要的书写姿势和书写习惯的指导内容。而小学中、高年级的写字教材编写，以硬笔楷书、行楷和毛笔楷书为主体，重视书写练习，适当编入精要的书写姿势、书写习惯、书写技法的指导内容，适当融入书法审美和书法文化的内容。

（二）教师从整体出发去把握教学的各个阶段和环节

循序渐进要求教师从整体出发去把握教学的各个阶段、环节。教学具有阶段性和连续性。一年、一学期，乃至一堂课的教学计划的制订、活动的安排，都应该服从整体的需要。如楷书教学，是小学写字教学的主体，并不是一次两次可完成的。楷书最能表现汉字的造型特点及规律，它方整而清晰，易于理解和掌握，但在教学中应当从点画讲起，既要讲清点画的基本写法，还要把它作为不同字的构成部分，讲清其不同的形态与走向等。

二、教师主导和学生自主能动相结合原则

教师主导和学生自主能动相结合，是指在写字教学的过程中，教师要充分发挥自己的主导作用，同时要积极调动学生的自主能动性，使他们最大限度地掌握基础知识和基本技能，掌握学习写字的方法，自觉自愿地练习写字。

小学生处于写字的入门阶段，这时最需要教师的指导。但小学生能否写好字，是否有一定的欣赏水平，取决于小学生的自我追求，教师代替不了小学生。教师的书写技能高，对小学生书写有积极影响，可使小学生产生向往之心，自觉借鉴、模仿，对小学生书写技能的形成具有极大的推动作用。

贯彻这一原则，要注意这几点：

（一）教师应具有较强的讲授能力

教师的讲授能力体现为广泛而熟练地运用各种具体的教学方法。在教学过程中，学生怎样才能更好地发挥主观能动的作用，怎样才能使自己的努力取得最佳效果，这首先取决于教师是怎样"教"的，取决于教师的主导作用发挥得如何。从点、横、撇、捺等笔画的写法开始，到间架，到章法等，学生由不知到知，是在教师的引导下进行的。教师讲授的好坏，往往并不在于这位教师理论上讲得深不深，而是在于这位教师用什么样的方法使学生由不知到知，由知之较浅到知之较深。如

从笔画的写法到一件作品的完成，可以是由教师写给学生看，让学生通过教师的实践自己去领悟，去模仿；也可以是由教师先把道理讲清楚，说明为什么要这样运笔和怎样运笔，说明为什么要这样布局和怎样布局等，然后进行示范，使学生领悟，再指导学生实践。运用不同的教学方法，教师的主导作用发挥的程度不同，收效也是不同的。我国古代的教学方法是让学生先描红、再仿影，逐步上升，教师并不作详细的讲解，一本字帖学生需临习相当长的时间才能写得有几分相似，到写得比较像了，学生也未必能真正明白写得相似的道理。如果教师从笔画、结体到章法上作出科学的分析、归纳，总结出带规律性的东西，并设计出一套科学的训练方法，那么学生就能在理解的基础上临习，在临习的基础上提升，从而更直接、更全面地掌握必备的基本技能。

（二）教师要激发与巩固学生的自主能动性

在教学活动中，学生的学习并不是处于消极被动状态，他们是学习活动的主体，学习的自主能动性是他们的内因。教师的教学活动必须通过他们的内因起作用，这是他们由不知到知转化的必要条件。只有当教师的教学活动充分调动起学生的学习兴趣，学生的学习目的才能明确，学习态度才能端正，教学才能取得满意的效果。调动学生的积极性，巩固学生的自主能动性，方式方法是多样的，但必须根据学生个人的情感需求。例如选帖就与学生的审美情趣、性格爱好相关，有的学生性情爽朗，以豪放刚健为美，那学习颜真卿的作品就会感兴趣一些。所以，教师应该根据学生的不同情况帮助他们选择恰当的范本，从而进一步激发学生的学习兴趣。当然，教师不能只是按学生的兴趣去安排教学，不能单凭兴趣去选择，要引导学生扎扎实实地从正楷入手练习。教师要在不伤害学生积极性的前提下，将他们的兴趣引入正轨。

（三）课堂写字教学要着力于提高学生的思维品质

思维品质的核心是理智。小学生感性强于理性、现象的直观感受强于理性的认知，但不能因此只停留在表象的感知阶段。如果学生通过临摹，能够把字写好，但不理解为什么这样就叫作"好"，那么学生就很难向纵深发展。因此，教师应将基本规律讲清，让学生既知其然，又知其所以然。

三、直观启示原则

小学生的知识绝大多数来源于直观感受。书写是一门视觉艺术，正因为如此，我国传统的写字教学方式大多建立在直观感知的基础上。起步阶段的"描红"，就是感知直观形象。学习写字必须"摹"与"临",目的在于使学生从范本中获得并加深感性的印象,同时获得书写时手臂、手腕的运动方式和运动时对笔的控制,以及对毛笔本身特征的感知等感性的东西。比如,关于中锋用笔的技巧,教师口若悬河的理论讲解,不如教师瞬间的动作示范。又比如,关于欧阳询与颜真卿楷书风格的差异,理论的论证不如直接展示欧阳询、颜真卿的作品更有说服力。

贯彻这条原则需要教师注重示范。荀子特别强调学习过程中的"耳闻"和"目见"。他说:"不闻不若闻之,闻之不若见之。"(《荀子·儒效》)他虽不是指学习写字,但道理是相通的。教师应有较强的示范能力,在讲解的同时,加强示范,使许多言语不易表述清楚的东西通过教师的示范呈现在学生的面前。教师的示范要正确,尤其是进行个别辅导时,"手把手"的个别示范更为重要。现在出版的许多供临习用的写字范本,往往附有笔画的写法与行笔的路线图示,这虽对初学者有利,但还需要通过教师的示范把它再现出来。

此外,教师要充分利用范本、教具及现代化的电子录像等,来发挥直观教学的作用,使学生直接感知。其中范本尤为重要,它是直接向学生提供的书写模式。学生在长期临习的过程中直接感知并掌握书写模式,使书写达到一定的水平,这也是今天通常采用的教学手段。

四、针对性原则

针对性原则就是针对不同的教育对象和教学内容,有选择地实施教学。小学写字教学要在统一要求的前提下,注意学生年龄的差异、理解能力的差异、技法基础的差异等,不能机械地平均对待。如果教师不分对象地"一刀切",则可能使基础好的学生"吃不饱",而基础差的学生"消化不了"。

针对性原则首先表现在教学内容存在着差异性。比如有笔种的不同,笔种的不同又衍生出教学重点的不同——毛笔书写重用笔,钢笔书写重结构,等等。其次表现在教学对象的不同。教师面对不同的对象可灵活地运用教材。学生的领悟程度、兴趣修养不是整齐划一的,教师要针对每个学生的具体问题寻求最佳解决方案。再次,教师还可根据不同情况,教师采用不同的授课方式,如讲评课、专题课、讨论课、经验交流课、观摩课、作品欣赏课等。这些课与平常的讲课相穿插,既可使写字教学生动活泼、激发学生的兴趣,又可使不同层次、不同水平的学生从中获益。此外,教师还可开展培优活动。小学写字教学是起步,目的在于培养学生初步的书法审美欣赏能力,并不是使学生成为书法家,但不可否认的是,有些学生在书法方面是具有培养前景的。让其中部分学生向书法方向发展,有利而无弊。

针对性原则要求教师不要主观，不要唯我独尊，要切实地加强自身修养，深入细致地了解每一个学生的实际情况，理解不同层次学生的不同心理，采用不同的教学措施，搞好个别辅导，使他们达到统一的要求。只有明白了这些道理，教学才能做到有的放矢。

第四节　小学写字教学的过程和方法

小学写字教学的过程是小学生在教师的指导下，掌握写字的基本知识，逐步形成熟练的书写技能，养成良好的书写习惯，并在此基础上，实现全面发展的过程。

一、小学写字教学的过程

（一）小学阶段写字教学的过程

《语文课程标准》关于小学写字教学，是分三个学段分别提出目标要求的，因此小学写字教学应依据三个学段循序渐进安排。具体说，先用硬笔练习写字，后用毛笔练习写字。写硬笔字，目前的教学是一、二年级学生用铅笔写字，三年级学生用钢笔写字。而毛笔描红一般是三年级上学期，三年级下学期开始练习仿影，四年级临帖，然后发展到能用毛笔写正楷字。这种安排是符合科学原理的。小学生年龄小，腕骨和指骨的骨化还处在逐渐完成过程中，正是因为小学生手小骨弱，握笔写字较吃力，所以低年级学生用毛笔写汉字困难大。而使用硬笔所需要的腕力和指力都比使用毛笔小些，硬笔中铅笔所需要的腕力和指力最小。且小学生注意力集中的时间短，容易写错字，用铅笔书写，写错了可以用橡皮擦去重写，钢笔字则不易擦掉。因此，练习用硬笔写字，先使用铅笔，后使用钢笔。指导小学生练习毛笔字，也是从小学生的生理特点出发，先描红，再仿影，后临帖，逐步提高小学生写毛笔字的能力。

此外，小学生的写字活动，本质上是"写字""硬笔书写""毛笔书写"三大内容。"写字"重在字的基本知识和写字的基本方法、要领。"书写"则要求熟练，有一定的速度，且行款整齐。毛笔书写难度更大一些。而上述的三个学段的写字教学过程正包含这三个内容。

（二）课堂写字教学的过程

一次完整的写字课教学，一般有"指导—示范—练写—批改—讲评"等环节。有时用一课时，就可以完成这一过程，有时则需两课时交融进行。

1. 指导

小学生写字离不开教师的指导，这是提高写字教学质量的关键。教师的指导要围绕目标，突出重点、难点，讲清要领，笔画较多的要注意间架结构和重点笔画，要引导学生观察它们的形态特点。

2. 示范

教师的示范动作，对小学生非常重要。教师不仅要示范执笔姿势、运笔方法、写字姿势，还应该结合讲解的内容，示范书写。特别是在练习毛笔字的过程中，教师要让学生看清笔画的起笔、行笔、收笔以及运笔时的提、按、快、慢；对相似的笔画和字形，要在示范中进行比较，指出可能出现的不正确的写法，使学生在练习时更加心中有数。示范和指导要结合起来进行。边示范边指导，形象直观，效果更好。

3. 练习

低年级学生练习写字之前，可以先看黑板上的范字进行书空练习，作为过渡。学生练习写字时，教师要巡视指导，有意识关注优等和较差的学生，对书写中普遍存在的问题，应及时在全班给予纠正；对写得较差的学生，则应个别辅导，甚至手把手教。

4. 批改

教师要认真批改学生的写字作业。各科教师在批改学生学科作业的同时，也应关注学生的书写，好的予以鼓励，差的指出问题，并提出改正要求。写字作业的批改，是写字教学的一个重要组成部分，它是教师检查写字教学效果的重要手段，使教学具有较强的针对性和指导意义。教师批改要及时，要注意直观性、示范性，不要笼统地给个符号或简单地批个"阅"字，要用红笔进行圈注，把学生写得好的字圈出，以鼓励学生认真写字。学生写错了字或不认真写，教师要用红笔标出，让其订正或重写。每隔一段时间，教师要写上指导性的批语，肯定优点，指出缺点，让学生及时了解自己的练习结果。同时，教师可采取学生自批、互批或师生共同批改的方式，逐渐让学生能看出自己和别人作业中的优缺点，培养学生的审美和评判能力。每次批改作业后，教师应认真总结，找出好的典型及普遍存在的问题，为讲评做好准备。

5. 讲评

教师根据批改的情况，对学生的写字作业进行分析、评改。这是提高学生书写水平的重要一环。讲评要抓住教学重点，着重指出书写的问题，通过讲评肯定成绩，纠正偏向，以引起全体学生的注意，起到巩固和提高的作用。

批改和讲评可结合进行。在一节写字课上，教师可当堂批改一部分学生的作业，然后讲评；也可课后批改，在下一次写字课上先进行讲评，再指导、示范、组织练习新的写字内容，交替进行。每种做法的选择，要根据教学需要和学生的作业情况安排。

无论批改还是讲评都要保护学生写字的积极性。小学低、中年级的书写评价，要重视对基本笔画结构的正确把握；关注认真的书写态度和良好书写习惯的养成。小学高年级还要关注书写的美观与流利。

二、写字教学的方式方法

写字教学的方法是在写字教学的目标、原则、要求的指导下，根据教学内容和教学对象确定的。写字教学首要的是教学生学习和掌握汉字的结构；其次是掌握三种书写工具（铅笔、钢笔、毛笔）的运用；最后是各种形式的书写训练。关于铅笔、钢笔、毛笔的执笔和运笔的方式方法，前文已做了较详细的介绍，这里不再重复。下面只谈掌握汉字结构和写字训练的问题。

（一）汉字结构的认识和掌握

《语文课程标准》第一学段"识字与写字"部分明确指出："掌握汉字的基础笔画和常用的偏旁部分，能按笔顺规则用硬笔写字，注意间架结构。"这是最基本的书写要求，要由简到繁地让学生掌握。按教材的编排，学生应先掌握独体字，在独体字的学习过程中，逐步认识各种笔画的名称，掌握各种笔画的写法。教师要教给学生起笔、运笔、收笔的方法，让学生了解"横平、竖直、撇有尖，捺有脚"的特点，再结合合体字教学，让学生掌握合体字中的偏旁在整个字中所占的比例和所处的位置，同时掌握基本笔顺。

写字时手的生理习惯决定了笔画的方向是趋上和趋右的。正因为如此，整个字的笔画安排就必须适应书写时的生理条件需要，如果违反了这一条，就要经常使笔走回头路，延长运笔线路。只有按笔顺书写，字才会写得又快又好。为了让学生掌握好笔顺规律，教师要采取各种方式如讲解、演练、示范和让学生书写、观察、比较等。

汉字的独体字不多，绝大部分是合体字。现行小学写字教材，沿用一般习惯，把合体字的左右、上下、内外统称偏旁，并通过分析常用的合体字，归纳出 100 多个偏旁。最常见的偏旁有左偏旁，如讠、冫、火、阝等；右偏旁，如卩、阝、攵、刂等；字头如山、广、大、艹等；字底如小、心、儿等；字框如冂、几、匚、门等。同时，要让学生掌握这些偏旁及其变形，如"牛"字变成偏旁为"牜"，并在此基础上掌握好字的间架结构。

教师教学生认识汉字的结构和写字的方法时，要注意让学生掌握一些书写规律。如对独体字而言，中横要长，中竖要正；对于合体字而言，上下结构和上中下结构要横长竖短，而左右结构和左中右结构的字，要横短竖长等。这些基本规律要让学生反复认识，认真掌握。

（二）写字训练的一般方式

1. 教学生学习摹帖

摹帖的作用在于让学生学到基本的笔画和结构，特别是笔画。摹帖包括描红和仿影两种形式。

（1）描红。描红是直接在印好的红色范字上（图 8-1），按字的笔画、结构，用黑色的笔描写。描红前教师可以讲解如何起笔、行笔、收笔，使学生初步懂得运笔的方法。指导学生描红时，教师要先让学生看看所描的字是由哪些笔画、偏旁组成的，这些笔画、偏旁是怎样的，笔顺如何，然后按笔顺描写。粗细、长短、大小，都要正确地描写在红色字样上，既不能写得太细，让红色露出来，又不能写得太粗，写到红色外面去了。教师应帮助学生努力做到红色恰好被墨汁覆盖；如果写出的笔画和范字有出入，也不要重描，在描写下一个字时注意改进即可；运笔要慢些，所写的笔画要一笔成形，不能在一画里用几笔才描写成。

图 8-1　描红范字

（2）仿影。仿影也叫描影。它是用半透明的纸蒙在范字上，按照纸上显现出的字迹描写。仿影时不能写写描描、填填补补。教师除了要指导学生掌握如何起笔、行笔，收笔外，还要启发学生多动脑，思考范字的笔画形态和字的结构安排，让学生尽量写得和范字一样。

学生经过描红、仿影的练习，在书写的内容上经过两个循环，对基本笔画和不同结构部件（即偏旁）的搭配方法可以做到比较熟悉，为过渡到临帖创造较好的基础。

2. 教学生学会使用习字格

使用习字格是练习写字时对平面空间进行处理的辅助手段。

自古至今，人们练习书写有许多临摹形式，创造了许多习字格，诸如正方格、田字格、米字格、九宫格、回宫格等（图8-2）。因为汉字是方块字，大多还是由左右结构或上下结构所组成的。因此，这些习字格在帮助初学者习字时，有很大的好处。如清代包世臣不但认为九宫格可以使字"均布其点画"，而且还认为"凡字无论疏密斜正"，"必审其字之精神所注，而安置于格内之中宫，然后以其字之头目手足分布于旁之八宫"（包世臣《艺舟双辑》）。这样，一字"随其长短虚实而上下左右皆相得矣"。回宫格"由外方内长两个线框组成"，"内框主要用于容纳字的主体部分，外框主要用于安排字的外延部分"，能直观地表示汉字的"结构分布状况"[①]。

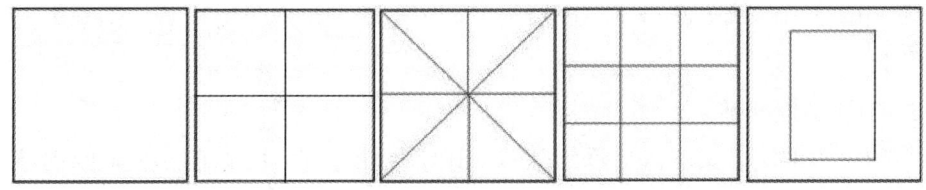

图8-2 习字格

这些习字格在发挥作用的同时，也有美中不足的地方。如有的习字格不设"十"字中心线，临习者还是难以把握字的结构；有的习字格设了"十"字中心线，又容易使临习者以为格子的几何中心就是字的美学重心；等等。字的重心是个美学概念，这里不展开讨论，但我们要认识到汉字的书法美学重心有个大体位置，它在一个字几何中心点的上方。重心安置在重心区，而不是安置在格子的几何中心，字就不会下沉，不会头重脚轻。鉴于这种认识，我们在古今临摹形式的基础上，汲取古今习字格的长处，创造了双宫重心习字格（图8-3），应该说，这是一种准确地反映了汉字结构规律，极便临习的新型习字格。

小学低年级学生的空间知觉能力较差，初学写字时，不知如何下笔，写出来的字不是东倒西歪，就是顶天立地。教师指导他们采用习字格练习写字，可以提高他们知觉的精确度，帮助他们掌握好笔画的位置和字的间架结构。

---

① 杨为国. 颜真卿·《多宝塔碑》回宫格楷书字帖［M］. 杭州：中国美术学院出版社，1994：1，2.

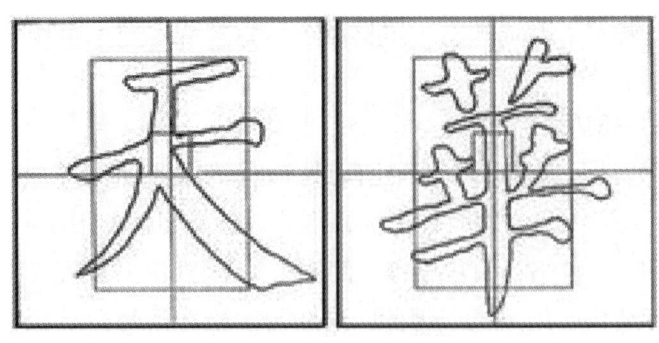

图 8-3　双宫重心习字格

习字格的运用，主要是训练学生掌握汉字的结构。首先是掌握和写好独体字。在进行这个内容的训练时，教师要把主要笔画的长短、倾斜以及在习字格中的位置等，认真地教学生认识，并通过反复临写，让学生掌握在习字格中写好字的要领。其次，习字格写字训练，使学生能够更好地把握合体字的间架结构。教师要善于指导学生认真观察习字格中每个字的结构和每个部件（即偏旁）的大小、高低、位置，遇到结构特殊或笔画特别多或特别少的字，还要重点分析讲解，指导学生把这些字写好。

3. 指导学生临帖

临帖应以书法名家的碑帖作为范本，让学生照着写。临帖前，教师要指导学生仔细观察字的形态和点画的写法以及结构的安排，先要心中有数，然后再下笔。学生临帖的要求，主要是临得像。笔画要像，偏旁要像，间架结构要像。要努力做到一气呵成。学生每临一遍后，要求对照字帖分析、改进，逐步做到写出的字和帖上的范字相仿。

历来给初学书写的人临摹的字帖有五种楷书范本——欧体、颜体、柳体、苏字、赵体。它们的共同特点是：字形方正，结构谨严，可以给学生打下比较扎实的基础。尤其是颜真卿的字，笔笔丰满，厚实有力，所以古人有"学书当学颜"的说法。教师要根据自己擅长的和学生的实际情况选用其中一种。一经使用之后，应该要求坚持临写下去，不要随意更换字帖。

4. 楷书和行书相融

小学生主要练正楷，打基础，这是毫无疑问的。但小学高年级的学生在"熟练"地书写正楷字，"行款整齐"，书写"有一定速度"的基础上，最好能接触一点行书的书写。楷书必须一笔一画，而行书可以笔画相连，书写时运笔更流畅，因此，行书比楷书的速度要快得多。小学生的日常生活中许多地方允许用行书，特别是考试时书写速度的快慢直接影响到学生的考试成绩，这一点对学生后段（初中、高中）的发展影响甚大。有的教师认为允许学生写行书，容易形成书写潦草的坏习惯，这种想法不一定准确，关键在于教师怎么训练、怎么要求。前文曾讲到小学高年级的学生，已经向往着那又快又美的行书，如果得不到正确的引导，写坏了手笔，写坏了习惯，将会是终身的遗憾。所以，教师一方面要注意在板书的时候，写出的行楷一要规范，二要流美；另一方面要帮助学生挑选适合的行书字帖，让他们了解一点行书的知识，学习写行楷字。这也是教师写字教学的任务之一。

5. 普遍要求与重点提高相结合

普遍要求是指要求所有学生写好字，要求学生在所有的学习活动中都认真写字，要求学生无论是在学校、家庭，还是在社会活动中都坚持正确地写字。前文已述，写字是一种技能，技能的形成过程是一个实践的过程，教师要强化这个过程。具体来说，一要按时。课堂布置的练写任务，应当堂练习，当堂完成。寒暑假的写字作业，要求每天练多少字，学生一定要不折不扣地练写。二要持之以恒。"拳不离手，曲不离口"，"夏练三伏，冬练三九"，这都是前人总结学好技术的重要经验，写字也是如此。虎头蛇尾、一曝十寒是收不到好的效果的。教师要培养学生每天练字的习惯，还要根据小学生的生理、心理特征。小学生喜爱新鲜事物、注意力不持久、兴趣不稳定，所以每次练习时间不宜过长，容量不宜过大，一般每天练习写字的时间十分钟左右；对毛笔字，可要求学生每天练写 10～20 字就够了。

课内写字教学主要面对全班学生。由于学生素质、家庭影响和其他方面的差异，同一个班级的学生，往往有少数学生对写字感兴趣，甚至进而对书法产生较浓的兴趣，进步快，书写成绩优异；也有少数学生兴趣不浓，甚至信心不足，书写时应付了事。因此，教师在普遍要求的同时，应针对不同情况，采取不同措施，加强课外辅导，让他们在不同的基础上提高。

对书写成绩优异的学生，教师可以将他们的优秀作业在一定场合公布出来让同学观摩，让他们看到成绩，同时也要指出他们的不足之处，并进而提出新的要求，让他们不断明确自己努力的方向。学生如果进步较快，成绩较好，却没有被发现、被重视，也会产生消极的情绪，同样也会影响进步。教师要特别善于发现对毛笔字很感兴趣、进步快、书写成绩特优的学生，组织到书法小组中去，精心培养和提高。这种书法小组的成员以高年级学生为主，人数不宜过多，一般 8～15 人。如学校规模大，发现这类学生比较多，可分组进行活动，以便进行有针对性的指导。小组活动的内容和方法可以灵活多样。例如：进行书法知识讲座；讲书法家勤学苦练的故事；请擅长书法的教师或书法家当面挥毫；组织学生参观书法展览；等等。这些活动能使学生得到启发，更快地提高书写水平。

对书写成绩较差的学生，教师一定要了解情况、分析原因、对症下药、采取积极措施，帮助他们增强写好字的信心和决心。学生思想上的问题，要通过思想教育来解决，不能操之过急，简单训斥；书写技术上的问题，要通过耐心辅导、亲自指点，让他们掌握书写的要领，逐步提高。学生有了进步，教师要不失时机地在恰当场合进行表扬，鼓励学生继续前进。

对这两部分学生，教师除了自身努力外，还要争取家长的支持，共同关心他们的成长和进步，让优异的更健康地发展，较差的也能跟上班级，一起发展。

6. 利用现代教育技术

现代教育技术与手段的优点十分明显，是传统的教学方式无法替代的。现代教学手段直观性强，图文声像并茂，易于激发学生的学习兴趣。

（1）幻灯。书写技能教学和书法欣赏这两大内容，过去存在着一定难度。难就难在小学教材上毛笔书法只是起步，内容较为简略，且图例的印刷不易清晰。利用幻灯正好可以弥补这方面的不足，不仅清楚，还很详细，甚至比书面教材展示的内容还要多得多，同时，使用起来灵活方便，也有利于学生集中注意力，使学生产生兴趣。

（2）投影。投影教学仪可弥补教师示范不足的弊端。示范是书写教学中不可或缺的一个环节，但在以班级为单位的课堂教学中，却是一个不太容易解决好的难题。特别是在教学中，无论是把纸平铺着书写，还是把纸挂起来书写，学生都不易看清楚笔毫运行时的形状轨迹。班级的人数愈多，示范愈不易进行。投影却可以通过折射把教师示范时笔画的写法清楚地反映在屏幕上。

（3）多媒体。多媒体教学打破了课堂教学中教学信息传递手段的单一性，无论是示范、讲解，还是书法欣赏，都可以让每一个学生看得清清楚楚，有利于活跃课堂气氛，能充分调动学生多种感官功能，激发学生的学习潜能，缩短学生的认知内化过程。教师也可以更灵活地引导学生进行观察、比较和分析。

写字教学没有固定的模式，每个教师都可以从实际出发，根据各自的条件灵活运用，大胆改革。教学方法是一门科学，也是一门技术，更是一种艺术。总之，要做到教之有方、示之有范、行之有效才好。

第五节　小学写字教学的教师

《语文课程标准》要求语文教师要"坚持终身学习，提升专业素养"；具有科学、先进的教学理念，并把它贯彻到教育教学实践中去，也是每一位教师的追求。

小学各科教师在写字教学的观念上，都要重视写字教学；小学专职写字教学的教师都应具有较高的书法素养，写字教学才能落到实处，小学生的写字水平才能全面提高。

一、小学各科教师要肩负起写字教学的任务

当前，小学写字教学存在着许多不尽如人意的地方，写字教学意识淡薄、学生写字水平普遍较低，甚至影响到中学乃至大学的学习活动。造成这种局面的原因是多方面的，如片面追求升学率、用计算机键盘输入汉字的同时忽视了写字等，但其中非常重要的一个因素是很多学校淡化了写字教学意识，忽略了写字教学活动。因此，在观念上重视写字教学，是一个非常重要的问题。

（一）提高认识，回复写字教学的本位

语言文字是工具，离开这个工具，学生将无从学习，更谈不上发展。写字教学要引导学生掌握这个工具，以利于更有效地学习。而且，汉字不仅仅是纯粹物化的工具；汉字书写的教学，也不仅仅是培养学生如匠人般掌握某一生产工具，它包容着思想道德情感因素，包容着智力的培养，因此，写字教学本质上是素质教育的一部分。前文已述，写字能培养学生持之以恒、坚持不懈、勤学苦练的精神；能培养学生一丝不苟、严谨认真的态度；能激发学生对书法艺术的体验、欣赏和追求。因此，各科教师要把养成学生良好的写字习惯和培养学生的写字能力，置于与自己所教学科同等重要的地位。教师还要加强书法艺术修养，提高自己的写字艺术，无论是在作业批改、黑板演示，还是在其他教学活动中，都有一笔书写规范、整洁的字迹，成为学生书写的榜样，言传身教地感染学生、引导学生。

（二）写字和计算机汉字输入并重

学生使用电脑键盘输入汉字，这无疑是件好事。电脑对学生学习的意义不言而喻，问题是汉字输入熟练并不能代替学生写字。电脑不可能时时刻刻都有，但人随时随地少不了书写。电脑用久了，一些非常熟悉的字、词的写法渐渐生疏，一些字通过电脑可以打出来，但书写起来就感到陌生。使用电脑打字，没有了汉字笔顺、笔画的真实感受，严重影响学生对汉语、汉字的掌握。写字也是培养学生耐力和意志的活动，而仅仅使用键盘不会达到磨炼学生意志和耐力的效果。此外，计算机汉字输入的掌握只需简单记忆和反复地重复练习即可，但书写练习绝不是机械的重复的活动，它是有思想、有指导的活动。学生不单用手写，也要用眼"写"，用脑"写"，要做理性的分析和深入思考。显然，对汉语、汉字还不太熟悉的小学生来说，加强书写训练是绝对不可少的。所以，在汉字的认识、书写中，我们不能偏重任何一方，而是要将对写字教学的重视、写字技能的养成、写字水平的提高和对电脑汉字输入法的掌握放在同等重要的位置，使学生全面发展。

二、专职写字教学教师的素养

小学语文教师对培养学生的写字负有不可推诿的责任。许多小学语文教师就是写字课的专职教师，对他们而言，写字素养无疑比其他学科教师的要求更高。为了更好地进行写字课教学，我们认为专职进行写字教学的教师应具备如下素养：

（一）有较宽的知识视野和较全面的理论素养

写字是一种综合的学习和训练，而不是简单的技能重复。学生写字能力的增长，是与学生身心发展协调一致的。教师具有宽泛的知识、丰富的理论素养，在教学中就能得心应手。如教师进行写字作业的批改、讲评时，常碰到学生写错别字的问题。要分析学生写错别字的根源。除了汉字笔画多、结构繁、同音字多等直接因素外，另一个主要原因便是小学生自身生理、心理、思维尚不发达而表现出的学习矛盾。如果教师具有教育学、心理学的修养，就能更好地引导学生纠正错别字。每位教师总有一套自己的教学方法，而好的方法也离不开丰富的知识和理论。如针对小学生感知觉不精细的特点，教师可引导他们仔细观察某些汉字字形之间的细微差别（例如"鸟、底、兔、哭"等字"点"的漏写），把某些容易写错的部分用彩色粉笔标出，或提醒他们注意，就可预防和减少错误的发生。这样的教学，说明教师掌握了小学生感知觉——整体感知强于局部感知的心理特点。

（二）有扎实的专业基础和过硬的专业技能

扎实的教学基本功是教育教学任务顺利完成的保障，是提高教育教学质量的保证。如同所有学科的教师都应具有牢固的专业基础、过硬的专业技能一样，专职写字教学教师也应如此。但专职写字教学教师的专业基础，与对书法家的要求是不一样的。书法家必须要能创作书法艺术作品，在理论上不一定要求多大的建树；而写字课教师重在理论与实践的结合，不仅要掌握汉语、文字的知识等理论素养，而且还要善于把知识理论融于课堂教学之中，结合教学实际加以运用。教师是学生的表率、楷模，学生向教师看齐，这是小学写字教学的显著特征。特别是在高年级的写字教学中，为让学生初步欣赏书法的美，教师需要有较深的书法造诣。书法中的美实际上是各种笔画所表现出的动感与力感、线条的造型以及线条对平面空间的分割与综合、书写出的文字表象中内含的意趣与神韵以及书写的政治、哲学、文学等内容的统一体。如果教师懂得这种美，便可以之育美；如果教师能入美，便可以之化美，进而在书法的美与学生求美之间架设一座美育的桥梁。

（三）善于营造写字教学氛围，拓展写字课的资源

教学离不开一定的场景，学生的学习活动需要生活的感知。教育的成果，离不开亲身感受，它是理论知识和感性体验的融合。《语文课程标准》提出了写字教学要联系生活实际的要求，在第一学段强调"梳理学过的字，感知汉字与生活的联系"，在第二学段则要求"初步建立汉字与生活中事物、行为的联系，初步感受汉字的文化内涵"。学校和教师要尽可能地从学生实际出发，营造良好的教学氛围。校园内张贴的字幅、标语，要以楷书、行楷为主；班级黑板报和校园橱窗中的字体一定要美观。教师可以引导学生"留心公共场所等真实社会场景中的文字"的使用，引导学生鉴别生活中遇到的错字、不规范的字，提醒学生避免，以免造成干扰和负迁移。

教师要拓展写字课的教学资源。如收集本地区书法家的故事以充实写字教学的内容；广泛开展课外书法活动，如成立书法兴趣小组、举办书法展览、举办书法讲座、开展写字竞赛等。有条件的地方，还可以组织学生欣赏公园及名胜古迹中的书法名作，以开阔学生视野，提高学生的鉴赏能力。

（四）善于总结，勇于创造

每位写字教学的专职教师都要善于总结和吸收经验，从而加深对写字教学规律的认识，不断提高教学艺术。把自己的经验与别人的经验比较，找出各自的特点和优点；多方面比较，发现自己和别人尚未解决的问题，以确定写字教学研究的课题。

善于总结自己的经验是提高教学质量的基础，善于学习、吸收别人的经验是提高教学水平的重要途径。这两方面的结合将有利于促进写字教学研究和教学改革。

教学研究的目的是解决教学中的矛盾，以提高教学效率和质量。小学写字教学在教学思想、教学内容、教学方法、教学管理等诸多方面，都存在着教与学之间的矛盾。探索、认识和解决这些矛盾，是每个小学写字课专职教师的职责。

教学探索要不怕失败，要坚持不懈。打破旧的、落后的教学格局，探索尚未完全认识、完全掌握的规律是有可能失败的，但只要准备充分、方法科学、勇于实践，就一定能取得丰硕的成果。

没有探索，无以创新；没有创新，无以发展。所以，每位写字课专职教师都要勇于探索，勇于创新，使自己成为一名合格的乃至优秀的写字课专职教师。

🔍 实践与探索

1. 写字教学有何意义？写字教学的主要内容与方法是什么？

2. 小学生写字错误的原因有哪些？怎样指导学生书写正确、规范、整洁？

3. 在小学写字教学的探索和创新上，首先，要从实际出发，确定研究的课题，

也就是根据实际需要，找出最急需解决的主要矛盾。教学中的矛盾很多，刚开始研究时，涉及的范围不要太广。如"提高学生写字素养的研究""改进写字课堂教学的研究"等，题目综合，难度太大。可以解决某些具体教学环节中的矛盾，确定一些范围小、内容单一的题目。如教低年级的教师，可选"如何指导学生把字写正确"；教中年级的教师，可选"怎样提高学生的书写速度"；教高年级的教师，可选"怎样培养学生的书法兴趣"；等等。这些研究内容有的可能别人已研究过并已取得成效，但这没关系，可以进行"移植"研究，将别人的研究与自己的经验结合，进行创新研究。请你从实际出发，确定一两个小课题进行研究。

4. 制作一份用多媒体进行写字教学的教学设计。

5. 选取一段适合小学生特点的文字，将识字与写字、硬笔与毛笔结合起来考虑，设计一个书写单元教学方案，方案成熟后，分组进行说课交流，互相评议，共同提高，建议邀请教学老师一起参加。

附录一 书法故事

▶ **学习提示**

　　一代代中华儿女，创造了辉煌灿烂的书法艺术，辉煌灿烂的书法艺术又培育出一代代书法精英，留下了林林总总的佳话趣闻，带给我们无尽的感慨、欣喜、惊诧、深思……

一、塘中洗砚成墨池

张芝是东汉时的一位大书家，他从学习章草入手，推陈出新，创造了"今草"的体式，被后人称为"草圣"。

东汉时，纸张还很稀少，人们只有正式写公文或书信时，才舍得写在纸上。张芝平时练字很勤，可就是缺纸张或绢帛练习，常常不能尽兴。有时狠心用张纸，还是先写淡墨，再写浓墨，反复写几遍，直到把纸写得密密麻麻才罢手。有一天，一位朋友来访，带来一匹绫帛作礼物，送给张芝做衣服。朋友走后，家里人准备把绫帛先送到染房染个色。张芝忙拦住家里人："别慌送去，等我先用来练练字，练完了再染也不迟。"绫帛留下来后，张芝每天随意挥毫，心里痛快极了，越练越顺手，越写越酣畅。整匹绫帛写完了，再送到染房上色。此后，张芝找到了一个练字的好途径，只要是家里准备做衣服的绫帛，统统先拿来练字。有时染色后做成衣服，衣上还隐隐约约透出墨迹，看上去别有一番情趣。

自从发现能在衣料上练字后，张芝练字的机会大大增加了，每天都不中断。张芝写字的习惯很好，每天写完字后，都要把笔砚清洗干净。恰好他家旁边有一口池塘，张芝就每天到池塘边洗笔清砚。天长日久，年复一年，池塘的水变成了淡墨色。于是，附近的人就把这口池塘称为墨池。

在古代，像张芝这样留下"墨池"佳话的还有一人，就是明朝的王冕。王冕是放牛娃出身，后来迷上书画，异常勤奋。他家门口也有一口池塘，他也是天天到池塘边洗笔清砚。天长日久，池水也变成了淡墨色。更为奇怪的是，有一年冬天，塘边的一树老梅开满了耀眼的白梅花。不知是墨池水滋润的缘故，还是墨池水辉映的结果，远远望去，花瓣上似有淡淡的墨痕，素雅至极。王冕非常高兴，画了一幅梅花，题诗曰："吾家洗砚池头树，个个花开淡墨痕，不要人夸好颜色，只留清气满乾坤。"

（参考卫恒《四体书势》）

二、工匠刷墙，催生"飞白"

"飞白"是一种书体，指笔画的墨迹中留下一丝丝白底，既苍劲，又空灵。尤其是写大字时，笔墨太粗，中间有些飞白，更显精神。

这种书体，相传是东汉蔡邕创造的。蔡邕不仅字写得好，而且对书法理论很有研究。他在《九势》中提出了"惟笔软则奇怪生焉"（只是因为笔软才使笔画产生千奇百怪的变化）的著名论断，从本质上揭示出笔软是使书写汉字成为书法艺术的原因所在。他后来创造出飞白体，正是这种理论运用于实践的结果。

有一次，蔡邕从鸿都门前经过，那里正在翻新装修。有的工匠在门楼上雕龙刻凤，有的工匠在门柱上描红添彩，还有的工匠拿着笤帚，蘸着石灰水，粉刷墙壁。墙壁脏兮兮的，已经变得灰黑，当笤帚蘸着白石灰水刚扫过墙壁时，没有把墙壁的旧颜色完全盖住，而是在一片片的白色中，夹杂着一丝丝的灰黑，但两色交映，透出一种说不出的韵味。蔡邕心里一颤，自然联想到用毛笔写字。要是我们用毛笔蘸墨水写字时，也能写出这种样子，该多好啊！他兴冲冲地回到家里，迫不及待地取出笔墨，在纸上一笔一笔地试起来，似乎稍慢一点，灵性就会飞走似的。开头几笔，手甚至微微发抖，笔画歪歪曲曲，哪有什么飞白的影子。他静下心来，接着再写。墨汁时枯时润，一笔接一笔地试；用笔时轻时重，一笔接一笔地试；行笔时快时慢，一笔接一笔地试……终于从笔画中写出一丝丝的飞白，并逐步掌握了其用笔、用墨的规律。

后来，蔡邕用这种书体题写宫殿的匾额，使人耳目一新。大家竞相模仿，很快就传开了。直到今天，飞白作为一种技法，仍然在各种书体中广泛运用。

（参考张怀瓘《书断》）

三、羲之书法，雅俗共赏

中国书法，源远流长，千百年来，成为群众性最为广泛的一门艺术。

王羲之在会稽戢山时，春末夏初的一天，惠风和畅，绿柳成荫，忍不住出门转转。他路过一个集市，看到一个老婆婆，手里拿着几把扇子，走近一看，是六角形的竹扇，纸质扇面平整而细腻，正好挥毫作书。王羲之不禁手痒起来，问扇子怎么卖。老婆婆说一把20文钱。王羲之向四周望去，附近有几个熟识的店铺，于是叫老婆婆跟他到店铺里，借来笔砚，在扇面上挥毫作书。老婆婆原以为他是要买扇子，哪知他却拿着笔在扇子上涂来抹去，着急地说："家里等着我卖扇子的钱买米呢，这怎么办？"王羲之刚好把她带来的十几把扇子写完了，笑着对她说："不要紧，不要紧，你就说这是王羲之写的字，每把扇子起码卖100文钱。"老婆婆半信半疑，回到集市，扇子果然一抢而空。

王羲之平时练字时，从鹅的各种动态中，悟出了写字时笔画、结构的一些规律，所以特别喜爱鹅。他听说山阴某乡下有一个道士，养了十多只好鹅，就专程乘船前去拜访。道士早知王羲之大名，热情地泡茶让座。王羲之却迫不及待地要去看鹅。两人走到鹅前，鹅群中有的曲颈高歌，有的振翅起舞，好像是欢迎来访的客人。王羲之高兴得手舞足蹈，忙出高价要把这些鹅买回去，可道士就是不肯卖。王羲之急了，又是不断加价，又是不断说好话，可道士还是不松口。王羲之无计可施，不停地唉声叹气。这时，道士才笑呵呵地说："别急，别急，再来商量。你喜欢我的鹅，我喜欢老子的《道德经》。我早就准备好了上等的素绢，可惜一直找不到合适的人书写。如果能费你的翰墨，为我写两段《道德经》的话，我就把鹅都送给你。"

王羲之一听，大喜过望，忙叫道士准备笔墨。他静下心来，认认真真写了半天才写完。道士笑眯眯地收起了王羲之的墨宝，把鹅都送给了他。王羲之高高兴兴地把鹅装进笼里，带回家去。

（参考虞龢《论书表》）

四、唐太宗夜半学《兰亭序》

唐太宗李世民不仅文治武功，名垂千古，而且在繁忙的国事之余，醉心于书法，颇有造诣。他曾对大臣们说："学习一种艺术，只要专心致志，没有学不好的。"他还借用自己年轻时带兵打仗的经验，在临写古人法帖时，抓住关键，以一当十，取得事半功倍的效果。

唐太宗特别推崇王羲之的书法，广为收藏，爱不释手。只是王羲之最著名的《兰亭序》，一直下落不明。后来他打听到《兰亭序》作为传家之宝，经过七世孙智永，传到了会稽永欣寺的辨才和尚手中。唐太宗先后三次派人请辨才到京师来，赐给他丰厚的礼物，想换他的《兰亭序》。辨才和尚装聋作哑，推说自己也不知道《兰亭序》的下落。唐太宗明取不成，就采用大臣们的计谋，派人到永欣寺"盗骗"得《兰亭序》真迹。然后，他派褚遂良等善于书法的大臣，进宫临摹数本，让亲近的大臣观赏。自己把真迹留在身边，反复观赏，佩服得五体投地。他曾亲自动手写了篇《王羲之传论》，赞道："详察古今，研精篆、素，尽善尽美，其惟王逸少乎！"

那时国事很忙，唐太宗退朝后，还要召见大臣，批阅奏章，真是日理万机，时常忙到深夜，好不容易把该做的事做完了，才站起来打个呵欠，伸伸懒腰。娘娘、太监忙前来伺候，安顿皇上就寝。唐太宗摆摆手："去，去，再添两根蜡烛，点亮一点。"贴身太监知道皇上是要练字了，有的添蜡烛，有的清案台，一会儿把准备工作做好了。太宗小心翼翼地取出《兰亭序》，一笔一画地认真临摹，脸上倦意全消，精神焕发。一个小太监站在旁边直打瞌睡，心里很纳闷：皇上君临天下，富甲天下，什么都不缺了，大半夜的，还练字干啥呀？他哪知道，此时此刻，唐太宗已经脱离了世俗的束缚，在艺术的王国里遨游，在审美的王国里陶醉啊。

（参考李世民《论书》《王羲之传论》，以及赵构《翰墨志》、解缙《春雨杂述》）

五、观碑三日意犹浓

隋、唐时期，人们学习书法的热情很高，由于条件不好，人们的学习尤为艰苦。那时，印刷术尚未出现，书法传播的主要方式是刻成石碑，供人们观摩学习。

欧阳询有一次骑马外出，在一条路旁，远远望见一块石碑，忙策马上前。平时练字时，很难见到名家的字迹，他常常为此苦恼不已。没想到今天一出门，运气就来了。走到碑前一看，原来刻的是索靖写的章草。索靖是晋代的大书家，他的章草风格峻险，名冠一时。后人评为："有若山形中裂，水势悬流，雪岭孤松，冰河危石，其坚劲则古今不逮。"（张怀瓘《书断》）

欧阳询看后，的确写得精彩，本来应该多看一会儿的，但因有事不能多耽搁，就恋恋不舍地离开了。他骑在马上，一边走，还一边回味碑上的字迹，想着想着，觉得有几个字妙趣横生，可精微之处已经记不清楚了。于是他放慢了马的速度，集中精力回忆，还是回忆不起来。欧阳询急得头上冒汗，心里毛焦火辣的，不是滋味。于是，他调转马头，朝碑石奔去，非要仔细看个究竟。回到碑前，他跳下马，总算看清楚了，而且越看越觉得美不胜收，仿佛一个饥饿的人，突然遇到一席盛宴，恨不得一股脑儿都吞进肚里。看着看着，觉得有点腰酸腿疼，一看天色，原来已过了两个时辰，他干脆从马背上取下毡子，铺在碑前，坐下来慢慢地揣摩。不知不觉，天色暗下来了，几只昏鸦"哇哇"地飞过头顶，欧阳询才觉得肚子饿了，幸好路上带有干粮，天气也不冷，干脆就在碑前吃点东西，然后席地而卧，昏昏睡去了。第二天醒来，欧阳询继续坐在碑前，手摹心记，眼前看的是索靖的字，心里想的是索靖的字，旁的事早就统统抛在脑后了。这样一直看了三天，从笔画、结构到章法都熟记于心，他才起身离开，像离开了一位相见恨晚的知己，心里甜甜的，酸酸的。

（参考朱长文《续书断》）

六、张旭观剑，书艺大进

张旭，唐代书家，苏州人氏。他一生痴迷于书法，行为举止不拘常礼，被世人称为"张颠"。李白曾写诗《猛虎行》赞赏他道："楚人每道张旭奇，心藏风云世莫知。三吴邦伯皆顾盼，四海雄侠两追随。"张旭学习书法，不仅勤学苦练，而且肯动脑筋，善于从日常生活中触类旁通，领悟书法的真谛，留下不少佳话。

一天，张旭兴致勃勃地开始练字，练着，练着，眉头渐渐地锁起来了，总觉得一些字的结构不好安排，左边、右边、上面、下面，搁在一起就是不怎么协调。

原来我国的汉字独体字少，合体字多。合体字多数是由两部分合成的，也有三部分、四部分合成的。几个部分怎样搭配才妙，其中大有文章。这不，张旭正为这心烦意乱哩。

他索性放下笔，到外面散散心。怕大路上不清静，他特地走小路到田间转一转。野外云淡风轻，满目鹅黄嫩绿。张旭心情好一些，可脑子里还在苦思结构的安排，走着走着，看见前面来了一个挑担的农夫。小路很窄，张旭怕等下让不开，忙闪到另一条小路上。回头一看，后面还有个挑担的，正急匆匆地往前赶，张旭心里一乐：眼看两个挑担的就要面对面地相遇了，小路很窄，怎么过去呢？这下可有好戏看了。张旭干脆停下来，看看结果。

两个挑担的果然相遇了，都停下了脚步，谁也不肯转身后退。两人叽里咕噜说了几句，一个农夫就侧过身子，把扁担横过来；另一农夫也侧过身子；两人终于挑着担子擦肩而过。

张旭看呆了，不禁连声叫好，就像黑夜里摸索的人突然遇到一道闪电，心里一下子透亮了。他从担夫争道中悟出了结构的奥秘——争中有让、让中有争、相争相让、争让结合。他口里连连叫好，拔腿朝家里奔去，叫喊着从农家的菜地里跑过。

张旭就是如此勤于思考，善于学习，不断进入新的境界。有一次，他坐在家里，门外传来乐器的演奏声，一支迎亲的队伍正从门外经过。吹奏声有高有低、有强有弱，张旭心中一动，悟出了书法也应有强弱起伏的节奏。

使张旭触动最深的，是观公孙大娘舞剑。公孙大娘是唐玄宗时教坊里的一位专业舞女，最拿手的是剑舞。当时专业的歌舞女子有八千人，公孙大娘号称第一。张旭在邺县（旧县名，1954 年并入河南安阳）时，多次观赏过公孙大娘舞剑。观看时，他眼睛跟着剑锋不停地转，仿佛觉得，公孙大娘手中握着的不是宝剑，而是一支大笔，正以天地作纸，尽情挥洒，时高时低，时快时慢，既变化多端，又自然流畅，真叫人眼花缭乱，叹为观止。张旭回到家中，心里还久久不能平静。此后，他写字时脑中常常出现公孙大娘矫健的舞姿，心里顿时涌起一股激情，笔下也就龙飞凤舞起来。

（参考朱长文《续书断》）

七、柳公权人有骨气，书有骨力

古人在长期学习书法的过程中，逐渐认识到字的风格与人的品格有着密切的联系。因此，书家们都很重视自己的品德修养，要想学字，先学做人。

柳公权的楷书以骨力著称，他与颜真卿齐名，并称"颜柳"，又称"颜筋柳骨"。在品格方面，两人都光明磊落、正直刚烈，都是铮铮铁骨的大丈夫。

有一次，唐文宗在便殿与臣子们闲谈时，撩起自己的龙袍对臣子们说："这件袍子已经洗了三次了，我还穿在身上舍不得换掉。"大臣们纷纷赞颂皇上清廉圣明，赞颂皇上治国有方。柳公权看到大臣们阿谀奉承的样子，心里很不舒服，心想：皇上本来还有几分明白，正想方设法治好国家。你们这些大臣老是灌迷糊汤，岂不是害了皇上？于是他站出来，对皇上说："一国之君应该重用贤才，远离小人，采纳正确意见，规范赏罚尺寸。至于穿不穿洗过的衣服，只是小事一桩，不必费心。"说得君臣哑口无言。

早年时，柳公权被唐穆宗提拔到朝廷做官。唐穆宗是个昏庸的皇帝，成天带着一批讨好卖乖的臣子，声色犬马，嬉戏游乐。不过，他对书法倒有几分爱好、几分悟性。他提拔柳公权时，说得很明白："我早就在佛寺里见过你的书法，想念你好久了。"作为一国之君，对柳公权算是恩宠有加了。

柳公权当然感激皇上的任用，可他实在看不惯皇上的作为。当时朝政荒废，奸臣当道，民不聊生，怨声四起，而皇上毫不在意。想到这些，一股悲愤之气在胸中激荡，他多么希望找个机会，给皇上敲敲警钟！可皇上不理朝政，临朝时也轮不到他说话，一股正气在心里憋得慌。

有一次上朝时，唐穆宗与臣子们天南地北地闲聊了几句，看见柳公权站在下面，心念一动，忙叫他走上来，有话问他。柳公权恭恭敬敬上前几步，平时思前想后的劝谏之语，一时涌上心头，等候皇上的垂询。唐穆宗望着他，亲切地问道："爱卿，朕的字怎么老是写不好，写字的诀窍到底在哪？"皇上的话像一盆冷水浇到柳公权身上，他心里凉了半截。皇上首先关心的应是国计民生，应是修身养性，不应是笔墨游戏的小事。他愤愤不平，高声回答说："启禀皇上，写字的诀窍在于心正，心正则笔正，乃可为法。"

朝廷上下一片寂静，唐穆宗脸上的微笑一下子凝固了，群臣也被吓得脸色苍白。这不明明是在大庭广众之下教训皇上吗！轻则丢官，重则要杀头的。柳公权倒觉得一身轻松，静静地站在那儿，等候皇上的裁决。

（参考欧阳修、宋祁等《新唐书》）

八、古怪板桥字难求

郑板桥（郑燮）是清代"扬州八怪"的代表人物。他有时不拘常礼，展纸挥毫常常不守成规，然而他的诗、书、画却名噪一时，称为三绝，尤其是他的字，融隶、篆、行、楷为一体，如乱石铺街，于参差中显出韵味，被人们誉为"板桥体。"凡王公大人、卿士大夫、骚人词伯、山中老僧、黄冠炼客，得一片纸，只字书，皆珍惜藏庋。"（《郑板桥全集·板桥自叙》）郑板桥的书画受到世人如此的珍爱，可他却从来不把书画作为结交权贵、追名求利的工具，越是有钱有势的人来求字，他越是不肯动笔。

当时，扬州最富有的是一些盐商。盐商们富起来后都喜欢附庸风雅，在厅堂里挂几幅名人字画，如果挂上一两幅"板桥体"的真迹，上面还有主人的名号，那就会满堂生辉，大大提高主人的身价。有个大盐商，几次出高价求郑板桥的字，都碰了钉子，后来，转手买了几幅，因为上面没有盐商的名字，挂在家里也觉得没有面子。盐商思前想后，计上心来：郑板桥不愿结交有钱人，对穷苦人倒是很体贴，又喜欢喝酒，这就好办了。于是，盐商换上仆人的一件旧衣服，买了几斤香喷喷的熟牛肉，提上一瓶好酒，找到郑板桥家里，说是慕名前来交个朋友。

郑板桥见是一个穷苦老人，提着酒食前来，就热情接待了他，叫家人添了几样小菜，两人你一杯、我一杯对饮起来。盐商见郑板桥喝得高兴，乘机提出请他赐幅墨宝。郑板桥很爽快地答应了，找出笔墨，借着酒兴，奋笔疾书。盐商在一边看着，只见字迹大大小小，歪歪斜斜，真不知妙在何处，嘴里还是连声叫好。字写完了，要题款了，郑板桥才记起问他的名号，盐商赶紧报上自己的姓名。郑板桥一听，觉得这个名字很耳熟；再一想，不就是那个大盐商吗？几次托人高价求字，都被自己拒绝了，该不会就是眼前这个老头？郑板桥停下笔，问道："你不是个盐商吗？"盐商生怕露出马脚，连忙掩饰道："不是，不是，我也知道这个人，跟他同名同姓，就是没有他那份福气。"郑板桥一想，也是的，天下同名同姓的多的是，巧合而已，于是提笔在字幅上写下了盐商的名号，盐商这才算骗得了一幅郑板桥题了款的真迹。

郑板桥的脾气为什么这样古怪呢？原来他心中有个原则：自己写字画画，"用以慰天下之劳人，非以供天下之安享人也"（《郑板桥全集·靳秋田索画》）。

（参考孙静庵《栖霞阁野乘》、郑板桥《郑板桥集》）

附录二

书法名胜

▶ **学习提示**

  "读万卷书，行万里路"，讲的是读书。学习书写同样是这样。有条件到书法名胜之地去参观学习，能够培养兴趣，开阔视野，提高欣赏能力，从而更好地认识和继承我们中华民族的优秀传统和文化精神。

  在中华大地无数的书法名胜中，我们选择如下景点，略加介绍。

一、兰亭

东晋穆帝永和九年（353）三月初三，王羲之和当时的名士孙统、孙绰、谢安、支遁等 41 人，宴集于兰亭。他们列坐水边，曲水流觞，赋诗为乐。王羲之为诗作序，名为《兰亭序》。《兰亭序》不但文章旷达洒脱、逸趣无穷，书法也"飘若浮云，矫若惊龙"。王羲之被后人尊为"书圣"，兰亭亦成为"书法圣地"而名扬天下。兰亭地处浙江绍兴西南约 12.5 千米的兰渚山下。这里依山傍水，竹木掩映，风光绝好，且独享书坛盛名。来到兰亭，经石砌小径直对鹅池，见有"鹅池碑"。过鹅池就是翘角飞檐、古色古香的流觞亭。流觞亭右侧有小兰亭，亭内立石碑一方，碑中"兰亭"二字为清康熙帝手书。流觞亭左侧为王右军祠，祠内一泓池水，即为墨池。流觞亭后有御碑亭，亭内御碑高 6.8 米，宽 2.6 米，厚 40 厘米，碑的正面镌刻着清康熙摹写的《兰亭序》全文；碑阴是清乾隆书写的七律《兰亭即事》。1984 年 1 月，绍兴市政府决定，每年农历三月初三在这里举办中国兰亭书法节。每到此时，海内外书坛名家雅集兰亭，盛况非凡。

二、曲阜孔庙、孔府、孔林

曲阜孔庙、孔府、孔林于 1994 年 12 月被列入《世界遗产名录》。孔庙位于曲阜城中央，是历代王朝祭祀孔子的地方，始建于孔子死后一年（前 478），经历代重建扩修，明代形成了现有规模。孔庙建筑群体仿皇宫之制，以大成殿为中心，中、东、西三路布局，前后九进院落，殿、阁、坛、堂、斋、楼等共有 466 间，门坊 53 座，贯穿在长达 1 千米的南北中轴线上，规模宏大，布局严整，殿宇壮丽，金碧辉煌。孔庙内的碑刻、石雕，比比皆是，共有 2 200 块之多，尤以汉魏六朝石碑，如《史晨碑》《乙瑛碑》《礼器碑》《孔庙碑》《张猛龙碑》驰名遐迩。还有十三御碑亭，引人注目，是我国罕见的大型碑林之一。孔府在孔庙东邻，为历代衍圣公的府第。府中收藏大批历史文物，最著名的是"商周十器"，另有历代名人字画。孔林为孔子及其后裔的家族墓地。从子贡为孔子庐墓植树起，孔林内古树已达万余株，历代墓葬 10 余万座，有碑刻 4 000 余块。

三、泰山

泰山，绵亘于山东省中部，主峰海拔 1 545 米，气势磅礴，素有"五岳之首""天下第一山"之誉。1987 年，泰山被列入《世界遗产名录》。自古以来，历代帝王到泰山封禅、祭祀，刻石题字；文人雅士仰慕泰山，游历登临，作诗记文。

泰山宏大的山体上留下了 2 200 余处摩崖碑碣石刻，诸如秦刻石、唐摩崖、宋石碑、清万丈碑，最著名者是泰山《金刚经》。在斗母宫东北的山谷内，整部《金刚经》镌刻在两山之间的花岗岩溪床上，一眼望不到尽头。原有 2 500 余字，经风雨剥蚀，今尚存 1 043 字，字大尺半，被誉为"大字鼻祖，榜书之宗"。这片山谷也被称为经石峪或石经峪。山麓岱庙内的秦代刻石，汉代石碑如《张迁碑》《衡方碑》《第一山》等石刻，也都是极为珍贵的法书文物。

四、西安碑林

西安碑林坐落于古城西安南部的三学街，原文庙所在地，现为陕西省博物馆。它于北宋时为保存唐《开成石经》而建立，清初始称碑林。900 多年来，入藏碑石两千数百余方，其中唐《开成石经》洋洋大观。现有众多的碑廊、碑室、碑亭，陈列展出 1 000 多方碑石。这里名碑荟萃，诸体俱全。如李阳冰篆书《三坟记》，隶书《曹全碑》《熹平石经》，欧阳询《皇甫诞碑》，颜真卿《多宝塔》《颜勤礼碑》《家庙碑》，柳公权《玄秘塔碑》，怀仁集王羲之《圣教序》，虞世南《孔子庙堂碑》，张旭、怀素《千字文》，还有北魏、隋唐墓志，明清石刻等绝代法书。这些法书使西安碑林成为中华民族历史文物宝库中的一个重要组成部分。1962 年西安碑林被列为第一批全国重点文物保护单位。

五、龙门石窟

洛阳城南 12 千米处有伊阙，东岸香山，西岸龙门山，两山对峙，伊水从中穿过，因形似门阙而得名。龙门是一个风景秀丽的地方，自古以来，已成为洛阳一大景观。东西山崖上的石窟群，通称龙门石窟。龙门石窟南北绵延 1 千米，开凿于北魏至唐时期，前后历经 400 多年，现存窟龛 2 000 余个、佛像 10 万余尊、佛塔 40 余座。造像需要一些简单的文字，记载像主、造像时间、造像目的等，于是就有了造像题记 3 600 余品。其中北魏造像约占 1/3，造像题记约 2 000 余品。《龙门二十品》是北魏造像记中的佼佼者，备受后人推崇。2000 年 11 月洛阳龙门石窟被联合国教科文组织遗产委员会列入《世界遗产名录》。

六、故宫博物院

故宫博物院是在明、清两代皇宫及其收藏的基础上建立起来的中国综合性博物馆，位于北京市中心。北京故宫从明永乐四年（1406）开始修建，至今已有 600

余年的历史。北京故宫又称紫禁城，红墙黄瓦，金碧辉煌；殿宇楼台，壮观雄伟。1961 年，经国务院批准，北京故宫被定为第一批全国重点文物保护单位。1987 年，北京故宫被联合国教科文组织列入《世界遗产名录》。北京故宫保存着百万件珍贵文物，包括三代鼎彝、远古玉器、唐宋元明之法书名画、宋元陶瓷、珐琅、漆器、金银器、金铜造像以及大量的帝后妃嫔服饰和家具等，可谓金翠珠玉，奇珍异宝，天下财富，尽聚于此。北京故宫也是法书宝库，藏有殷墟刻辞甲骨约四千余片；藏有石刻文字之祖的先秦 10 个石鼓；收藏着各个时代的碑帖数以万计，如晋代陆机《平复帖》、唐人摹《兰亭序》、王珣《伯远帖》、欧阳询《卜商帖》、颜真卿《竹山堂连句》、杜牧《张好好诗卷》、蔡襄《自书诗帖》、苏轼《治平帖》、黄庭坚《诸上座帖》、米芾《拜中岳命诗》及元、明、清诸家墨迹，饮誉中外。

七、西湖

杭州西湖湖山秀丽，林泉优美，是我国著名风景区。这里名胜众多，文物荟萃，文化底蕴十分丰厚。沿湖四周，姹紫嫣红。山水之间，点缀着亭、榭、楼、阁。匾额、楹联、碑碣、石刻，诸如苏堤春晓、平湖秋月、花港观鱼、柳浪闻莺、断桥残雪，块块石碑迎面扑来。位于西湖西北角的岳王庙，内有岳飞手迹"还我河山"和明人洪珠写的"尽忠报国"等大量匾额、楹联。岳墓碑廊还有历朝碑刻 125 石；孤山南麓的文澜阁有两座碑亭，都与《四库全书》有关；特别是孤山上，有创建于 1904 年的西泠印社，它是我国专门研究金石篆刻和书画艺术的著名学术团体。西湖占湖山之胜，揽金石之华，是孤山园林的精华所在。

八、云峰山

山东掖县（今莱州）云峰山，系全国重点文物保护单位。这里峰高、谷幽、林茂，景色如画。云峰山古迹众多，自山麓至山顶，有历代摩崖石刻 37 处。其中北魏郑道昭留下了大部分，诸如"云峰之山""郑道昭之山门"和《郑文公碑》《论经书诗》《观海童诗》等，均刻在险峻的山崖之上。《郑文公碑》有上、下两碑，碑文大体相同。天柱山之碑，称为"上碑"；云峰山之碑，刻在肉红色花岗岩崖壁上，高 3 米，宽 4 米有余，称为"下碑"。

九、敦煌莫高窟

莫高窟是我国著名的四大石窟之一，也是世界上现存规模最宏大、保存最完好的佛教艺术宝库。莫高窟位于敦煌市东南 25 千米的鸣沙山东麓的断崖上，上下五层，南北长约1 600米。莫高窟现存石窟492洞，窟中壁画45 000平方米，彩塑2 400余身，飞天4 000余身。壁画主要是大场面的佛教说法图和简单的经变图。第96窟大佛是莫高窟中最大的塑像。20世纪初又发现了藏经洞（莫高窟第17洞），洞内藏有4—10世纪的写经文、文书和文物五六万件，引起了国内外学者的注意，形成了著名的敦煌学。1961年莫高窟被国务院列为第一批全国重点文物保护单位，1987年被联合国教科文组织列入《世界遗产名录》。

十、东坡赤壁

东坡赤壁在湖北黄州城外。这里茂林修竹，重楼叠阁；清流碧深，秀美如画。赤壁正中，是为二赋堂，堂中巨大木壁的正面书写着《前赤壁赋》，背面写着《后赤壁赋》。正赤壁矶上有四亭，其中酹江亭有三方石刻，最大的御碑，是清康熙帝临赵孟頫书《前赤壁赋》；坡仙亭内石刻最醒目的是苏轼的两幅画，一为月梅，一为寿星，皆是难得的珍品；二赋堂往左，鳞次栉比，有留仙阁、喜雨亭、剪刀峰、问鹤亭、挹爽楼、栖霞楼，还有东坡雪堂。挹爽楼下层为碑阁，阁内四壁，嵌有苏轼法帖石刻100余块，其中有他的传世名帖《前赤壁赋》《黄州寒食诗帖》《洞庭秋色赋》等，集苏轼法帖之大成，其规模居全国个人书法碑林之冠。

十一、米公祠

湖北襄阳市，汉江之滨，有一座白墙黑瓦、重檐古朴的米公祠，门前有"米家山水"大石碑。米公祠的主体建筑系宝晋斋，其余尚有仰高堂、洁亭、墨池等建筑物。祠中保存着百余件书法刻石、拓本，其中有宋代书家黄庭坚、蔡襄、元代书家赵孟頫的6块碑文，更有米芾、米友仁父子书法刻石39块，如米芾的《蜀素帖》《研山铭》《苕溪诗卷》《虹县诗卷》《寒光帖》《珊瑚帖》《叔晦帖》《砂步诗帖》《李太师帖》诸石刻，真乃丰富多彩。

十二、晋祠

晋祠在太原市区西南25千米处，是全国重点文物保护单位之一，始建于北魏，曾是晋国开国君主姬虞的祠堂。晋祠风景优美秀丽，包括几十座古典园林式的建筑，如晋祠大门、钟鼓楼、献殿、圣母殿、文昌宫、东岳祠、三台阁、读书台、瀛胜楼、难老亭等。晋祠内有很多石刻碑碣，最有名者是唐太宗李世民为报神恩，亲自撰铭并书写的《晋祠铭》。

十三、岳麓书院

湖南岳麓书院是我国四大书院之一。唐末五代时，这里已有僧人办学，北宋开宝九年（976）就此扩建，创立岳麓书院。由此历经宋、元、明、清各代，书院相沿不变，直到1926年正式定名为湖南大学，是我国一处可称"千年学府"的文化史迹。从"岳麓书院"门额、"惟楚有材，于斯为盛"的门联起，书院内有不少石刻。如朱熹1167年手书的《忠孝廉节碑》，碑分4块，每字1块，每块高213厘米，宽141厘米，嵌于讲堂左右两壁，这样大的单体石刻汉字是碑刻中的精品。

十四、岳阳楼

岳阳楼有"洞庭天下水，岳阳天下楼"之誉。它所处的位置极佳：屹立于岳阳古城之上，背靠岳阳城，俯瞰洞庭湖，北依长江，遥对君山。登楼远眺，一碧无垠，气象万千。岳阳楼主楼3层，楼高15米，雄伟壮观。上有众多古人题写的匾额、楹联。新建的岳阳楼诗书碑廊，全长百米，古朴、庄重、典雅，精刻了明、清以来修葺岳阳楼的记事碑24方、历代歌咏岳阳楼的诗词书法碑134方，其中有明代祝允明、董其昌书写的《岳阳楼记》。

十五、殷墟博物苑

殷墟，位于河南安阳西北郊，横跨洹河南北两岸，是中国商代晚期的都城遗址，已有3 300年的历史。殷墟范围广阔，长约6千米，宽约5千米，总面积约30平方千米。现存有宫殿宗庙区、王陵区和众多聚落遗址、家族墓地群、甲骨窖穴、铸铜遗址、制玉、制骨作坊等众多遗迹。为了帮助游人和来苑的中小学生识读甲骨文，殷墟博物苑创建了甲骨碑林，精选30片甲骨，按原片放大契刻在石碑上，正面为甲骨文，背面有与其相对应的释文。这30片甲骨碑的内容很丰富，涉及殷代社会的政治、军事、农业、天象、历法、生育、疾病、吉凶梦幻、鬼神崇拜、田猎、贡纳和祭祀等多方面的历史知识。

十六、双峰山"论语摩崖林"

双峰山，海拔888米，为湖北孝感第一峰，是湖北东北景点最多、面积最大的国家森林公园。双峰山人文景观也不少，有双峰书院、回龙寺、白云寺、望夫亭、滴翠园、古民居、清乾隆"第一泉"石碑等。近年完成的双峰山文道"论语摩崖林"，是一处集历代著名书法家法书碑帖，遍刻《论语》箴言的集字书法摩崖林，名家名言，珠联璧合。行走在美丽的峡谷中，《论语》箴言金声玉振，历代书法凤舞龙飞，整条峡谷雅风扑面。

主要参考文献

［1］ 刘熙载．艺概［M］．上海：上海古籍出版社，1978.

［2］ 华东师范大学古籍整理研究室．历代书法论文选［M］．上海：上海书画出版社，1979.

［3］ 宗白华．美学散步［M］．上海：上海人民出版社，1981.

［4］ 吕更荣．中国书法简史［M］．南京：江苏古籍出版社，1987.

［5］ 楼鉴明，洪丕谟．历代书论选注［M］．上海：复旦大学出版社，1987.

［6］ 陈振濂．历代书法欣赏［M］．西安：陕西人民美术出版社，1988.

［7］ 邱振中，吴鸿清．书法艺术［M］．2版．北京：中央广播电视大学出版社，1988.

［8］ 熊绍庚．书法教程［M］．上海：华东师范大学出版社，1989.

［9］ 刘欣耕．历代行书技法通讲［M］．上海：上海书画出版社，1990.

［10］ 陈振濂．书法学［M］．南京：江苏教育出版社，1992.

［11］ 欧阳启名．书写与书法教程［M］．2版．北京：高等教育出版社，2017.

［12］ 金开诚，王岳川．中国书法文化大观［M］．北京：北京大学出版社，1995.

［13］ 陈振濂．书法史学教程［M］．2版．杭州：中国美术学院出版社，1997.

［14］ 洪丕谟，赫崇政．楷书教程［M］．2版．杭州：中国美术学院出版社，1997.

［15］ 潘善助．大学书法行书临摹教程［M］．杭州：中国美术学院出版社，1997.

［16］ 王冬龄．书法艺术［M］．2版．杭州：中国美术学院出版社，1997.

［17］ 李甫，郭农声．书法教程［M］．武汉：华中师范大学出版社，1997.

［18］ 陈振濂．大学书法创作教程［M］．杭州：中国美术学院出版社，1998.

［19］ 李正峰．书法漫游［M］．西安：陕西人民出版社，1998.

［20］ 王问靖．论语箴言书法赏评［M］．太原：山西教育出版社，1999.

［21］ 陈振濂．书法美学［M］．西安：陕西人民美术出版社，2000.

［22］ 韩盼山．书法艺术教育［M］．北京：人民出版社，2001.

［23］ 彭吉象．中国艺术学［M］．北京：北京大学出版社，2001.

［24］ 邱振中．书法的形态与阐释［M］．北京：中国人民出版社，2011.

［25］ 姜寿田．书法韵的生成与嬗变［J］．中国书法，2017（2）：4-17.

读者意见反馈

为收集对教材的意见建议，进一步完善教材编写并做好服务工作，读者可将对本教材的意见建议通过如下渠道反馈至我社。

咨询电话　400-810-0598
反馈邮箱　gjdzfwb@pub.hep.cn
通信地址　北京市朝阳区惠新东街4号富盛大厦1座
　　　　　高等教育出版社总编辑办公室
邮政编码　100029